교회는 관계다

The Power of Together

THE POWER OF TOGETHER
by Jim Putman

Copyright ⓒ 2016 by Jim Putman
Originally published in English under the title
　The Power of Together
　by Baker Books,
　a division of Baker Publishing Group,
　Grand Rapids, Michigan, 49516, U.S.A.
All rights reserved.

Korean Edition published by Word of Life Press, Seoul 2017
Translated and published by permission.
Printed in Korea.

교회는 관계다

ⓒ 생명의말씀사 2017

2017년 12월 15일 1판 1쇄 발행
2025년 2월 6일　　6쇄 발행

펴낸이 | 김창영
펴낸곳 | 생명의말씀사

등록 | 1962. 1. 10. No.300-1962-1
주소 | 서울시 종로구 경희궁1길 6 (03176)
전화 | 02)738-6555(본사) · 02)3159-7979(영업)
팩스 | 02)739-3824(본사) · 080-022-8585(영업)

기획편집 | 유영란
디자인 | 박소정, 윤보람
인쇄 | 영진문원
제본 | 보경문화사

ISBN 978-89-04-19001-0 (03230)

저작권자의 허락없이 이 책의 일부 또는 전체를
무단 복제, 전재, 발췌하면 저작권법에 의해 처벌을 받습니다.

교회는 관계다

| 신앙생활, 혼자서도 충분할까? |

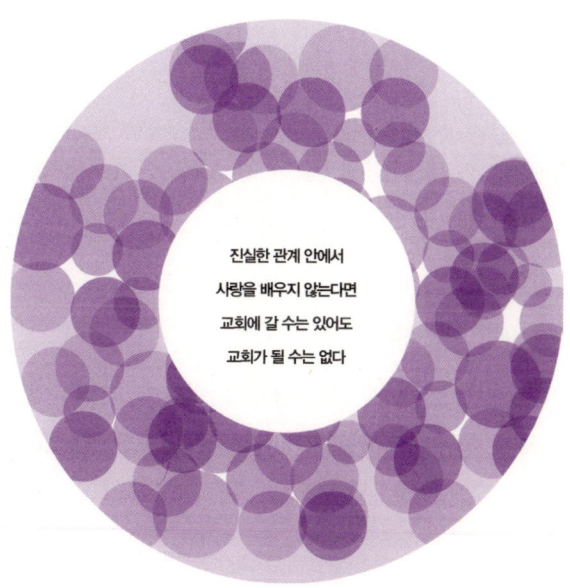

진실한 관계 안에서
사랑을 배우지 않는다면
교회에 갈 수는 있어도
교회가 될 수는 없다

짐 푸트먼 지음 | 김태곤 옮김

생명의말씀사

추천의 글

"언젠가 유진 피터슨은 '나 혼자서는 나 자신이기 힘들다.'라고 말했다. 남아프리카에는 '우분투'(Ubuntu)라는 유명한 표현이 있는데, '우리가 있기에 내가 있다.'라는 뜻이다. 짐 푸트먼은 하나님이 우리를 관계적인 존재로 계획하셨다는 이 심오한 진리를 깨닫고는, '나 중심' 문화에 사는 우리가 어떻게 답을 찾을 수 있는지 제시한다."

_랜디 프래지, 오크힐즈 교회 담임목사, 『21세기 교회 연구 : 공동체』 저자

"짐 푸트먼은 많은 그리스도인이 지닌 '예수님과 나만 있으면 돼.'라는 태도가 비성경적일 뿐 아니라 그것이 어떻게 영혼을 파괴하고 믿음을 죽이는지 잘 보여 준다. 제자화는 관계 속에서 단계를 거쳐 이루어진다. 짐이 지적하듯이, 성령의 모든 열매들은 다른 사람들과 관계된 것이다. 본서는 기독교 공동체를 위한 긍정적이며 설득력 있

는 비전을 그릴 뿐만 아니라 앞으로 나아갈 길도 제시한다. 목회자들과 불만을 느끼는 그리스도인들 모두가 이 책에서 신선하고 실천적이며 유익한 도움을 얻을 것이다."

_ J. D. 그리어, 노스캐롤라이나 롤리-더햄 소재 서밋 교회 목사

"짐은 제자를 삼는 예수님의 관계적 방법론에 몰두해 왔다. 그는 이 책에서 미국 교회 대부분이 받아들이는 영적 성숙에 대한 정의에 의문을 던진다. 그는 '영적 성숙이란 무엇인가?'라는 질문에 대답하며 그리스도인 대부분이 예수님께서 그들을 위해 마련하신 것을 제대로 경험하지 못한다고 말한다. 그 결과 그들은 만족스러운 믿음을 갖지 못하며 불안한 세상에서 안정을 찾지 못하고 또한 불신자들에게 호감을 주지도 못한다. 본서는 더 나은 목표를 제시하며, 우리가 스스로

에게 대답할 필요가 있는 질문들을 묻는다. 본서에 수록된 짐의 조언은 우리가 예수님이 바라시는 그리스도인이 되도록 도와줄 뿐 아니라 어두운 세상에서 빛을 발하는 교회가 되도록 도울 것이다."

_조쉬 맥도웰, 베스트셀러 저자, CCC 강연가

"본서는 유머, 고통, 삶의 경험 그리고 성경적인 근거를 통해 독자의 비전을 하나님의 가족 안에서 갖는 관계의 힘이라는 새로운 수준으로 끌어올린다. 짐 푸트먼은 진정성 있고 생명을 주며 영혼을 세우는 관계를 추구하도록 고무할 것이다."

_진 아펠, 이스트사이드 크리스천 교회 담임목사

"나는 이 책에 깊은 감명을 받았다. 사람들이 제자화 과정에서 범하는 실수들의 대부분은 정보가 변화의 열쇠라고 생각하는 것이다. 누구 못지않게 짐은 성경의 힘을 믿고 성경 말씀을 신실하게 전한다. 하지만 사람들이 잘 모르는 것은, 그가 관계들을 매우 중시한다는 사실과 이 관계들이 참으로 강력한 힘을 발휘한다는 사실이다. 본서는 간명하면서도 강력한 방식으로 인간 영혼의 깊이를 이해시킨다. 내 경험상, 이 책을 읽으면 변화될 수밖에 없을 거라고 생각한다."

_빌 헐, 본회퍼 프로젝트 리더

contents

● 추천의 글 _4

chapter 1 혼자가 익숙한 그리스도인? _11
배고픈 자를 위한 소망 | 레시피 지키기 | 단지 '나와 예수님만'으로는 충분하지 않다 | 싸구려 튜브로 급류 타기?

chapter 2 관계를 맺도록 지음 받았다 _33
제대로 알려지지 않아서 | 하나보다 둘이 더 낫다 | 관계들의 기초

chapter 3 지식의 결여? 사랑의 결여? _55
핵심을 놓친 모험들 | 사랑은 언제까지나 떨어지지 않는다 | 피상적인 공손함을 넘어 | 진짜 사랑을 위한 힘든 수고 | 우리는 함께 길을 걷는다

chapter 4 사랑은 관계 안에서만 자란다 _83
좋든 나쁘든 | 사랑과 관계의 연관성 | 사랑의 관계 안에서 인도함 | 공동체를 통해 전해지는 은혜 | 끝까지 버티기

chapter 5 영적 가족의 지원이 필요하다 _107
하나님의 가족 안에서 함께 | 살아있는 본보기들 | 가족이 하는 일 | 함께하는 삶

chapter 6 교만 : 진실한 관계의 걸림돌 _131
내 방식이 아니면 떠난다? | 그리스도를 경외함으로 인도함 | 지혜로운 조언에 복종함 | 겸손해지는 용기 | 계속적인 헌신 | 오직 한 가지 나아갈 길

chapter 7 외로운 리더는 외로운 교회를 만든다 _ 161
쏟아냄과 채워짐 | 팀워크를 우선순위로 | 목표를 향해 일함 | 더 온전하고 지혜로운 조언 | 장성한 분량이 충만한 데까지

chapter 8 도움을 주면서 도움을 받는 관계 _ 185
위험을 감수하라 | 서로의 짐을 지라 | 신앙 공동체의 힘 | 화목하게 하는 자 되기 | 새로운 관계들로 들어감 | 주의 사항 | 사랑은 어렵다 | 불의 온기

chapter 9 함께하지 않으면 혼자 싸워야 한다 _ 215
전투는 있다 | 시민군 | 하늘에 있는 영적 세력들 | 이빨 빠진 사자와 고립된 가젤 | 어떻게 잘 해낼 수 있을까?

chapter 10 빛은 모일수록 더욱 밝게 빛난다 _ 241
빛과 동네 | 망가진 세상에서 | 친교가 사실은 예배이다 | 당신은 어떻게 해서든 나를 사랑했어요 | 하나님의 레시피를 따라 살아감

chapter 11 나부터 하나님의 레시피 따르기 _ 265
성숙으로 나아가기 | 리더들을 위한 조언 | 반석 위에 지은 집처럼 | 그리스도의 겸손과 사랑을 본받으라 | 오늘의 선택

● 감사의 말 _287

●

배고픈 자를 위한 소망
레시피 지키기
단지 '나와 예수님만'으로는 충분하지 않다
싸구려 튜브로 급류 타기?

chapter 1

혼자가 익숙한 그리스도인?

고등학교 때와 대학교 때 레슬러였던 나는 고통을 다스리는 법을 배울 필요가 있었다. 레슬러(WWE 레슬러가 아니라 올림픽 레슬러)가 무엇을 견뎌야 하는지 이해하는 사람은 극소수이다. 힘든 훈련, 극한의 심장 강화운동, 부단한 관절 긴장, 척추 충격, 이들 모두가 고통스럽다. 그리고 많은 운동선수들의 경우 이 고통은 점점 축적되고 평생 따라다닌다.

레슬러는 다이어트 때에도 극한 훈련을 해야 한다. 매일같이 한 눈은 냉장고를, 다른 한 눈은 저울을 본다. 레슬러는 시합 전에 체중 측정을 해야 하는데, 때로는 여러 날에 걸쳐 연이어 하기도 한다. 그 후에는 시합할 힘을 얻기 위해 미친 듯이 먹는다. 그리고 나서 다음날

"체중을 만들기 위해"(레슬링 체급에 맞는 최적체중수준에 이르기 위해) 다시 다이어트를 시작한다. 요즘, 대부분의 학교들과 레슬링 프로그램들은 레슬러들을 위해 훨씬 더 건강한 규칙을 적용하지만, 예전에 내가 선수로 뛰었을 때는 시즌 동안 종종 한 주에 7킬로그램가량이 오르내리고는 했다.

이와 같은 훈련은 레슬러로 하여금 남은 생애 동안 음식에 대해 불건전한 견해를 갖게 할 수 있다. 체중에 잔뜩 신경을 쓴 결과, 어떤 전직 레슬러들은 필요 이상의 음식을 먹고 마시기를 원한다. 여러 해 동안 억제해 온 음식을 보충하려 들기 때문이다. 또 레슬링을 할 때 자주 먹지 않았기에, 음식에 대해 까다롭게 구는 습관이 생기기도 한다. 나는 격한 운동을 견디기에 충분할 만큼 실속이 있을 뿐 아니라 정말 좋아하는 음식을 먹어야 했다. 모처럼 제대로 먹는 음식인데 좋아하지 않는 것을 먹을 수는 없었다.

나는 좋아하는 음식을 일단 맛보면, 다른 것은 아예 거들떠보지도 않았다. 나는 특히 라자냐를 좋아했다. 우리 어머니의 라자냐를 특별히 좋아했다. 어머니는 언제나 같은 레시피로 만들었고, 그것은 언제나 완벽했다.

레슬러로서 음식에 대해 줄곧 지녀온 강박관념, 점점 더 까다로워지던 식성 그리고 내 입에 딱 맞았던 어머니의 라자냐 레시피 등으로 인해 신혼 초에 찜찜한 일이 있었다.

대학 시절, 로리와 결혼했을 때 나는 여전히 레슬링을 열심히 하고 있었다. 어느 날 아침, 아내가(아내는 요리나 레슬러들의 취향에 대해 경험이 많지 않았다.) 저녁에 무엇이 먹고 싶은지 물었고, 나는 라자냐가 먹고 싶다고 말했다. 아내는 미소를 지으며 그것을 준비하겠다고 말했다. 그때 잠시 부모님 댁에서 멀리 떠나 살고 있었고, 또 레슬링 시즌이어서 음식을 많이 먹지 못했기 때문에 나는 마음이 설렜다. 하루 종일 저녁 식사를 생각했다.

그날 밤에 나는 자칭 걸작품을 만드느라고 여러 시간 동안 주방에서 수고했을 사랑스런 아내에게 달려갔다. 아내는 이미 식탁을 차려 놓고 서서 미소 짓고 있었다. (여기서부터 상황이 나빠지지만, 그때 일어난 일을 읽기 전에, 내가 새신랑이었고 초신자였다는 사실을 생각해 주기 바란다.) 나는 라자냐를 큼지막하게 한 조각 집어 들고서 자세히 보았다. 어머니의 라자냐와 달라 보였다. 냄새를 맡아 보았다. 아니었다. 어머니의 것과 같은 냄새가 아니었다. 그리고 맛을 보았다.

아니었다. 그것은 내가 생각했던 라자냐가 분명 아니었다.

심지어 나는 그 사실을 뻔뻔스럽게도 아내에게 말하기까지 했다. 로리의 라자냐가 그리 끔찍한 건 아니었지만, 내가 기대했던 라자냐와 분명 달랐다. 당시에 나는 뭔가를 좋아하는 척하지 못했고 직설적이었다. 나는 어머니가 라자냐 전문가이며 내가 그 요리를 정말 좋아한다고 로리에게 설명하려 애를 썼다. 아내의 라자냐가 별로라고 곧이곧대로 설명하려 했다.

다행히도, 아내는 잠시 눈물을 흘리며 마음을 추스른 후에 "라자냐를 좋아해."라는 내 말이 단순히 아무런 라자냐나 다 좋아한다는 뜻이 아님을 알게 되었다. 나는 오직 어머니의 라자냐만을 좋아했다.

여러 해에 걸쳐, 아내는 어머니의 레시피들을 많이 습득하게 되었다. 그리고 나는 훨씬 더 다정다감한 남편이 되는 법을 배웠다.

라자냐에 얽힌 이 이야기 속에는 훨씬 더 중요한 의미가 담겨 있다. 한 접시의 맛있는 라자냐는 하나님이 바라시는 우리의 삶의 방식이다. 하나님은 디자인의 대가이며 전문 셰프이시다. 하나님은 성경을 통해 구체적인 레시피를 우리에게 주신다. 그것을 따른다면 우리는 하나님의 가족 구성원으로서 건강하고 힘 있게 살아갈 것이다. 그뿐 아니다. 이 맛있는 요리의 끝내주는 냄새는 다른 사람들을 이 가족 식사에 합류하도록 이끈다. 정말 좋은 소식이다.

그런데 나쁜 소식도 있다. 우리가 이 레시피를 따르지 않는다면 우리에게 필요한 그리고 하나님이 우리를 위해 계획하신 것을 언제나 놓칠 거라는 사실이다. 그때 우리는 무엇인가를 먹겠지만 하나님의 '최선'은 아닐 수 있다.

물론 이것은 한 비유이다. 내 아내의 레시피는 전혀 나쁘거나 건강에 해롭지 않았다. 단지 어머니의 것과 달랐을 뿐이다. 그러나 영적인 세계에서는, 하나님이 우리를 위해 계획하신 생명은 오직 그분의 레시피를 통해서만 얻을 수 있다. 또한 이 세계에는 우리를 속여서 본질적인 무엇을 놓치게 하거나 심지어 우리를 병들게 하는 미묘한 독을 거듭 권하는 대적이 있다.

그리스도인의 삶을 살고자 한다면, 하나님의 계획에 맞는 삶을 살아야 한다. 염려하지 말라. 하나님은 우리 모두를 획일적으로 살게 하지 않으신다. 우리 각자를 위한 그분의 전반적인 계획은 그 폭이 매우 넓다. 하지만 그 계획의 모든 요소들을 우리는 올바로 알아야 한다. 하나님은 무엇이 가장 중요한지 그분의 말씀 속에 분명히 밝히셨다. 우리는 생존하며 번성하기 위해 그 레시피를 따라야 한다.

배고픈 자를 위한 소망

그리스도인이 되기 전, 나는 내가 늘 먹고 싶어 했던(앞의 비유를 활용하자면) 무엇인가를 교회 사람들이 가지고 있다고 믿기 힘들었다. 그들이 택한 그리스도인의 삶은 그들을 만족시키지 못하는 것 같았다. 적어도 내 눈에는 그랬다. 그런 식사를 왜 내가 원했겠는가?

학교나 직장에서 만난 타종교 친구들은 그리스도인 친구들과 다른 길을 가고 있었지만, 그만큼 행복해(또는 불행해) 보였다. 내 눈에는 차이점이 거의 없었다. 내가 아는 어떤 그리스도인들은 이중적인 삶을 살았다. 그들은 경건한 말투를 사용하고 친절하고 자상했으며 바른 말을 많이 했다. 그러나 일할 때나 놀 때에는 상스럽고 비판적이며 불평으로 가득한 말을 했다.

나는 그들에게 완벽을 기대하지는 않았다. 그렇지만 그들은 자신의 주장과 달리 자신이 처한 모든 곤경에 대한 답을 발견한 것 같지는 않았다. 그들은 극소수의 사람들을 신뢰한 적도 있지만 대부분 실망했다며 솔직한 심경을 내게 토로했다. 그들은 다른 사람들 앞에서는 완벽해야 한다는 중압감을 느꼈지만, 술을 몇 잔 마시면 솔직한 속내를 보였다.

어떤 그리스도인들은 신실한 믿음을 토로하지만 즐거운 것 같지 않았다. 도처에 악이 숨어 있으므로 하늘이 무너질까 염려했다. 어떤 이들은 지나치게(거의 망상적으로) 기뻐하는 것 같았다. 자기 삶의 어떤 부분이 무너졌음을 시인하면 예수님 얼굴에 먹칠을 하는 것인 양 내색하지 않으려 했다. 이 신실한 신자들 대부분은 친절한 듯했으나, 벽을 허물 만큼 참된 관계를 맺고 있는 것 같지는 않았다. 솔직히 나는 그들과 함께하고 싶지 않았다.

긴 행동수칙 목록을 가지고 산다는 의미에서 그들은 분명 '종교적'이었다. 하지만 그들은 성경이 약속한 화목의 길을 가기보다는 하나님과 다른 사람들을 두려워하는 것 같았다. 오직 예수님을 통해서만 구원받을 수 있다고 자주 말하면서도, 실제 삶에서 직면한 문제들로부터는 구원받지 못한 것 같았다.

내가 그리스도인이라 생각했던 많은 사람들은 '잃어버린' 자들에게 다가갈 마음이 없어 보였다. 불신자들이 지옥으로 향하고 있음을 진정으로 믿는다면, 그들은 왜 온유와 두려움으로(벧전 3:15) 믿음을 전하지 않을까?

내가 만난 신자 대부분은 믿음이란 자신만 간직하면 된다고 생각하는 듯했다. 정치나 종교에 대해서는 잠잠해야 한다고 생각하는 듯했다. 그들은 자기 신앙이 자신의 삶에 많은 변화를 일으키지 않았기에 그 신앙에 별 감명을 받지 못했고, 그래서 굳이 다른 사람에게 전할 이유가 없는 듯했다. 어떤 이들은 열심이 지나쳐 예수님에 대한 이야기를 멈추려 하지 않았지만, 누군가가 그들의 삶을 지켜보고 있으며 또한 그 삶이 그들의 말보다 더 힘이 있다는 점을 이해하지 못하는 것 같았다.

내가 주일 오전 예배에 참석했을 때, 이 같은 많은 그리스도인들이 서로를 '형제'나 '자매'로 불렀다. 그러나 그들이 바로 자신은 누구도 진정으로 신뢰하지 않는다며 내게 말했던 사람들이었다. 아버지는 목회자셨고, 나는 그리스도인들 간의 어리석고 사소한 싸움들을 자주 보고는 했다. 그런 싸움은 나로 하여금 그들로 구성된 소위 '가족'에 결부되고 싶지 않게 했다.

물론 매력적인 몇몇 신실한 그리스도인들이 언제나 주위에 있었지만, 나는 불신실하고 말다툼하는 그리스도인들을 너무 많이 보았다. 부단한 다툼과 망가지는 모습을 보면서, 나는 예수님을 따른다는 것이 무엇인지 의아스러웠다.

많은 사람들이 자신의 소망은 내세에 있다고 말하며, 그 소망이 자신의 삶을 어떻게 이끄는지 말했다. 그들은 용서에 대해 말했다. 은혜에 대해 말했다. 그러나 간극도 컸다. 나는 예수님을 따르는 큰 유익이 무엇인지, 특히 이생에서 얻는 유익이 무엇인지 알 수가 없었다. 그리스도인들도 비그리스도인들처럼 혼란스러워했다. 믿음과 삶을 위한 그리스도인들의 레시피에 분명 빠진 것이 있었다.

당시에 나는 기독교를 따르는 사람들의 행실이나 이해에 결함이 있다기보다 기독교 자체에 결함이 있다고 생각했다. 여러 해가 지난 지금, 나는 다양한 형태로 신앙생활을 하는 수천 명의 신자들이 다니는 교회의 담임 목사이다. 매주 우리 교회에서 나는 좋은 신자와 나쁜 신자와 추한 신자들을 본다. 헌신적인 그리스도인들도 본다. 그들은 단호히 예수님을 따르고, 신앙 성숙을 도와줄 하나님의 말씀과 성령님과 하나님의 사람들을 의지한다. 나는 그들 속에서 그리고 그들을 통해 하나님이 어떻게 행하시는지 본다. 놀라운 일이다.

또한 나는 변덕스러운 그리스도인들도 본다. 그들은 자신을 "그리스도인"이라 부르지만 그들의 신앙은 이름뿐이고 행동이 따르지 않는 것 같다. 성경이 무엇을 말하든, 그들은 안락한 삶에 신앙의 초점을 맞추기 원한다. 서글프게도, 예수님께 순종하기로 결단하지 않는 한 그들은 예수님이 그들에게 바라시는 삶을 결코 경험하지 못할 것이다.

또한 나는 자신의 신앙에 긴 규칙 목록을 덧붙이는 '종교적인' 그리스도인들도 본다. 그들의 신앙은 무거운 짐이 되었고, 그들은 영적으로 피곤하거나 혹은 교만해진다. 다른 사람들보다 규칙들을 더 잘 따르기 때문에 자신이 더 가치 있는 신자라고 믿는다.

불행하게도 이들은 그리스도 안에서 취할 수 있는 삶을 경험하지 못한다. 참 신앙을 오해하거나 사실상 거부하기 때문이다. 그들이 강력한 신앙의 삶을 위한 레시피를 많이 지녔을 수 있지만, 하나님이 그들에게 주기 원하시는 것을 온전히 경험하게 하는 핵심 요소를 놓쳤을 수 있다. 종종 이것은 성경적인 관계의 제자 훈련이 결여된 데 따른 결과이다. 그들은 출신 교회에서 제자 훈련을 받지 못했거나, 과거의 상처 때문에 혹은 너무 많은 삶의 변화가 요구되어 그것을 거부했다.

슬프게도, 우리 교회에도 이 훈련에 대해 들었지만 아직도 그 핵심을 간과하는 그리스도인들이 있다. 나는 목회자나 평신도를 위한 세미나차 전국을 다니면서 같은 문제를 본다. 많은 그리스도인들이 혼자이고 곤궁하다. 그들은 주님 안에서 더 큰 경험을 얻기를 간절히 바라면서, 자신의 신앙을 제대로 알고자 발버둥 친다.

본서는, 무엇인가를 놓치고 있으며 문제를 더 깊이 보기 위해 그 점을 솔직히 인정하는 자들, 예수님이 어디로 인도하시든지 진심으로 그를 따르기를 원하는 자들을 위한 책이다. 비록 불편하고 두려울지라도, 우리가 진정으로 이적을 경험하려면 예수님이 어디로 인도하시든지 그를 신뢰하며 따라가야 한다.

많은 사람들이 근사한 라자냐 근처에 있지만, 여전히 그것을 맛보지 못한다. 그들은 교회에 나가고, 진리를 얻기를 바라고, 종종 기도에 몰두하고, 성경을 알고, 하나님을 예배하며, 심지어 전도도 하지만, 여전히 중요한 무엇인가를 놓치고 있다. 그들이 사용하는 영적 레시피가 만족스럽지 않다. 그들은 어떻게 할지 고민한다.

만일 당신이 그렇다면 용기를 내라. 소망이 바로 곁에 있다. 내가 보여 주려는 것은 완벽한 라자냐를 위한 레시피이다. 분명 우리는 죄에 젖은 세상에 산다. 하나님은 문제없는 삶을 약속하지 않으셨다. 우리 주변의 문화는 오염되었고 우리를 멸하려는 영적 대적이 있다. 이 세상에서 우리는 환난을 당한다. 성경이 그렇다고 말했다(요 16:33).

우리 모두는 가장 간단한 레시피조차 완벽하게 살아내지 못하는 타락한 죄성을 지니고 있다. 그러나 하나님의 영적 양식을 먹음으로써 영적으로 성숙해지는 자들에게는 소망이 있다. 우리가 직면한 모든 것에도 불구하고 우리가 생존하며 번영할 수 있는 방안이 있다. 질문은 이것이다. "당신이 살아온 삶의 레시피에서 빠진 것이 무엇인가?" 이 책에서 다루려는 것이 바로 이것이다.

레시피 지키기

내가 가장 좋아하는 성경 구절 중 하나는 유다서 3-4절이다.

"사랑하는 자들아 우리가 일반으로 받은 구원에 관하여 내가 너희에게 편지하려는 생각이 간절하던 차에 성도에게 단번에 주신 믿음의 도를 위하여 힘써 싸우라는 편지로 너희를 권하여야 할 필요를 느꼈노니 이는 가만히 들어온 사람 몇이 있음이라 그들은 옛적부터 이 판결을 받기로 미리 기록된 자니 경건하지 아니하여 우리 하나님의 은혜를 도리어 방탕한 것으로 바꾸고 홀로 하나이신 주재 곧 우리 주 예수 그리스도를 부인하는 자니라."

처음에 유다는 격려의 편지를 쓰려고 했다. 그러나 문제가 하나 있던 탓에 경고의 편지를 써야겠다고 느꼈다. 그 문제는 어떤 이들이 사도들을 통해 전해진 메시지를 곡해하여 믿음의 레시피를 변질시키려 한 것이다. 여기서 '믿음'이란 사도들로부터 전해진 지식(올바른 교리와 생활방식) 체계를 가리킨다.

유다서에서 지적하는 왜곡된 가르침이란, 그리스도인은 은혜로 구원받으므로 원하는 대로 아무렇게나 살 수 있다는 것이었다. 그 그릇된 메시지에 따르면, 그리스도인들은 하나님과 다른 사람들에게 계속 죄를 지으며 살아도 된다. 이 그릇된 레시피에서는, 은혜가 부도덕 허가증으로 바뀌었다.

유다는 올바른 레시피를 따르도록 그리스도인들에게 도전을 주었다. 그것은 하나님이 바라시는 삶을 살게 하는 믿음의 레시피였다. 유다는 이 올바른 믿음의 레시피는 단번에 전해졌으며, 그것을 바꾸는 건 마치 독을 몰래 넣어 먹는 자들을 병들게 하거나 죽게 하는 것 같은 큰 잘못이라고 설명했다. 또 강력한 효과를 일으키는 그 무엇을 고의적이든 비고의적이든 누락시키는 것이라고 말했다. 여기서 유다는 우리의 영적 음식으로 장난질하려는 대적이 있다고 경고한다.

오늘날에도 마찬가지이다. 영적 대적이 우리의 영적 음식에 독을 탈 위험이 있다. 성경은 그리스도와 사도들이 본을 보인 생활방식과 교리와 가르침을 붙들라고 우리에게 당부한다. 디모데전서 4장 16절에서 바울은, "네가 네 자신과 가르침을 살펴 이 일을 계속하라 이것을 행함으로 네 자신과 네게 듣는 자를 구원하리라"라고 말한다.

이 말씀은 우리가 '레시피(믿음)를 주의 깊게 지켜야 한다.'는 뜻이다. 신자의 역할을 말하면서 바울은 "자신"과 "가르침"을 결합하고 있다. 신자들이 신앙의 모든 요소들을 기억하기는 힘들다. 그러나 주의를 기울여야 한다. 왜냐하면 하나님이 계획하신 레시피는 완벽하며 반드시 지켜져야 하기 때문이다.

내 말의 요점은 이것이다. 성경을 통해 우리에게 전해진 믿음은 완벽하며, 성경은 그 믿음을 혼잡하게 하는 죄악에 대해 분명히 경고하고 있다. 그릇된 레시피를 따르는 것은, 세상에서 올바른 역할을 감당하는 우리의 능력에 심각한 타격을 준다. 그 결과 교회와 가정과 심지어 내생마저 파괴시키는 역기능적 믿음이 초래된다.

너무나 많은 신자들이 불완전한 레시피에 몰두하는 어리석음을 저지른다. 그 결과 그들은 직면한 싸움을 능히 이길 힘과 기쁨과 평안을 갖추지 못한다. 어떤 그리스도인들은 아예 믿음이 작동하지 않으며, 예수님에 대해서도 왜곡된 시각을 지니고 있다.

너무나 많은 그리스도인이 신앙인으로서 형통한 삶을 살지 못한 탓에 영적인 삶에 형통함이란 아예 없다고 하는 그릇된 결론을 내리기도 한다. 또한 어떤 이들은 예수님에 대한 그릇된 주장을 펼치면서 믿음을 공공연히 거부한다. 만일 그들이 실로 예수님을 뵌다면 그분을 사랑하게 될 것이다. 그들이 예수님이 의도하신 레시피를 사용했더라면 영적인 힘을 얻었을 것이다. 성경은 그것을 "산 떡"이라고 말한다.

사람이 건강한 음식이나 충분한 음식을 먹지 못하거나 또는 독이 든 음식을 먹으면 맡은 일을 해낼 힘을 얻지 못한다. 너무 약해져서 의미심장한 싸움을 오래도록 전개할 힘을 얻지 못한다. 쉽게 지쳐버린다. 면역체계가 더는 작동하지 않으므로 질병에 대항할 힘도 없어진다. 그가 생존하며 형통하려면 건강한 음식과 충분한 음식을 지속적으로 먹어야 한다. 같은 원리가 영적인 세계에도 적용된다.

요즘 나는 서바이벌 쇼 형태의 TV 프로그램을 재미있게 보고 있다. 야외 활동을 좋아하는 나는 이 프로그램에서 유용한 정보를 얻는다. 또 여기에서 근사한 영적 비유들도 발견한다. 굶주리는 사람은 병들기가 매우 쉽다. 너무 오랫동안 영양분을 섭취하지 못했기 때문이다. 마찬가지로, 너무나 많은 신자들이 부분적으로만 옳은 기독교를 믿고 있다. 그들은 부분적인 효력만을 얻으며, 그들을 파괴하려는 영적 대적들의 공격을 부분적으로만 방어한다.

바로 지난주에 그런 일이 있었다. 필자와 친구처럼 지내는 한 사람이 아내를 속이고 부정을 저질렀다고 내게 털어놓았다. 그는 여러 해 주일성수를 했다. 그는 성경을 잘 안다. 나는 그가 기도하고 예배하며 봉사하는 모습을 보아 왔다. 그는 우리 지역사회에서 유력한 지위에 있고, 신자들과 비신자들 모두에게 선한 영향을 미치기도 했다.

무엇이 잘못되었을까? 그는 나름대로 신앙 레시피에 따라 살려고 노력했지만 영적 공격에 노출되었다. 삶이 어떠냐고 내가 물을 때마다 그는 언제나 "좋아요."라고 말했다. 그는 자신이 주님과 가깝고 아내를 사랑하며 가족에게 헌신한다고 주장했다. 내가 가정교회에 합류해 다른 신자들과 실제적인 관계를 진전시키라고 당부하면, 그는 너무 바빠서 그런 일에 틈을 낼 수가 없다고 말했다. 왜 그리 바쁘냐는 물음에, 그는 긴 활동 목록을 나열했다. 아이들과 스포츠 활동을 하고 가족 캠핑을 떠나야 하고 늘 일에 쫓긴다고 했다. 이 활동들 자체는 좋았다. 그러나 실제적인 관계가 빠지면 건강한 영적 삶을 위한 레시피에 결함이 생기고 자연히 해로운 결과가 따른다.

이번 주에 그는 아내에게 진실을 말해야 했다. 그들의 관계가 회복되려면 오랜 과정이 걸릴 것이다. 다행히도 그는 다시 정상궤도에 들어섰으며, 내가 당부한 일을 먼저 실행하는 데 시간을 기꺼이 할애하려 한다(성경은 그렇게 해야 한다고 선언한다). 처음부터 그가 온전한 레시피를 따르기만 했다면 훨씬 더 좋았을 것이다. 그랬다면 넘어지지 않았을 것이다. 이제 그는 영원히 잃어버릴 뻔했던 결혼생활과 명성 둘 다를 지키기 위해 적절한 레시피를 따르고 있다.

하나님이 우리에게 특정한 방식으로 살아갈 것을 당부하시는 이유는 그가 우리를 사랑하시기 때문이다. 그가 우리를 어떻게 설계하셨는지 그리고 우리가 생존하며 형통하려면 무엇을 해야 하는지 하나님은 아신다. 하나님은 성경을 통해 우리에게 레시피를 주셨다. 만일 우리가 한 가지 요소라도 빠뜨린다면 그 레시피는 그만큼 부실해질 것이다. 만일 우리가 한 가지를 첨가하고 다른 하나를 뺀다면, 그 신앙 레시피는 제 구실을 하지 못할 것이다.

단지 '나와 예수님만'으로는 충분하지 않다

이 책을 쓴 주요 목적은 많은 신자들이 정상적인 신앙 레시피라고 생각하는 것에 도전하기 위해서다. 많은 사람들이 예수님이 우리를 구원하신다는 메시지를 듣고 받아들인다. 그러나 우리가 매일 어떻게 살지 예수님이 말씀하신다는 사실은 놓치고 있다. 순종하는 마음으로 예수님을 따르는 것은 제자도의 본질이다.

슬프게도 너무나 많은 그리스도인이 제자화를 통한 성숙으로 나아가지 않는다. 그들은 영적으로 성숙해지기를 거부한다. 혹은 그들에게 복음을 전한 사람이 그들로 영적인 삶에 긴요한 요소들을 발견하도록 돕지 않는다. 그 결과 그들은 결함이 있는 뒤죽박죽 레시피를 지니게 되었다.

또는 영적 성숙의 필요성을 알아 다른 사람들을 제자 훈련으로 안내하는 사람들 가운데 신앙생활을 위한 불완전한 레시피를 전하는 이들이 많다. 만일 다른 사람들을 제자화로 이끄는 이들이 중요한 무엇을 놓친다면, 그 결함은 제자 훈련을 받는 사람에게 옮겨진다. 대부분의 목사들과 교사들은 성경을 이해해야 한다고 강조한다. 성경을 통한 하나님의 음성에 친숙해지지 않으면 그리스도 안에서 성장할 수 없다. 하지만 무엇인가 빠져 있다. 그것은 무엇일까?

당신은 전체 성경이 관계에 대한 내용임을 아는가? 하나님과의 관계만이 아니라 '다른 사람들'과의 관계도 포함된다. 너무나 많은 그리스도인이 놓치는 중요한 요소는 함께하는 데서 오는 힘이다.

성경의 서두는 우리가 하나님의 형상으로 지음 받았다고 말한다. 우리는 성경에서 그리고 예수 그리스도에게서 하나님이 사랑이심을 배운다. 이는 우리가 관계적인 존재로 지음 받았음을 뜻한다. 하나님이 우리를 지으신 것은 그가 외로우셔서가 아니라 그분 자신이 관계적이시기 때문이다. 삼위일체이신 하나님, 곧 성부 하나님, 성자 하나님 그리고 성령 하나님은 영원토록 사랑의 관계에 계신다.

창세기의 창조 이야기를 생각해 보라. 하나님은 하나를 지으시고 그것이 좋다고 말씀하셨다. 또 다른 하나를 지으시고 다시 그것이 좋다고 말씀하셨다. 이 패턴이 반복되다가 하나님이 사람을 지으시고는 무언가가 "좋지 않다."고 말씀하셨다. 그 이유는 무엇일까? 사람이 혼자였기 때문이다.

아담이 완전히 홀로인 것은 아니었다. 하나님이 계셨다. 하나님이 동산에서 아담과 함께하시며 대화하셨다. 상상해 보라. 첫 사람은 창조주와 완벽한 관계를 누렸다. 그러나 하나님은 무언가가 "좋지 않다."고 말씀하셨다. 아담이 하나님과는 물론이고 다른 사람들과도 관계를 맺도록 창조되었기 때문이다. 하나님은 하와를 지으셨고 그래서 아담은 또 다른 사람과 관계를 맺을 수 있었다.

혹자는 이 대목은 모든 사람에게 배우자가 필요하다는 하나님의 계시라고 말할 수도 있다. 하지만 그런 해석은 성경과 조화를 이루지 않는다. 예컨대, 신약성경에서 바울은 자신처럼 어떤 이들의 경우 결혼하지 않는 편이 더 낫다고 말한다. 하나님이 하신 말씀의 뜻은, 결혼 유무에 상관없이 다른 사람들과 관계를 맺어야 한다는 것이다.

오늘날 많은 그리스도인이 하나님과의 관계만 유일하게 중요하다고 잘못 믿고 있다. 그들은 "나와 예수님과의 관계만 있으면 돼."라고 말한다. 하지만 성경은 전혀 그렇게 말하지 않는다. 우리는 하나님을 사랑하며 다른 이들을 사랑하도록 지음 받았다. 둘 다 중요하다. 당연히 우리에게 가장 중요한 관계는 예수 그리스도를 통한 하나님과의 관계이다. 예수님과의 지속적인 관계가 넘쳐 날 때 우리는 다른 사람들과의 관계를 맺을 역량을 갖는다. 그러나 하나님은 다른 사람들과 실제적인 관계를 맺는 것이 하나님과 실제적인 관계를 맺는 것이라고 말씀하신다.

우리의 관계들이 엉망이 될 때 어떤 일이 일어나는지 창세기 앞부분에서 볼 수 있다. 에덴동산에서의 타락은 하나님과의 온전한 관계에서 이탈한 사람에게 생긴 일이다. 그 결과 죽음이 임했는데, 이는 육체적인 죽음에서 끝나지 않았다.

우리와 땅의 온전한 관계가 깨졌다. 잡초들이 자라기 시작해 삶을 힘들게 했다. 하나님은 여자가 남편을 원하지만 남편이 아내를 다스릴 것이라고 말씀하셨다(창 3:16). 남편들은 이 말씀을 여자가 남편을 육체적으로 원하지만 남편이 보스 역할을 할 것이라는 뜻으로 이해하려 한다. 그러나 실제 의미는, 여자가 남편을 다스리기 원하지만 남편이 아내를 다스리려 할 것이며 그래서 가정에서 지배권 다툼이 일어난다는 뜻이다. 또 자녀들과의 관계는 아름다운 것이지만, 출산의 고통이 따르게 되었다. 성경은 그 이후로 영적 전투가 전개되었음을 계시한다.

궁극적으로, 타락에서 비롯된 죽음은 우리가 상상하는 것보다 훨씬 더 심각했다. 그것은 올바른 관계의 죽음이었다. 관계 속에서 살아가도록 지음 받은 존재에게 이것은 엄청난 문제이다. 우리의 피조 목적이며 우리에게 필수적인 한 가지를 죄로 인해 결코 얻지 못하게 되었다. 이 상황을 바로잡으려면 놀라운 무엇이 필요했다. 이것은 참으로 저주였다.

창세기에서 한 대적이 계시되는데, 그의 의도는 간단하다. 하나님은 관계의 하나님이시다. 반면 마귀의 목표는 관계를 파괴하는 것이다. 하나님과의 관계를 파괴해 첫 번째 도미노를 넘어뜨리면 무한 연쇄적인 파괴가 초래됨을 마귀는 알았다. 하나님과의 관계가 상실되면 사람들 간의 관계도 깨진다.

좋은 소식은 하나님이 화해의 하나님이시며, 자신의 사랑을 나타내고자 역사를 주관하고 은혜를 계시하시며, 또한 얻을 자격이 없는 우리에게 필요한 것을 주신다는 사실이다. 한때 파괴된 모든 것을 회복하고자 예수님이 오셨다.

예수님은 우리를 사랑하고 용서하시며 하나님과의 친교를 회복시키기 위해 오셨다. 그 결과 다른 사람들과의 관계도 회복된다(요일 1:7). 인류 역사는 완벽한 관계로 시작되었고 새 하늘과 새 땅에서 회복될 친교로 마감될 것이다. 성경은 하나님께서 우리가 다시 그분의 백성이 되며 그분이 우리의 하나님 되기를 바라신다고 거듭해서 말한다. 이것이 관계이다!

본서에서 이 개념들을 다루면서, 내가 분명히 하기 원하는 것이 있다. 사람들에게 친절하며 공손한 것과 실제적이며 생명을 전하는 관계를 맺는 것에는 큰 차이가 있다는 사실이다. 가장 위대한 성경 단어 대부분이 세상에게 빼앗겼다고 나는 굳게 믿는다. '관계', '우정', '사랑'과 같은 단어들을 말이다. 이 단어들은 종종 문화를 지배하는 마귀에 의해 재규정되었다. 그래서 이 단어들이 힘을 잃었다. 올바른 정의를 내리기 위해 성경을 고찰하는 것이 우리에게 맡겨진 일이다.

그렇다. 우리는 하나님과의 그리고 다른 사람들과의 '관계'가 필요하다. 하지만 세상적인 관점이 아닌 성경의 관점에서 이 '관계'를 규정하는 것이 매우 중요하다.

싸구려 튜브로 급류 타기?

많은 플라이 낚시꾼이 즐기는 느리게 흐르는 강이 있다. 여름이면 햇볕 가득한 레저 여행을 즐기기 위해 래프팅 보트와 튜브를 가지고서 많은 사람이 몰려든다. 여러 튜브를 한데 묶고서 그중 한 튜브에는 시끌벅적한 노래가 나오는 라디오를 싣고 또 다른 튜브에는 음료를 담은 아이스박스를 실은 모습이 낯설지 않다. 여름에는 강이 무척 얕아서 구명조끼를 입은 사람이 거의 없다. 유달리 얕은 데서는 아이들도 바닥을 딛고 설 수 있다.

튜브가 모자랐던 우리는 마트에서 싸구려 튜브를 몇 개 구입했다. 우리가 택한 장소는 물살이 약했기 때문에 8달러짜리 튜브로도 별 문제가 없었다. 해가 졌고, 어른 열 명과 어린아이 두 명이 튜브에 몸을 맡긴 채 이야기하고 물을 튀기며 아름다운 산들을 보면서 근사한 시간을 보냈다.

구명조끼도 없이 얇은 비닐로 만든 싸구려 튜브를 타고 강을 따라 내려가면서, 문득 이런 생각이 떠올랐다. 만일 이 강이 3~5등급의 급류로 가득했다면 과연 내가 가족과 함께 이 싸구려 튜브를 탔을까? 당연히 아니다. 그리고 나 자신에게 이렇게 물었다. 만일 그 정도의 강에 이 사람들과 들어선다면 어떤 장비를 갖춰야 할까? 나는 노와 구명조끼를 갖춘 매우 비싼 래프팅 보트를 떠올렸다. 전문적인 훈련을 받고 강의 모든 코스를 잘 아는 노련한 안내원을 떠올렸다. 빠른 물살에 대처하기 위해 유속이 완만한 물에서 안내원에게 협동 훈련을 받는 우리의 모습도 떠올렸다.

그러다가 나는 그리스도인의 삶에 대해 생각했다. 8달러짜리 튜브 같은 믿음을 지닌 그리스도인이 너무 많다. 그들의 튜브는 유속이 완만한 강에서는 아무 문제가 없다. 그러나 곤경이나 비상사태나 세찬 급류를 만나면 그들은 가라앉을 것이다. 삶의 강이 느리고 유유히 흐를 경우에만 이 같은 싸구려 믿음으로 지탱할 수 있을 것이다. 그것은 격렬한 래프팅을 위해 설계된 믿음이 아니다.

여기에 문제가 있다. 오늘날 우리가 사는 세상은 이번 여름에 튜브를 타고 놀았던 그런 느리고 편안한 강이 아니다. 인생의 강은 격렬한 래프팅을 위해 설계되어 있다. 그 강은 급류로 가득하며, 점차 위험해지고 종종 홍수위에 도달한다.

우리의 문화는 급속히 반기독교적 입장으로 향해 왔고 우리 대부분은 그에 대한 준비를 갖추고 있지 않다. 혼란스러운 문화에서 그리스도인들이 살아남으려면, 하나님이 설계하신 그대로의 믿음을 지녀야 한다. 하나님이 설계하신 기독교는 위험한 물결을 헤쳐 나가기 위해 올바른 장비를 갖추고서 함께 협력하는 래프팅 팀과 같다.

내가 보기에 그리스도인 대부분이 지닌 믿음에는 무엇인가 빠져 있다. 충분하지 않다. 우리 그리스도인은 가까운 장래에 매우 힘든 시기에 직면할 것이다. 예수님은 말세가 되면 사악함이 만연하고 대부분의 사람들의 사랑이 식을 거라도 분명히 밝히셨다. 바울은 거짓 선지자들이 있으며 힘든 시기가 다가오고 있다고 말했다. 사람들은 자신을 사랑하고 쾌락을 사랑하며 성급하고 기만적일 것이다(딤후 3:1-4).

지금 우리가 그 시대에 살고 있다. 격노한 강물과 같은 문화에 그리스도인들이 맞서 싸워서 살아남으려면 8달러짜리 싸구려 튜브로는 안 된다.

래프팅 여행을 계속하다 보면, 언제 위험한 상황에 직면할지 급류 사이의 완만한 지점에서 미리 파악할 수 있다. 다음 굴곡에 미칠 즈음 그 앞에 놓인 급류의 요란한 소리를 듣는다. 당신은 그것을 들을 수 있는가? 들을 수 있어야 한다. 당신은 어떤 튜브를 타고 있는가?

●

제대로 알려지지 않아서
하나보다 둘이 더 낫다
관계들의 기초

chapter 2

관계를 맺도록
지음 받았다

어떤 목적을 염두에 두고 하나님이 우리를 지으셨을지 생각해 보았는가? 에베소서 2장 10절에서 바울은 "우리는 그가 만드신 바라 그리스도 예수 안에서 선한 일을 위하여 지으심을 받은 자니 이 일은 하나님이 전에 예비하사 우리로 그 가운데서 행하게 하려 하심이니라"라고 말한다.

나는 영어성경 NLT(New Living Translation)의 번역을 좋아한다. "우리는 하나님의 걸작이다. 하나님은 그리스도 예수 안에서 우리를 새롭게 창조해 오셨고, 따라서 우리는 그가 오래 전에 우리를 위해 계획하신 선한 일들을 행할 수 있다." 이 구절은 우리가 중요한 목적을 위해 계획되었음을 계시한다. 시편 139편 13절은 우리가 모태에서부터 중요한 무엇을 위해 함께 짜 맞춰졌다고 말한다. 에베소서 2장은 시간이 시작되기도 전에 하나님이 우리를 아셨다고 확언한다.

그런데 종종 우리는 이런 구절들을 대할 때 문맥을 떠나 읽는다. 그래서 우리가 선한 일을 행할 능력을 언제 어떻게 사용할지 예수님은 관심이 없으시다고 생각한다. 우리는 주님이 우리를 위해 준비하신 선한 일들이 이 땅의 주님의 가족과는 별 상관이 없다고 생각할 수 있다.

우리가 창조된 목적에 관한 에베소서 2장 10절 말씀은, 우리가 주님의 가족, 즉 교회의 일원이라 말하는 에베소서 2장 19절로 연결된다. 에베소서 4장은 우리가 그리스도의 몸의 일부로서 함께 짜 맞춰져 있으며 그리고 하나님이 그분의 목적과 우리의 성숙을 위해 우리가 협력하기를 바라신다고 말한다. 우리는 각 부분으로서 하나님의 영광을 위해 협력할 때 성숙해진다.

개인들로서 그리고 서로 관계를 맺는 그리스도의 연합된 몸으로서 우리는 주님과 친교를 나눠야 한다. 그럴 때 주님을 절실히 필요로 하는 세상에 우리의 선한 일들을 통해 그분의 영광을 반영할 수 있다. 웨스트민스터 소요리문답은 말한다. "사람의 으뜸 되는 목적은 하나님을 영화롭게 하는 것이며, 그를 영원토록 즐거워하는 것이다."

하나님의 명령이 주어진 것은 그분이 계획하신 피조물을(특히 창조의 핵심인 사람을) 보호하기 위해서다. 이 말은 곧 우리가 하나님의 의도에 부합하는 방식으로 살아갈 때 우리 삶에서 최선의 결과를 기대할 수 있다는 뜻이다.

마가복음 12장을 보면, 예수님은 어떻게 사는 것이 하나님 보시기에 잘 사는 것인지 질문을 받으셨다. 예수님이 성전 뜰에서 가르치실 때였는데, 율법 교사들이 모여 어려운 문제로 그분을 난처하게 하고자 했다.

한 서기관은 예수님을 함정에 빠뜨리고자 세금을 가이사에게 내야 하는지 물었다. 그러나 예수님은 그들의 마음을 아셨으며, 질문자의 위선을 파악하셨다. 예수님은 로마 동전을 가져오게 해서 거기 새겨진 형상과 글을 가리키셨다. 그리고 "가이사의 것은 가이사에게, 하나님의 것은 하나님께 바치라"(막 12:17)라고 지혜롭게 말씀하셨다.

그들의 질문 중에는 자세히 살펴볼 만한 진지한 질문도 있었다. 그 질문을 던진 서기관은 예수님이 모든 것을 잘 아시는 분이라 생각했고, 그래서 진지하게 진리를 추구했다. 그의 질문은 무엇이 삶에서 가장 중요한지에 관한 것이었다. 전통적으로 그들은 모세 율법에 613개의 명령이 들어 있다고 보았다. 이들 모두가 구속력이 있지만 다른 것보다 더 중요한 명령이 있다고 그들은 생각했다. 대화는 다음과 같이 전개되었다.

"서기관 중 한 사람이 그들이 변론하는 것을 듣고 예수께서 잘 대답하신 줄을 알고 나아와 묻되 모든 계명 중에 첫째가 무엇이니이까 예수께서 대답하시되 첫째는 이것이니 이스라엘아 들으라 주 곧 우리 하나님은 유일한 주시라 네 마음을 다하고 목숨을 다하고 뜻을 다하고 힘을 다하여 주 너의 하나님을 사랑하라 하신 것이요 둘째는 이것이니 네 이웃을 네 자신과 같이 사랑하라 하신 것이라 이보다 더 큰 계명이 없느니라 서기관이 이르되 선생님이여 옳소이다 하나님은 한 분이시요 그 외에 다른 이가 없다 하신 말씀이 참이니이다 또 마음을 다하고 지혜를 다하고 힘을 다하여 하나님을 사랑하는 것과 또 이웃을 자기 자신과 같이 사랑하는 것이 전체로 드리는 모든 번제물과 기타 제물보다 나으니이다 예수께서 그가 지혜 있게 대답함을 보시고 이르시되 네가 하나님의 나라에서 멀지 않도다 하시니 그 후에 감히 묻는 자가 없더라"(막 12:28-34).

어느 것이 가장 큰 계명인지 묻는 질문에 예수님이 한 가지가 아닌 두 가지를 말씀하셨다는 사실이 흥미롭다. 예수님은 하나님을 사랑하는 것과 다른 사람들을 사랑하는 것이 가장 우선이라고 하셨다. 후에 예수님은 "이 두 계명이 온 율법과 선지자의 강령이니라"(마 22:40)라고 강조하셨다.

왜 모든 율법은 관계에 초점을 맞추는가? 나는 하나님이 우리를 어떻게 지으셨는지 정확히 아시기 때문이라고 믿는다. 모든 계명은 우리의 유익과 주님의 영광을 위한 것이라고 나는 믿는다. 주지하다시피, 하나님은 관계를 염두에 두고 우리를 설계하셨다. 우리는 말 그대로 관계를 위해 설계되었다. 우리가 이 관계를 제대로 유지할 때 하나님의 의도에 맞게 살고 있다고 결론짓는 것이 안전하다. 우리가 하나님의 의도대로 살 때 만족스런 삶이 된다. 이 관계들이 제대로 유지되지 않으면 우리 삶은 그분의 의도로부터 멀어질 것이다.

이것은 이 시대를 위한 교훈이기도 하다. 우리가 하나님의 계획에 맞게 잘 살기 원한다면 하나님의 방법을 따라 살아야 한다. 관계에 초점을 맞춰야 한다. 그 목적을 이루려면 잘 사랑하는 법을 배워야 한다. 이 일이 제대로 될 때 다른 삶의 특질들도 뒤따를 것이다.

성경은 이를 명확히 가르친다. 뿐만 아니라 세상의 연구들도 우리가 관계를 위해 설계되었다는 개념을 지지한다. 세상의 연구들이 성경보다 '더 많은 진리'를 담고 있는 것은 아니다. 세상의 연구들은 성경에서 이미 가르치는 것을 뒷받침한다.

제대로 알려지지 않아서

『영혼의 해부학』이라는 책에서, 정신과 의사인 커트 톰프슨은 신경과학과 영적 습관의 놀라운 연관성을 추적한다.[1] 톰프슨은 그리스도인이지만, 성경적인 관점뿐만 아니라 과학적인 관점에서도 엄밀하게 설명한다.

그는 어떤 사람이 자신의 말에 공감하며 관심을 갖는 사람들과 대화할 때 실제로 그의 뇌가 재구성 과정을 통해 치유되며 더 강건해진다는 사실을 과학이 어떻게 밝히는지 주목한다. 경청하는 사람의 뇌도 동일하게 긍정적인 방식으로 깊은 영향을 받는다. 다른 사람들과 의미 깊은 관계를 가질수록 우리의 마음이 더 건강하다는 것이 톰프

---

1) Curt Thompson, *Anatomy of the Soul*(Carol Stream, IL: Salt River Publishing, 2010).

슨의 큰 전제이다. 과학은 우리가 홀로여서는 안 된다고 알려 준다. 톰프슨은 이렇게 말한다.

신경과학에서 발견된 이 사실들은 이미 우리가 성경을 통해 알고 있는 내용을 반영하는 것이다. 하나님은 우리 자신과 우리 공동체의 유익을 위해 그리고 인류 전체를 위해 우리의 삶이 구체적으로 변하기를 바라신다. 하나님은 우리가 혼자 계획할 수 있는 것보다 더 나은 삶의 이야기를 우리가 하기 바라신다. 우리는 뇌와 관계가 어떻게 서로에게 영향을 미치는지 주목함으로써 하나님이 일하실 공간을 만든다. "오직 마음을 새롭게 함으로 변화를 받아 하나님의 선하시고 기뻐하시고 온전하신 뜻이 무엇인지 분별할"(롬 12:2) 공간을 말이다.

이 모든 것에 대한 이해는 '아는 것'과 '알려지는 것'의 차이를 이해하는 데서 시작하고 끝난다. '아는 것'은, '아는 자'를 그가 아는 사실이나 개념이나 대상이나 사람으로부터 분리시키는 마음의 활동이다. 이런 분리는 사실이나 개념이나 대상의 측면에서 보면 그리 나쁘지 않지만, 사람의 입장에 보면 나쁘다. 사람은 더 깊은 차원에서 '알려져야' 하는 존재이다. '알려지는 것'은 상대방과의 친밀성과 신뢰성이 필요하다. 그것은 고립된 사람이란 없음을, 그리고 삶이란 다른 사람에게(특히 하나님께) 연관되고 알려지며 이해되는 만큼 기쁨과 용기와 친절과 안전으로 채워짐을 이해할 것을 요구한다.[2]

---

[2] Curt Thompson, "Anatomy of the Soul," *Being Known*, http://www.beingknown.com/anatomy-of-the-soul/.

면밀히 숙고할 만한 또 다른 연구가 있다. 다트머스 의학대학원 미국적 가치 연구소(Dartmouth Medical School Institute for American Values)의 '관계를 위해 설계됨: 신뢰할 만한 공동체를 위한 새로운 과학적 진상'이라는 긴 제목의 논문에서 소개된 연구이다.[3] 33인의 탁월한 의사들과 과학 연구원들과 정신건강 전문가들과 청소년 전문가들이 미국 어린이들과 십 대들의 정신질환, 행동 장애 그리고 정서 불안증의 증가율을 연구했고, 그 과정에서 여섯 가지 핵심 사실이 발견되었다.

1. 사람은 화학적으로 친밀한 관계를 형성하는 경향이 있다.

우리가 다른 사람들과 깊이 연결될 때 우리의 뇌는 옥시토신이라는 애착 호르몬이 급증한다. 이 호르몬은 행복감을 유발하고 적대감을 약화시킨다. 간단히 말해 우리의 생물학적 활동은 다른 사람들과의 관계를 형성하고 지속하며 돈독히 할 때 최상의 힘을 발휘한다. 우리는 관계를 맺도록 설계되어 있다.

2. 아이가 성장하면서 세심하게 양육 받으면, 아이의 뇌에 좋은 영향이 많이 미친다. 반대의 경험은 해를 낳는다.

양육적인 환경과 비양육적인 환경은 실제로 뇌 회로에 영향을 미친다. 안전한 양육 환경에서 자라는 아이의 뇌는 다른 사람들과 건강한

---

3) 다트머스 의학대학원 미국적 가치 연구소가 'the Nation from the Commission on Children at Risk'에 제출한 *Hardwired to Connect: The New Scientific Case for Authoritative Communities*(Stephen J. Bavolek, 편저, Amp Publishing Group, 2003)를 보라.

관계를 맺고 스트레스를 더 잘 대처하도록 돕는 방식으로 발달한다. 양육 환경이 불안정하면, 사람의 뇌 발달에 실제적인 지장이 초래되고 그 사람은 의기소침, 사회적 격리, 불안 그리고 다른 부정적인 결과들로 향할 가능성이 더 많다.

양육적인 환경에서 자라지 않은 사람은 어떻게 하면 좋을까? 다음 3항을 보라.

3. 동물 연구들은 긴밀한 접촉을 통해 유전적 취약점이 호전될 수 있다고 시사한다.

'국립 아동 건강과 인간 발달 연구소'(the National Institute of Child Health and Human Development)는 레서스원숭이 무리를 세 그룹으로 나누어 여러 세대에 걸친 연구를 장기간 진행했다.

첫 번째 그룹은 불안과 겁이 많은 유전적 취약성을 지녔다.

두 번째 그룹은 공격적이며 충동조절을 잘 못하는 유전적 취약성을 지녔다.

세 번째 그룹은 세심한 보살핌을 받았다.

첫 번째와 두 번째 그룹이 부정적인 환경에 노출되었을 때 그 결과는 매우 해로웠다. 예컨대, 알코올에 언제든 접근할 수 있는 환경일 때, 그 원숭이들은 꾸준히 심하게 알코올을 마셨고 그 결과 죽음에 이르는 경우도 종종 있었다.

그러나 이들 두 그룹은 세 번째 그룹과 정기적으로 교류하게 되자 잘 자랐다. 그들의 불안과 겁과 공격성이 사라졌다.

4. 특히 청소년들과 청년들은 건강하고 양육적이며 친밀한 인간 교류를 필요로 한다.

사람의 뇌는 사춘기를 거쳐 20대 초반에 이르기까지 대대적인 재정비 과정을 거친다. 이 시기 뇌에 영향을 미치는 화학물질 한 가지는 도파민이라는 '보상' 물질이다. 이 시기 친밀하게 지원받을 수 있는 양육적인 환경에 처하면 뇌가 좋아진다. 반대로 친밀한 관계가 이뤄질 수 없는 비양육적인 환경에 처하거나 마약을 복용하면 뇌가 손상된다.

5. 사람은 생물학적으로 도덕적, 영적 의미를 추구하게 되어 있다. 양육적인 관계는 도덕적, 영적 발전을 위한 핵심 기반이다.

연구를 통해 사람은 생물학적으로 도덕적 의미를 추구하며 초월적인 세계에 영적으로 연결되어 있음을 알아냈다. 이는 세상의 연구가 알아낸 사실이다.

사람은 다른 사람이나 자신 외의 그 무엇과 깊이 연결될 때 이타성과 공감력이 발전한다. 역으로 이런 연결이 이루어지지 않을 때 반사회적 행동이 발달하고 충동조절이 잘 되지 않는다.

간단히 말해서 하나님과 그리고 다른 사람들과 연결되기를 원하는 성향이 우리의 DNA 속에 새겨져 있다.

6. 양육적인 관계와 초월적인 세계로의 영적 연결은 신체적, 정서적 건강도 현저히 증진시킨다.

이와 관련하여 철학박사 스티븐 바벌레크는 다음과 같이 썼다.

앞의 증거가 시사하듯 우리는 생물학적으로 다른 사람들과 그리고 도덕적, 영적 의미와 연결되도록 되어 있다. 이 생물학적 단서를 따르는 사람은 그렇게 하지 않는 사람보다 훨씬 더 건강하며 행복할 것이다. 수많은 연구조사들은 건강상의 유익들이 신앙생활과 결부되어 있음을 보여 준다. 성인의 경우 신앙생활은 전반적인 건강을 개선시키고 수명을 늘리고 개인적인 행복 수준을 높이며, 또한 삶의 목적의식을 강화시킨다. 청소년의 경우 신앙생활은 더 높은 자존감, 더 적극적인 삶의 태도, 고의적 또는 비고의적 상해 위험의 감소 그리고 건강상의 다른 긍정적인 결과들과 깊이 연관된다.[4]

다시 한 번, 성경이 처음부터 언급하는 내용을 과학이 입증한다.

하나보다 둘이 더 낫다

내 말의 핵심은 이것이다. 자애로우신 하나님은 우리에게 꼭 필요한 것들을 우리가 행하도록 성경을 통해 명하신다. 하나님이 우리를 설계하셨다. 우리는 관계를 위해 지음 받았지만, 죄 때문에 처음 목적대로 관계를 맺을 능력을 잃어버렸다. 이로 인해 우리는 무엇인가

---

4) 앞의 리포트, 요약본, 4.

를 갈망하고, 심지어 무엇을 구하는지도 모르고서 무언가를 추구한다. 우리는 무엇이 잘못되었는지 모른 채 무너진다.

설령 우리가 사랑이 필요함을 깨닫는다 해도, 사랑의 진정한 의미를 이해하게 하시는 성령의 인도가 없이는, 그리고 사랑을 행하도록 도우시는 성령의 능력이 없이는, 그 깨달음은 단지 좋은 생각에 지나지 않는다.

불행하게도 성경을 곡해하거나 성경 내용의 많은 부분을 무시하는 외로운 그리스도인이 많다. 많은 사람들이 그리스도께 헌신하고 하나님 말씀 속에 있는 많은 교리들을 이해하고, 도덕적이기를 원하며 또한 자신의 믿음을 다른 사람과 나누지만, 그들이 의식적으로 다른 그리스도인들과 교류하지 않는다면 하나님이 바라시는 여러 가지 일을 경험하지 못할 것이다.

교류가 없으면 곤경을 견디거나 불안과 스트레스에 대처하기 힘들다. 우리는 불완전한 형태의 기독교를 만들어 불필요한 짐을 진다. 하나님의 의도와 달리 혼자서 마귀와 싸운다.

다른 그리스도인들과 헌신적이며 의식적이며 애정 어린 관계가 없다면, 신앙의 본질적인 요소를 놓치고 있는 것이다. 더욱이 많은 기독교 지도자들은 진짜 문제를 이해하지 못해 불완전한 해결책에 초점을 맞춘다. 필자가 교류하는 많은 목사들은 교회에 엄청난 문제들이 있음을 인식하지만 교인들의 영적인 삶에서 어떤 요소가 빠졌는지 보지 못한다. 그들의 목표는 더 많은 정보를 제공하는 것이다(이것도 문제의 일부일 수는 있다). 그들은 관계가 순종의 삶을 살도록 교인들을 돕는다는 사실을 이해하지 못한다. 또는 변화를 일으키는 실제적인 방법을 찾고 실행하는 법을 이해하지 못한다.

어떤 목사들은 관계가 중요하며 빠져 있음을 인식하지만, 돌려야 할 접시가 너무 많아 적절한 해결책에 집중하지 못한다. 현대 교회는 특정한 모습을 보여야 하고 특정한 방식으로 일해야 하며, 교인들은 특정한 기대치에 익숙해졌기 때문에, 지도자들은 더 나은 설교를 하거나 더 나은 예배 음악을 도입하거나 더 안락하며 매력적인 건물을 짓느라 여념이 없다.

더 나은 설교나 수준 높은 음악이나 매력적인 건물이 잘못은 아니지만, 문제는 그런 해결책으로 풀 수 있는 수준보다 훨씬 더 크다. 마치 병든 사람을 보고 그 증상은 정확히 파악하되 원인은 잘못 진단하는 의사와 같다. 그래서 그릇되거나 불완전한 처방을 내린다.

많은 사람들이 하나님의 말씀을 몰라서 고통당한다. 그래서 우리는 말씀을 가르쳐야 한다. 그런데 말씀은 그것이 제대로 이해되고 적용될 수 있도록 관계를 맺으라고 요구한다. 관계 속에서 우리는 하나님의 말씀이 설명하는 매일의 변화를 추구할 힘을 얻는다.

기독교 상담가인 래리 크랩(Larry Crabb)은 자신을 찾아온 사람들이 삶에서 직면하는 문제들의 90퍼센트가량은 좋은 친구만 있으면 해결될 것이라고 말했다. 그들은 친구를 만들기보다 돈을 들이며 상담자를 찾는다.

기독교 지도자들의 목표는 사람들이 서로 연결되고 관계를 통해 자신의 믿음을 실천할 수 있는 교회를 설계하며 인도하는 것이어야 한다. 사람은 다른 사람들을 알아야 하고 다른 사람들에게 알려져야 한다. 하나님은 우리가 정직한 관계를 추구하기를 원하신다. 하나님은 우리가 다른 그리스도인들과 깊이 연결되기를 원하신다.

전도서 4장 9절에서 우리는 강력한 말씀을 발견한다. "두 사람이 한 사람보다 나음은 그들이 수고함으로 좋은 상을 얻을 것임이라." 솔로몬왕으로 추정되는 전도서 기자는 돈, 명성, 권력 등 인생에서 얻을 수 있는 것은 다 얻었다. 하지만 그는 다른 사람들과 긴밀하게 연결되지 않았기에 비참하고 우울했다. (대부분의 미국인들과 심지어 많은 그리스도인들도 이런 상태인 것 같다.) 그는 관계에 초점을 맞추지 않았는데, 관계가 없이는 나머지 모든 것으로도 만족하지 못한다.

이 구절과 다른 구절들을 통해 나는 하나님의 피조물 가운데 가장 소중한 존재인 사람을 멸망시키려는 마귀의 주요 수단 중 하나를 이해하게 되었다. 하나님이 관계의 중요성을 성경에서 계시하셨다면, 마귀가 관계를 파괴하는 일에 골몰하는 것은 당연하다. 만일 하나님이 관계적인 하나님이시고 우리 역시 관계적인 존재로 지으셨다면, 마귀는 언제나 그리스도인들 간의 관계를 파괴하려 하기 마련이다.

마귀는 하나님과의 관계에서 멀어지도록 우리를 유혹한다. 하나님과의 관계는 서로에 대한 관계가 이어지게 함을 알기 때문이다. 마귀는 우리가 너무 분주해서 하나님과 그리고 다른 사람들과 관계를 맺지 못하도록 한다.

마귀는 우리더러 죄를 짓게 한다. 왜냐하면 죄는 그 특성상 관계를 파괴하기 때문이다. 죄는 하나님과 우리 자신과 다른 사람들을 해

친다. 그런데 해결책이 성경에서 발견된다. 곧 하나님이 계시하신 계획, 망가진 관계와 지옥으로부터 구원받는 길 말이다. 말씀 속에서 우리는 예수 그리스도를 발견한다. 그분은 하나님과의 관계 그리고 다른 사람들과의 완벽한 관계에 대한 본을 보이셨다. 그분은 창조된 목적을 향해 나아갈 힘을 우리에게 주실 수 있다.

우리가 친밀한 인간관계를 기피하는 이유가 있다. 우리는 상처를 받았고 실망도 했다. 다른 사람들을 다시 신뢰하기 꺼린다. 하지만 우리는 이러한 위험과 모든 장애요인에도 불구하고 관계를 추구해야 한다. 마귀는 우리를 산만하게 하고 분리시켜 놓기만 하면 우리의 지원 체계가 무너질 것을 안다.

물론 고립된 그리스도인도 천국에 간다. 하지만 이 땅에서는 무언가가 늘 빠진 상태일 것이다. 하나님이 의도하신 모든 좋은 것들을 경험하지 못할 것이며, 어두운 세상에서 하나님이 바라시는 빛의 역할도 해내지 못할 것이다.

하나님께 불순종하는 것은 마귀에게 승리를 허용하는 셈이다. 마귀는 궁극적으로 우리를 죽이고 멸망시키고자 우리가 죄를 짓도록 유혹한다. 물론 마귀는 그런 말을 우리에게 하지 않는다. 그러나 결국, 죄는 언제나 우리로 원래 의도된 존재가 되지 못하게 하며, 받아야 할 것을 받지 못하게 한다.

얼마 전 나는 거대한 영적 운동의 핵심 지도자를 만났다. 그의 팀은 정말 근사했는데 여러 해 동안 그렇게 잘 유지되고 있었다. 그들은 예수님을 사랑했다. 그리스도를 위해서라면, 사람들 대부분이 이해하지 못할 방식으로 위험을 감수했다. 그들의 사역을 통해 수많은 사람이 하나님을 만났다.

단순한 회심자보다 제자를 만들려는 그들의 사역에 대해 논의하면서, 나는 흥미로운 이야기를 들었다. 그들의 사역은 이미 예수님께 인도된 자들에게 진리를 힘써 가르치는 것이었다. 그 팀은 그 일에 들떠 있었는데, 대화 가운데 나는 그들의 눈에서 피곤함을 읽었다. 관계적인 면에서 외로움이 느껴졌다. 그들은 영적 전투로 타격을 입었으며, 어떤 사역을 통해서는 깊은 상처를 입기도 했다.

나는 그들에게 서로 얼마나 나눔을 갖는지 물었다. 잠시 침묵이 흐른 후 한 사람이 말했다. 그들 중 신뢰할 만한 친구를 가진 사람은 한 명도 없었다. 그들은 모두 다른 사람에게 상처를 받았고, 그 모든 문제를 주님에게만 고하는 편이 더 낫다고 생각했다.

나는 내 생각을 표현하도록 도와주시기를 하나님께 구했다. 그런 다음 우리는 진정한 제자화란 무엇인지 토론했다. 참된 제자화는 신실하며 신뢰할 만한 사람이 되는 법을 배우는 일을 수반한다. 즉, 참된 영적 우정의 특성을 개발하고 영적 가족인 교회 내에서 사랑하는 일을 수반한다. 만일 제자 훈련을 받는 사람에게서 그런 특성이 나타나지 않는다면, 과연 그들이 제대로 하고 있는지 고민해 보아야 한다.

제자 훈련 과정에서 우리가 맡은 역할을 담당한다면, 모두가 올바른 방향으로 나아가리라 보증하지는 못하지만, 적어도 어떤 이들은 서로에게 솔직한 영적 친구로 자라갈 것이다. 함께 삶을 나눌 친구 말이다.

만일 우리가 예수님처럼 진정으로 제자들을 양육한다면, 성경에 나타난 성숙을 위한 청사진을 갖는다면, 그리고 우리 안에 거하시는 성령님과 함께한다면, 우리의 사역은 우리를 사랑할 수 있는 사람뿐만 아니라 우리가 신뢰하며 사랑할 수 있는 사람도 낳을 것이다. 영적 성숙을 목표로 추구하는 많은 사람이 제자화를 이해하는 데 있어 이 관계에 대한 본질적인 진리를 놓치고 있다.

이 책을 쓰는 현재, 우리 가족은 힘든 시기를 보내고 있다. 본서의 내용을 전개하면서 이와 관련된 여러 이야기를 언급할 것이다. 지금 나의 아들 크리스천은 불안과 우울증 때문에 치료센터에 있다. 그는 현재 그리스도인으로서 주님과 그리고 동료 그리스도인들과 관계를 맺고 동행하고 있다. 하지만 예전에는 주님을 멀리 떠난 마약 중독자였다. 그는 두 차례 치유 프로그램을 거쳤으며 노숙자 보호소에서 지내기도 했다. 마침내 그는 자신의 삶을 예수님께 복종시켰고 마약 중독에서 벗어났다.

지금은 훌륭한 아내를 만나서 아이를 낳고 살고 있다. 하나님을 멀리 떠나 있을 때도 그는 한 아이의 아버지였는데, 이제 건전한 상태에서 하나님이 원하시는 아버지로서 책임을 맡게 되었다. 재활한 지 몇 년 후 그는 청소년 사역자가 되었다. 얼마 동안은 그 역할을 잘했다. 그런데 지난 6개월간 그는 심각한 불안 증세에 시달렸다. 문제의 핵심은 마약 복용으로 인한 뇌 손상이었다. (우리가 과거에 지은 죄는 여러 해 동안 질질 끄는 결과들을 남길 수 있다.) 현재 의사들이 아들의 약물치료를 조절하고 있다. 시간이 좀 걸리는 치료 과정이다.

크리스천은 매일 밤 치료센터에서 내게 전화한다. 아들은 내게 매우 솔직하며, 매일 자신이 생각했던 것을 나랑 나누고 싶어 한다. 때로 그는 거짓 속에 갇힌 느낌을 받는다. 그럴 때면 그의 상한 마음과 마귀가 그의 귀에 대고 속삭인다. 나랑 나누는 대화는 그 유혹에서 벗어나도록 도와준다.

예컨대, 마귀는 이런 투쟁을 하는 사람은 그 혼자뿐이라고 말한다. 그러나 대화를 통해 아들은 자신이 혼자가 아님을 깨닫는다. 나를 포함한 많은 사람들이 아들과 같은 기분을 경험했다. 또 어떤 날은 아들이 하나님으로부터 너무나 멀리 떨어져 있고 자신을 무가치한 존재로 느꼈다. 그는 자신의 상황 때문에 하나님을 의심했다. 그러나 그 의심에 대해 아들과 솔직하게 이야기를 나누는 중에, 나는 아들과 함께 성경을 읽으며 암담한 상황에서도 하나님이 함께하신다는 생각을 강화시킬 수 있었다.

아들이 머무는 곳 인근에 있는 친구는 그를 자주 방문해 함께 대화하며 격려해 준다. 이 친구는 이야기를 들어 주고 아들과 함께 울고 아들을 위해 기도하며 또한 그 자신의 힘든 싸움에 대한 이야기도 나눈다. 크리스천은 이 친구와 함께하는 시간을 통해 힘을 얻는다. 아들이랑 대화할 때마다 나는 그의 상태가 좋아지고 있음을 느낀다.

이 같은 투명성은 내 아들뿐만 아니라 우리 모두를 위한 비결이다. 우리는 다른 신자들과 연결됨으로써 자신이 싸우는 문제를 나누고 자신의 의심과 죄악을 고백하며 서로를 위해 기도해야 한다. 그럼으로써 우리는 함께 살아갈 수 있다. 이것이 바로 하나님이 의도하신 우리가 사는 방식이다. 힘든 시기를 지날 때에도 마찬가지이다. 정직과 지원에 기초한 관계들이 없었다면 과연 내 아들이 어떻게 되었을지 나는 상상조차 할 수 없다.

관계들의 기초

분명 우리는 모두 살아가는 중에 홀로 있어야 할 때가 있다. 홀로 주님과 함께하는 시간은 전혀 나쁘지 않다. 이 혼자만의 시간은 우리 삶의 거미줄을 걷으며 잡음을 줄임으로써 성경을 읽고 기도하는 데 도움이 될 수 있다. 그러나 혼자서 하나님과 함께하는 시간을 보낸 후에는 사람들에게로 그리고 맡은 임무로 돌아가야 한다.

성경에 나오는 예들을 생각해 보자. 모세는 산에서 홀로 하나님과 함께 있었다. 다윗은 아침 일찍이 홀로 기도하고 우리가 시편이라 부르는 기도서를 썼다. 선지자 엘리야는 고독하게 기도하는 시간을 많이 가졌지만, 엘리사와의 긴밀한 관계를 통해 멘토와 친구로서 자신의 삶과 사역을 나눴다.

성경에서 가장 유명한 은둔자인 세례 요한에게도 제자라 불린 친구들이 있었다. 헤롯과의 충돌로 죽음에 직면하자 요한은 자신의 혼란과 의심을 친구들과 나누었고, 친구들은 예수님께 가서 그가 진정 메시아이신지 여쭈었다(마 11:2-3). 이 본문은 삶이 혼란스러워질 때 선지자도 흔들릴 수 있음을 알려 준다. 또한 그 힘든 싸움에 대처하는 법도 알려 준다. 친구들과 솔직히 나누며, 예수님을 의뢰하는 것이다.

요한이 맺은 관계들은 강력했다. 그가 죽임을 당했을 때 그의 제자들은 분봉왕 헤롯에게서 그의 시신을 넘겨받아 장사지냈다(마 14:12).

예수님도 종종 기도하러 한적한 곳으로 물러나셨다. 많은 사람들이 이를 들어 혼자 있는 것이 나쁘지 않다고 강조한다. 내성적인 사람의 경우 더 그렇다. 나는 그러한 견해에 질문으로 대답하고는 한다. 성경은 예수님이 기도하러 물러나셨다고 말한다. 그렇다면 누구로부터 물러나셨는가? 무리에게서 그리고 심지어 제자들에게서 물러나신 것이 분명하다. 그분은 물러나신 다음에 무엇을 하셨는가? 다시 제자들과 합류하셨다.

예수님은 고독과 기도와 관계에 대한 본을 보이셨다. 예수님은 하나님과의 관계 그리고 사람들과의 관계를 중시하셨다. 이는 가장 큰 계명이 하나님과 다른 사람들을 사랑하는 것이라는 성경 말씀과 맥을 같이한다.

그리스도 안에서의 풍성한 삶은 우리가 그분의 말씀을 실행하며 우리의 집을 하나님 말씀의 반석 위에 지을 때 가능하다. 하나님 사랑과 이웃 사랑에 대한 하나님의 계명을 실행에 옮길 때 우리의 삶이 풍성해진다.

우리가 하나님과 그리고 사람들과 관계를 맺을 때 하나님이 어떤 일을 하시는지에 대한 좋은 예가 있다. 내 친구가 목회하는 교회에 앤디라는 젊은이가 있는데, 그가 그 교회에 처음 왔을 때 그는 소심했고 사람들과 어울리지 않았다. 그는 그리스도인이었지만 믿음이 어렸고 수줍음이 많았다. 아주 드물게 입을 열 때면 얼굴이 벌게졌다. 그는 분명 하나님과 동행했고 말씀 읽기와 기도에 열의를 보였다. 그러나 관계적으로는 어색하고 거리감을 느꼈다. 그는 관계 맺기가 힘들었기 때문에 홀로 지내도 괜찮다는 결론을 내렸다.

내 친구의 교회는 나름대로 좋은 시스템을 지녔다. 훌륭한 성경적인 가르침, 정규적인 공동 예배 기회, 봉사 기회 등을 제공했다. 그러나 앤디에게 가장 필요한 것은 다른 사람들과 연결되는 것이었다. 그는 관계가 부족한 탓에 몇몇 성경 본문을 곡해했으며, 이로 인해 어떤 상황에서는 수치심과 죄책감을 느끼고 또 다른 상황에서는 다른 이들을 교만하게 판단했다. 또한 성경 본문을 삶에 적용하며 실천하는 법을 몰랐으며, 그래서 관계에 있어 어색함이 가중되었다. 그에게 지식은 있었지만 지혜는 거의 없었다. 요컨대 그는 그리스도를 영접했지만 제자가 되지는 못했다.

앤디가 처음 교회에 나왔을 때 내 친구는 그의 팔을 붙들고 다니면서 다른 신자들에게 그를 소개했다. 그들은 비전을 공유하는 사람들로서 앤디를 따뜻하게 환영했다. 앤디는 가정교회의 일원이 되었고, 그다음 몇 달에 걸쳐 잘 적응했다.

처음에는 모임에서 좀처럼 말을 하지 않았다. 그러나 시일이 지나면서 사람들이 그를 안심시키고 신뢰감을 갖게 했다. 그가 무엇인가를 잘못했을 때 사람들은 친절하고 자상한 태도로 그에게 잘 생각해 보라고 권했다. 그는 더 깊은 관계를 맺을 수 있는 몇몇 사람과 시간을 보내기 시작했다. 다른 사람에게 자신을 노출하는 것에 대한 두려움이 서서히 사라져갔다.

그가 속한 가정교회의 구성원들은 오해를 처리하는 법과 어떤 일들을 적절하게 말하는 법에 대한 생생한 그림을 그에게 보여 주었다. 앤디는 자신이 관계 맺기에 서투르지 않음을 발견했다. 단지 예전에는 어떻게 관계를 맺어야 하는지 몰랐을 뿐이다. 점차 다른 사람들과 성공적으로 교류하기 시작했다.

앤디는 하나님의 영과 하나님의 말씀 그리고 하나님의 사람들의 도움으로 우리가 사랑과 화평과 인내 등과 같은 영적 열매를 맺을 수 있음을 발견했다. 그는 언제나 조용한 사람이지만, 사람들이 처음에는 알아차리지 못하는 깊은 면을 지니고 있었다. 관계 면에서 앤디는 진전을 보이기 시작했다.

그로부터 여러 해가 지난 지금, 앤디는 결혼했고 세 자녀를 두었다. 초등학교 교사인 앤디는 아이들의 삶에 긍정적인 영향을 미친다. 그는 교회 리더로서 다른 교인들을 제자화 하여 예수님의 의도에 맞게 성장하도록 그들을 돕는다.

●

핵심을 놓친 모험들
사랑은 언제까지나 떨어지지 않는다
피상적인 공손함을 넘어
진짜 사랑을 위한 힘든 수고
우리는 함께 길을 걷는다

chapter 3

지식의 결여?
사랑의 결여?

얼마 전, 내가 목회하는 리얼 라이프 미니스트리즈(Real Life Ministries)에 출석하기 시작한 한 사람이 내게 면담을 요청했다. 사무실에서 대화하면서, 나는 그가 우리 교회의 사역에 참여할지 결정하고 싶어 하는 것을 바로 알아차렸다. 그는 아내와 함께 몇 주간 참석했으며, 나와의 만남이 잘되면 우리 교회에서 섬기려던 참이었다.

"목사님의 문제를 발견했어요." 그가 말했다. "이 교회에는 하나님의 말씀을 모르는 미성숙한 신자들이 많아요. 제가 그 점을 도울 수 있어요."

그의 어조는 진지했지만, 나는 아직 공감을 표하지 않았다. "이토록 짧은 기간에 우리 교회를 어떻게 그리 잘 아세요?" 하고 내가 물었다.

"제가 예배를 드리면서 여기 오는 사람들을 보았어요. 목사님 설교도 유심히 들었습니다." 그가 말했다. "실천적인 내용이지만 별로 깊이가 없어요."

"'깊이'가 뭐죠?"라고 내가 물었다.

"좋은 설교는 방법론적으로나 체계적으로 성경 본문의 모든 단어를 설명해요. 하나님의 말씀에 대한 지식을 깊이 있게 알도록 도와줍니다. 헬라어와 히브리어도 다루고 교회사도 가르쳐요." 그는 잠시 멈추었다가 덧붙였다. "이 교회의 교인들에게는 영적으로 성숙하게 할 성경 지식이 더 많이 필요해요."

깊이 있는 말씀 이해에 대한 필요성은 나도 공감했지만, 성숙에 대한 그의 정의에는 무언가가 빠져 있었다. 나는 그가 어떻게 교회에 다니게 되었는지, 우리 교회에 나온 이유는 무엇인지 물어보았다.

그는 자신의 신앙 여정을 이야기했다. 그는 한 복음전도 집회에서 구원을 받았으며 곧바로 계시록에 매료되었다. 인근의 한 교회에서 그 주제를 연속적으로 다루었고 그래서 그는 거기 참석하기 시작했다. 그 교회의 목사는 풍부한 성경 지식으로 유명했으며, 매 구절을 가르치는 방법을 썼다. 그 목사에게는 튼튼한 성경 교육이 매우 중요했다. 그는 인가받지 않고 성경 대학을 시작했는데, 등록자들 대부분은 주변 지역사회에서 온 사람들이었다.

나랑 이야기를 나눈 그 사람은 성경 말씀을 이해하는 일에 몰두했고, 여러 해 동안 지식에 집중하는 환경에 푹 젖어 있었다. 그 교회에 다니는 동안 그는 교회의 성경 대학과 무수한 성경 컨퍼런스에 참석했으며, 이스라엘로 스터디 투어를 다녀왔고, 교리에 대한 내용이면 무엇이든 읽었고, 교회사를 공부했으며, 또한 그 교회에서 교사 위치까지 올라갔다.

그가 그 교회를 떠난 것은 두 가지 이유에서였다. 첫째, 담임목사가 쫓겨났을 때 교회 내분이 일어났다. 둘째, 직업적인 이유로 이사를 가야 했다. 그래서 이 지역에 있는 새 교회를 물색하기 시작했다.

쉽지 않은 일이었다. 지난 5년간, 그는 아내와 함께 일곱 교회를 전전했다. 부부는 여러 이유들로 인해 그 교회들 모두에 부정적이었다. 그는 하나님이 그에게 가르치는 은사를 주셨다고 생각했고, 다니는 교회에서 그 은사를 활용하고 싶어 했다. 어떤 교회들은 교파적인 배경이 다르다는 이유로 혹은 교사 자리가 남지 않았다는 이유로 그에게 교사직을 허락하지 않았다.

가르치는 일을 허락한 교회들에서도 그의 사역은 오래 지속되지 못했다. 교회 리더 중 누군가가 그와 의견이 다르면 논쟁적인 상황으로 변했다. 그의 학급에 참석하는 사람들의 수효가 부족하면, 교인들을 독려하지 않는다고 리더십을 비난했으며 교인들이 말씀을 그다지 사랑하지 않는다고 판단했다.

나는 그에게 충돌 양상이 어떠했는지 물었다. 매번 그가 옳았고 그의 견해에 동조하지 않는 사람들은 교육 수준이 낮거나 그의 말을 겸손히 배우려 하지 않았다고 그는 믿었다. 나는 문제를 어떻게 해결했는지 물었다. 그는 상대방이 그의 견해를 받아들이는 것이 유일한 해결책이었음을 분명히 밝혔다.

내 마음속에 경보등이 켜졌지만 그것을 누르고, 그처럼 심한 분열을 일으킬 이슈가 무엇이었는지 물었다. 그가 제시한 목록은 내가 보기에는 구원(핵심 이슈)과 아무런 상관이 없는 부차적인 신학적 쟁점들이었고 모두가 예배 형태나 여러 가지 교회 관행들(사소한 이슈들)이었다. 그는 무엇이든 의견이 맞지 않으면 떠날 때가 되었다고 느꼈다. 회복이나 관계를 유지하기 위한 진지한 노력을 전혀 하지 않았다. 그는 단지 떠날 때라고만 생각했다. 그 부부는 파편들만 남기면서 이 교회 저 교회를 옮겨 다녔다.

더 자세히 알아보기 위해, 나는 다른 신자들과 깊은 관계를 맺은 적이 있는지 그에게 물었다. 대답을 들으나 마나일 거라고 나는 확신했다.

"제 아내가 저의 좋은 친구죠." 그가 말했다. "예수님과도 친하고요." 또한 그는 첫 교회에서 알았던 몇몇 리더들과 관계를 유지해 왔다고 했다. 하지만 그들과 많은 대화를 나누지는 않음을 인정했다. 정말 필요한 것은 아내와의 관계뿐이라고 그는 주장했다. 내가 누군가에게 책임감을 느끼는지 묻자, 그는 주님과 그의 아내만으로 충분하다고 재차 강조했다.

그 시점에서 나는 그가 우리 교회에서 어떤 리더 역할도 맡기 힘들 것임을 알았지만, 성장하고 변화하려는 마음이 그에게 있다고 생각했다. 그래서 "우리 교회의 가정교회에 참석해 보셨나요?"라고 물었다. "아뇨. 저는 그렇게 할 필요가 없다고 생각해요. 그런 일에 들일 시간이 없어요."라고 그가 말했다.

이제 조사를 멈추고 나의 결론을 말해 줄 차례였다. 나는 그가 재능 있는 교사일 거라고 믿으며 언젠가 우리 교인들에게 말씀을 가르치는 일을 맡기고 싶다고 말했다. 하지만 우리 교회에서 가르치려면 우선 가정교회에 소속되어야 하고, 성숙한 사람이라면 지식이 부족한 교우들도 겸손히 섬길 수 있다고 이야기했다. 또한 모임이 중요하며, 모임을 통해 그가 다른 사람들과 관계를 잘 맺고 그들을 사랑할 수 있음을 입증하게 될 거라고 말했다.

성경 이야기를 많이 알고 올바른 교리를 이해한다는 이유로 자신이 영적으로 성숙하다고 생각하는 그리스도인이 많다. 심지어 어떤 그리스도인은 자신이 규칙들을 따르거나 가르칠 능력이 있기 때문에 성숙하다고 생각한다. 그러나 성경은 분명히 밝힌다. 만일 어떤 사람이 문제를 해결하지 못하거나 다른 신자들과 협력하는 법을 배우지 못한다면, 혹은 다른 사람들을 사랑하는 사람으로 알려져 있지 않다면, 그는 진정한 영적 성숙에 이르지 못한 것이다.

나는 우리 교회는 누군가를 롤 모델(가르치는 위치에 있는 사람과 같은)로 세우는 일에 매우 신중하다고 이야기했다. 교인들이 그 사람을 닮게 될 것이기 때문이다. 그리고 이렇게 말했다. "만일 형제님이 지식이 있고 순종적이며 가르치는 은사를 지닐 뿐 아니라 하나님과 다른 사람을 깊이 사랑한다는 사실을 입증하시면, 형제님은 따를 만한 본을 보인 셈이 되며 우리 교회에서 가르치는 사역을 하게 될 것입니다."

슬프게도 그는 내 말을 받아들이지 않았다. 자신은 가르칠 자격이 충분하다고 믿었다. 또한 그는 실천적인 사랑이나 다른 사람들과의 관계에 할애할 시간이 없다고 믿었다. 그 부부는 우리 교회에 다시 나오지 않았다. 그 후로 그들이 다른 두 교회를 더 다녔다는 이야기가 들렸다. 그 사람은 영적 성숙에 대한 하나님의 정의를 이해하기보다 부적합한 정의를 받아들였다. 그런 정의는 그의 가르침을 받는 다른 사람들의 삶에는 물론이고 자신의 삶에도 실망과 낙심과 혼란을 야기할 뿐이다.

핵심을 놓친 모험들

나는 그리스도인이라면 성경을 알아야 한다고 굳게 믿는다. 그리스도인에게는 올바른 교리가 필요하다. 우리는 하나님의 지시에 순종해야 하며, 하나님이 주신 은사들을 활용해야 한다. 우리는 그런 원칙들을 가르치며, 하나님의 진리 위에 굳게 선다. 하지만 성경은 성경 지식이나 하나님의 계명에 대한 순종이나 우리의 영적 은사를 활용하는 것이 영적 성숙에 대한 완전한 정의는 아니라고 분명히 밝힌다. 모두 중요하긴 하지만 전체가 아닌 전체의 부분일 뿐이다.

앞서 언급했듯 성경 전체는 관계에 대한 내용이다. 마태복음 22장 40절에서 예수님은 율법과 선지자의 강령이 모두 하나님 사랑과 이웃 사랑에 달려 있다고 말씀하셨다. 하나님이 주신 모든 율법은 관계를 세우며 보존하시려는 그분의 바람을 표현한다.

영적 성숙은 우리가 하나님의 마음을 이해하고 하나님이 사랑하는 것과 사랑하는 사람을 사랑하고자 하는 것이다. 리더들이 핵심을 놓칠 때 하나님의 팀(교회)에 큰 어려움이 닥친다. 많은 기독교 단체들에서 영적 성숙은 규칙 준수, 지식 습득(지식은 세우기보다 교만하게 한다[고전 8:1]) 그리고 고도로 숙련된 카리스마적 인품 고양과 결부된다.

어떤 이들은 영적 성숙이 무엇인지 혼자서 찾으려고 하다가 그릇된 결론에 도달한다. 그들은 영적 성숙이란 단지 교회에 가서 지식이 많은 사람에게 믿음에 대해 듣는 것이라고 결론짓는다. 친구들을 교회로 초청해 복음을 듣게 하거나, 안내원 혹은 어린이부 교사가 되면 영적으로 성숙했다고 생각한다. 그 절정은 앞에 나서서 가르치는 사람이 되는 것이다.

성경을 알고 훌륭한 교사들의 말에 귀 기울이는 것은 좋은 일이다. 하지만 이것만으로는 영적으로 성숙해지거나 그리스도의 성숙한 제자가 되지 못한다.

제자화는 하나님을 아는 것과 그를 섬기는 삶은 물론이고 믿음을 나누는 능력을 개발하는 일도 포함한다. 뿐만 아니라, 모든 신자는 다른 사람들이 제자 삼는 자가 되도록 돕는 법을 배워야 한다. 성숙한 사람은 다른 사람들의 성숙을 돕는다. 우리의 최고 목표는 하나님을 사랑하고 다른 사람들을 사랑하는 것이며, 이 사랑을 보여 주기 위해 자신이 가진 모든 은사를 활용하는 것이다.

나는 베드로전서 4장 10절을 좋아한다. "각각 은사를 받은 대로 하나님의 여러 가지 은혜를 맡은 선한 청지기 같이 서로 봉사하라." 이 말씀을 듣는 대상은 그리스도인인데, 주어진 은사들은 주님을 위해 사용해야 한다고 알려 준다. "봉사하라"에 해당하는 헬라어

(*diakonountes*)에서 집사라는 뜻의 'deacon'이 유래했다. 우리 모두는 교회에서 집사(봉사자)처럼 살도록 부르심 받았다. 우리 모두는 충실한 청지기로서 다른 사람들을 섬기도록 부르심 받았다.

핵심은 '청지기'라는 말이다. 성경 시대에 청지기는 주인을 대변했다. 청지기는 자기 재물을 소유하지는 못했지만, 주인의 뜻과 지시에 따라 주인의 재물을 사용했다. 이 구절은 하나님께로부터 어떤 은사를 받았든 신자의 할 일은 청지기 또는 관리인으로서 사용하는 것이라고 가르친다.

그렇다면 우리는 무엇을 맡은 청지기일까? 우리는 하나님의 은혜를 다른 이들에게 전해야 한다. 여기서 '은혜'라는 말이 매우 중요하다. 은혜는 은총을 거저 베푸시는 사랑이다. 하나님은 우리를 통해 다른 사람에게 사랑을 나누어 주기를 원하신다. 이해했는가? 하나님은 위대한 은혜 수여자이시다. 그렇다면 하나님은 은혜를 어떻게 베푸실까? 교회에 속한 사람들이 하나님의 은혜를 전달하기 위한 하나님의 도구들이다.

"나와 예수님만 있으면 돼."라는 태도를 지닌 사람들은 이 사실을 분명히 깨달아야 한다. 하나님은 우리를 사랑하시고 우리와 관계 맺기를 바라시며 또한 우리를 통해 다른 사람들을 사랑하기 원하신다. 우리에게 흘러들어온 하나님의 사랑을 가둬서 댐과 같이 자신만을 위한 저수지를 만들어서는 안 된다. 우리는 우리에게 흘러들어온 사랑을 우리를 통해 강과 같이 흘려 보내야 한다.

성숙하다는 것은 사랑의 관계의 중요성을 이해하는 것이다. 또한 그리스도인과의 관계를 벗어나서는 중요한 무언가를 놓치게 된다고 다른 이들에게 가르치는 것이다. 이 구절은 우리는 모두 다른 사람을 위해 사용해야 할 영적 은사를 지녔음을 분명히 알려 준다. 우리는 하나님의 은혜를 다른 이들에게 전하는 일을 도와야 한다. 참으로 귀한 특권이다. 하나님은 또한 다른 이들을 통해 그분의 은혜를 우리에게 베푸신다.

모든 신자의 성경적인 목표는 다른 이들을 제자 삼는 제자로 만드는 것이다. 제자란 예수님을 따르는 사람으로서, 성령님을 통해 변화되고, 하나님과 인류 간의 그리고 사람들 간의 관계를 회복시키시는 예수님의 임무에 합류한다.

제자가 되며 제자를 만드는 것이 무엇인지 온전히 이해하는 일은 너무나 중요하다. 우리가 주의하지 않으면 잘못된 또는 불완전한 목표를 향해 누군가를 제자로 삼을 수 있다. 우리의 궁극적인 목표는 정확히 예수님을 닮은 자들을 만드는 것이다. 우리는 예수님이 친히 만드신 것과 같은 부류의 제자들을 만들어야 한다.

마태복음 23장 15절에 나오는 예수님의 강력한 경고에 주목하라. "화 있을진저 외식하는 서기관들과 바리새인들이여 너희는 교인 한 사람을 얻기 위하여 바다와 육지를 두루 다니다가 생기면 너희보다 배나 더 지옥 자식이 되게 하는도다." 분명 바리새인들은 제자를 만들고자 많은 노력을 했을 것이다. 유대교식 모세 율법으로 돌이키는 개종자 한 명을 얻기 위해 도처를 여행했을 것이다. 하지만 그들은 개종자를 진리로부터 막아버린다.

바리새인들은 궁극적으로 예수 그리스도 안에서 발견되는 자유와 생명으로 향하는 길이 아닌, 규칙을 따르고 전승에 충실할 것을 요구하는 종교 체제를 가르쳤다. 그들은 제자들을 만들었지만 올바른 부류의 제자들이 아니었다. 우리는 그렇게 하지 않도록 주의해야 한다.

현대 교회에서도 이 같이 잘못된 훈련 사례들이 보인다. 어떤 신자들은 여러 영역에서 순종하지만 진정으로 중요한 것을 놓친다.

얼마 전 우리가 사는 지역의 어느 길모퉁이에서 그리스도인 여럿이 표지판을 들고 서 있었다. 한 사람은 확성기를 들었다. 표지판에는 구원받지 못한 사람들더러 '낙태와 동성애'의 죄에서 돌이키라고 강력히 경고하는 문구가 적혀 있었다. 확성기를 든 사람은 시민들이 "회개하지 않으면 멸망할 것"이라고 크게 소리 질렀다.

내가 그 그리스도인들의 마음을 들여다볼 수는 없다. 그들은 성결과 복음 전도와 봉사라는 측면에서 진지하게 하나님께 순종하려 했을 것이다. 하지만 그들은 모든 죄인을 향하신 하나님의 마음을 표현하지 않음으로써 핵심을 놓쳤다.

그 순간 사랑은 어디 있었는가? 하나님은 관계의 하나님이신데, 낯선 사람에게 고함을 지른다면 어떻게 관계가 세워지겠는가? 다른 사람의 감정을 배려하는 마음이 어디 있었는가? (죄가 죄인 줄 알지도 못하는 사람의 죄를 공개적으로 지적함으로써 무엇을 얻겠는가?) 베드로전서 3장 15절에서 요구하는 온유와 존중심은 어디 있는가?

만일 그들이 표지판을 들고 다니기 원했다면, "하나님은 당신을 사랑하시며 저도 당신을 사랑합니다."라는 내용이어야 했을 것이다. 어쩌면 겸손하게, "저는 죄인이며 죄가 저를 파괴했지만, 예수님이 저를 구원하셨고 당신도 구원하실 수 있습니다."라고 외칠 수도 있었을 것이다. 그들은 확성기를 치우고서 사람들과의 진실한 관계를 세우려고, 그들을 위해 기도하고 그들을 배려하며 사랑의 마음으로 그들을 예수님께 인도하려고 노력해야 했을 것이다.

사랑은 언제까지나 떨어지지 않는다

사람들을 제자 삼아 참된 영적 성숙으로 안내하기 원한다면, 먼저 영적 성숙에 대한 올바른 정의를 내려야 한다. 이를 위해 고린도전서 13장을 살펴보자. 바울은 고린도 교회가 가장 중요하게 받아들였던 영적 행동의 목록을 묘사한다.

이에 따르면, 그리스도인은 온갖 종류의 은사와 능력을 지닐 수 있고 온갖 종류의 놀라운 일을 행할 수 있지만, 사랑을 지니지 못한다면 모든 것이 소용없다. (바울은 성령의 인도를 따라 하나님의 관점을 계시하고 있다.)

"내가 사람의 방언과 천사의 말을 할지라도 사랑이 없으면 소리 나는 구리와 울리는 꽹과리가 되고 내가 예언하는 능력이 있어 모든 비밀과 모든 지식을 알고 또 산을 옮길 만한 모든 믿음이 있을지라도 사랑이 없으면 내가 아무 것도 아니요 내가 내게 있는 모든 것으로 구제하고 또 내 몸을 불사르게 내줄지라도 사랑이 없으면 내게 아무 유익이 없느니라 사랑은 오래 참고 사랑은 온유하며 시기하지 아니하며 사랑은 자랑하지 아니하며 교만하지 아니하며 무례히 행하지 아니하며 자기의 유익을 구하지 아니하며 성내지 아니하며 악한 것을 생각하지 아니하며 불의를 기뻐하지 아니하며 진리와 함께 기뻐하고 모든 것을 참으며 모든 것을 믿으며 모든 것을 바라며 모든 것을 견디느니라 사랑은 언제까지나 떨어지지 아니하되 예언도 폐하고 방언도 그치고 지식도 폐하리라 우리는 부분적으로 알고 부분적으로 예언하니 온전한 것이 올 때에는 부분적으로 하던 것이 폐하리라 내가 어렸을 때에는 말하는 것이 어린 아이와 같고 깨닫는 것이 어린 아이와 같고 생각하는 것이 어린 아이와 같다가 장성한 사람이 되어서는 어린 아이의 일을 버렸노라 우리가 지금은 거울로 보는 것 같이 희미하나 그 때에는 얼굴과 얼굴을 대하여 볼 것이요 지금은 내가 부분적으로 아나 그 때에는 주께서 나를 아신 것 같이 내가 온전히 알리라 그런즉 믿음, 소망, 사랑, 이 세 가지는 항상 있을 것인데 그 중의 제일은 사랑이라."

바울의 요점은 이렇다. 말씀을 알고 영적 은사들을 지니는 것은 전혀 나쁘지 않지만, 이 모두를 갖추어도 정말 중요한 것을 놓칠 수 있다. 만일 우리가 영적 성숙을 목표로 사람들을 제자 삼으려 한다면, 영적 성숙의 핵심 태도와 실천 사항을 이해해야 한다.

고린도전서 13장에서 바울은 요점을 강조하기 위해 과장된 어투로 말한다. 우리가 큰일을 한다 해도 사랑이 없으면 아무 소용이 없다는 것이다. 우리는 규칙들을 따르고, 전 재산을 기부하고, 우리 몸이 불타는 순교를 당하고, 믿음으로 산을 움직이고, 모든 지식과 비밀들을 통찰하고, 신학박사 학위들을 얻으며 또한 각종 성경퀴즈 대회에서 우승할 수 있다. 그러나 사랑이 없으면 이들 모두는 아무것도 아니다.

왜 바울은, 성령의 영감을 통해, 사랑할 것을 이처럼 강조했을까? 초대교회에서 사랑과 관련해 심각한 문제가 있었음이 분명하다. 구체적으로 어떤 문제였을까?

고린도전서 1장 10-17절에 따르면, 초대교회는 지도자들을 두고 분열되는 성향을 보였다. 어떤 사람은 바울을 따른다며 자랑했고, 다른 사람은 아볼로를 따른다고 했고, 또 다른 사람은 게바(베드로)를 따라야 한다고 주장했다. 그런가 하면 자신은 오직 예수님만 따른다며 자랑하는 그리스도인도 있었다.

고린도전서 3장 3절은 초대교회 내에 시기와 분쟁이 심했다고 말한다. 4장 18절은 어떤 이들이 교만해졌다고 지적한다. 5장은 자랑, 악의, 악함과 함께 심각한 성적 타락을 언급한다. 6장은 서로를 고발하여 법정 다툼으로 몰아가는 그리스도인을 묘사한다. 7장은 결혼생활의 문제점을 언급한다. 8장은 엄청난 영적 자유를 행사하면서 약한 양심을 지닌 자들을 실족케 하는 신자들에 대해 말한다.

이 모든 문제를 무엇이 해결할 수 있을까?

사랑이다!

초기 그리스도인들은 어느 지도자를 따를지에 대한 다툼을 사랑으로 자제했고 베드로와 바울 모두를 존중했다. 사랑으로, 그들은 서로의 견해를 존중했고 예수님을 첫 번째로 생각했다. 그들은 모든 참된 신자는 그리스도를 따라야 함을, 영적 리더의 영향에 대해서는 다양한 사람들이 다양한 성품과 스타일에 끌리지만 궁극적으로는 예수님을 본받아야 함을 은혜롭게 이해했을 것이다.

초대교회에서 시기와 분쟁은 사랑으로 진정되었다. 그들은 그리스도께서 다양한 사람에게 다양한 은사를 주셨음을 알게 되었고, 다른 사람이 받은 은사에 감사하면서 자신의 은사를 활용할 수 있었다. 어떤 그리스도인은 놀라운 웅변가였을 수 있다. 또 다른 사람은 대접하는 일에 탁월했을 수 있다.

사랑으로, 교만을 물리쳤다. 다른 이를 자신보다 중요하게 여겼다.

사랑으로, 다른 그리스도인을 고소하지 않았다. 다른 사람이나 주님의 명성에 해를 끼치기보다는 차라리 자신이 해를 입으려 했다.

사랑으로, 결혼생활이 튼튼해졌다.

사랑으로, 성적인 면에서 부적절한 행동을 하지 않았다. 그들은 존중심을 갖고서 신중하게 다른 사람들을 대했으며, 다른 사람들의 형통을 부단히 원했다.

사랑으로, 영적 자유를 많이 누리는 그리스도인들은 약한 양심을 지닌 그리스도인들에게 해를 끼치지 않고 그들을 배려했다. 더 강한 신자들은 예수님으로부터 멀어지게 하는 것들을 쉽게 삼갈 수 있었다.

사랑이 해결책이었다! 그것이 초대교회의 해결책이었고, 오늘날의 교회에서도 마찬가지이다. 만일 우리가 사랑하지 않으면, 섬김과 복음 전도와 지식과 후한 대접과 탁월한 교사들과 근사한 예배 경험과 멋진 청소년 사역 프로그램을 갖추었을지라도 핵심을 놓친 것이다. 영적으로 성숙하려면 우리는 하나님처럼 사랑해야 한다!

어떤 이들은 한 구절에 너무 초점을 맞춘다며 나를 비난할 수 있다. 하지만 다른 사람들을 사랑하는 것이 영적 성숙의 표지라는 사실은 성경 전반에 걸쳐 발견된다. 예를 들어, 고린도전서 3장 1-3절에서 바울은 이렇게 말한다.

"형제들아 내가 신령한 자들을 대함과 같이 너희에게 말할 수 없어서 육신에 속한 자 곧 그리스도 안에서 어린 아이들을 대함과 같이 하노라 내가 너희를 젖으로 먹이고 밥으로 아니하였노니 이는 너희가 감당하지 못하였음이거니와 지금도 못하리라 너희는 아직도 육신에 속한 자로다 너희 가운데 시기와 분쟁이 있으니 어찌 육신에 속하여 사람을 따라 행함이 아니리요."

고린도 교인들이 신앙적으로 미성숙한 유아임을 보여 준 표지들에 주목하라. 그것은 말씀에 대한 지식의 결여가 아니었다. 나중에 바울은 그들 중에 유능한 교사들이 있었다고 언급한다. 재능이나 은사의 결여도 아니었다. 바울은 고린도전서 뒷부분에서 그들의 은사가 풍부했다고 언급한다. 고린도 교인들의 미성숙은 사랑의 결여로 인한 것이었다. 바울은 그들의 분쟁과 시기를 지적했다. 영적 성숙은 서로 관계를 맺는 능력과 직결된다.

또한 바울은 갈라디아 교인들의 성숙 문제를 다루었다. 갈라디아서 5장 22절 이하에서 바울은 어떤 사람이 성령 충만한지 설명한다. 우리가 성령님의 능력과 임재에 자신을 점점 더 복종시킬 때 우리가 육신의 욕구를 버리고 그분과 동행하도록 성령님이 우리를 도우신다. 그 결과는 "열매"로 나타난다. "오직 성령의 열매는 사랑과 희락과 화평과 오래 참음과 자비와 양선과 충성과 온유와 절제니 이같은 것을 금지할 법이 없느니라"(갈 5:22-23).

이 모든 열매는 신자로서 관계를 맺는 능력과 연관된다. 바울은 갈라디아 교회라는 전체 몸에게 말하면서, 성령님이 전체 몸 안에 역사하기를 기뻐하신다고 밝힌다. 우리는 그리스도를, 그분이 하신 일을, 또한 그분이 장래를 위해 약속하신 것을 볼 때 개인적인 기쁨을 느낀다. 그러나 또한 함께 살아가면서 집단적인 기쁨도 경험한다. 성령님이 우리의 삶을 기쁨으로 채우실 때 우리는 함께할수록 더욱 즐겁다.

바울은 성령의 열매 중 하나로 화평을 들었다. 이는 모든 이해를 넘어서는 내적인 평안이지만, 그리스도의 몸 안에서의 화평이기도 하다. 서로의 허물을 넘기며 서로 은혜롭게 대하기에 다툼이 없다. 다툼이 일어날 때 우리는 평화로운 해결책을 도모한다.

성령의 열매는 모두 다른 사람들과 관련된 것이다.

우리는 '다른 사람에게' 친절하다.

우리는 '다른 사람에게' 선량하며 오래 참는다.

우리는 '다른 사람을' 대함에 있어 주께 신실하다.

우리는 '다른 사람에게' 온유하다.

우리는 '다른 사람에게' 자제심을 보인다.

우리는 믿음 안에서 성장하도록 부르심을 받았다. 이는 관계적인 면에서의 성장을 뜻하며, 하나님의 영이 우리 안에 거하시기에 가능하다. 그리스도 안에서 성숙해지는 것은 우리가 자신의 능력을 다른 사람들을 섬기는 데 사용한다는 뜻이다.

우리에게는 가르치는 은사나 지식의 은사 같이 필요한 은사들이 있다. 하지만 사랑이 그리고 사랑으로 인한 관계가 우리의 성숙을 보여 주는 본질적인 증거이다. 바울은 우리에게 주어진 모든 은사가 다른 사람을(그리스도의 몸을) 세우기 위한 것이라고 분명히 밝힌다. 우리가 다른 사람을 섬기고자 자신의 은사를 겸손히 사용할 때, 서로의 관계가 더욱 강하게 결속되며 그리스도의 일을 더욱 촉진시킨다.

피상적인 공손함을 넘어

참된 영적 성숙은 모든 신자의 목표여야 한다. 바울은 갈라디아서 5장 6절에서 우리의 목표를 분명하게 제시했다. "그리스도 예수 안에서는 할례나 무할례나 효력이 없으되 사랑으로써 역사하는 믿음뿐이니라."

바울은 초대교회에 침투하기 시작한 그릇된 개념을 제거하려 했다. 낭시 그리스도인들은 유대교 교사들이 구약시대에 범했던 실책을 되풀이하라는 유혹을 받았다. 아브라함이 의롭다 함을 받은 것은 믿음 때문이었다. 참 믿음, 하나님의 약속을 신뢰하는 것은 언제나 구원을 얻게 한다.

그러나 유대교 지도자들은 하나님이 하나님이시라는 이유로 그분을 신뢰하며 순종하기보다는, 하나님을 완벽하게 따를 때 구원을 얻을 수 있다고 생각했다. 그 차이는 무엇일까? 전자는 하나님을 신뢰하는 것이고 후자는 자신을 신뢰하는 것이다. 유대교 지도자들은 규칙 준수를 통해 구원을 얻고자 했는데, 그것은 그릇된 방법이었다. 이 규칙 준수는 하나님께 나아가는 길보다는 경쟁과 교만의 계기가 되었다.

우리 자신의 힘과 의로 완벽해지고자 하는 방법으로 하나님께 나아가면 실패한다고 성경은 분명히 밝힌다. 매 순간 완벽하게 올바로 행할 수 있는 사람은 아무도 없기 때문이다. 하나님 눈에는 형제를 미워하는 것이 그를 죽이는 것과 같다고 예수님은 말씀하셨다(마 5:21-22). 여자를 향해 음욕을 품는 것은 간음하는 것과 같다(마 5:27-28).

우리의 의에 근거하여 하나님께 나아가려는 시도는 언제나 좌절로 이어진다. 우리는 하나님의 기준에 비추어 의롭지 않으며 의로울 수도 없기 때문이다. 어떤 사람들은 진정한 의를 희석시키는 어리석음을 범하며, 하나님의 기준보다는 다른 사람들과 자신을 비교하며 교만해진다.

교만은 우리에게 필요한 것을 겸손히 받아들이지 못하게 하여 우리를 하나님으로부터 분리시킨다. 교만은 다른 사람들과의 관계를 파괴한다. 만일 우리의 상태가 우리의 성공에 달렸다고 할 때 자신이 실패하고 있음을 깨닫는다면, 우리는 다른 사람을 기피할 것이기 때문이다.

만일 우리가 어리석게도 스스로 바람직한 수준에 이를 수 있다고 믿는다면, 다른 사람도 그래야 한다고 생각하며 그래서 그들을 판단할 것이다. 이럴 때에도 관계가 파괴된다. 유대교 지도자들은 관계를 완벽하게 지킬 만큼 규칙들을 완벽하게 따를 수 있는 사람은 아무도 없음을 간과했다. 로마서 3장 20절은 이렇게 말한다. "그러므로 율법의 행위로 그의 앞에 의롭다 하심을 얻을 육체가 없나니 율법으로는 죄를 깨달음이니라."

해결책은 하나밖에 없다. 우리 모두는 '죄 담당하실 분'이 필요하다. 우리는 예수님이 필요하다. 오직 예수님만이 온전히 율법을 성취하셨다. 유대인들은 하루살이를 걸러내고 낙타를 삼켰다. 초기 그리스도인들도 같은 일을 하고 있었다. 그들은 핵심을 완전히 놓치고 있었다.

바울은 규칙 준수에 연연하는 것을 "종의 멍에를 메는 것"(갈 5:1)이라 불렀다. 그리고 나서 최종 결론을 내렸다. "그리스도 예수 안에서는 할례나 무할례나 효력이 없으되 사랑으로써 역사하는 믿음뿐이니라"(갈 5:6). 이것은 강력한 표현이다. 다시 읽어 보라. 믿음은 사랑을 통해 표현되어야만 한다. 오직 "사랑으로써 역사하는 믿음뿐이다."

진짜 믿음은 하나님 앞에서 겸손하고 감사하게 한다. 그분이 우리의 죄 문제를 해결해 주시기 때문이다. 그리스도를 믿는 진짜 믿음은 하나님과의 그리고 다른 사람과의 관계를 회복시키는 하나님의 마음을 이해하게 한다. 진짜 믿음은 성령님이 임하시게 하며, 성령님은 다른 사람을 향한 우리의 마음을 변화시키신다. 하나님의 마음은 우리를 구원하여 다시 세우는 것이다. 우리는 성장하며 하나님이 사랑하시는 것을 사랑하기 시작한다.

나는 2010년에 작고한, 남침례회의 탁월한 지도자였던 에이버리 윌리스와 알고 지냈다. 우리는 급속히 친해졌으며 미국 교회에서의 진정한 제자화에 대한 생각을 나누었다. 에이버리는 우리 교회에서 진행되는 일부 훈련을 검토한 후, 그가 관여하는 교회들과 우리 교회를 파트너로 연결시키려 애를 썼다. 에이버리는 나와 우리 교회의 몇몇 리더들을 남침례회 측 리더들 앞에서 발표하는 자리에 초청했다.

우리의 훈련 방법은 말을 앞세우지 않는 것이다. 우리는 사람들을 리더와 함께 그룹으로 나누고, 구성원들로 제자화를 위한 관계적 환경을 경험하도록 돕는다. 나는 제자화에 대해 그리고 제자 삼기를 위한 최선의 방법인 진정한 관계의 필요성에 대해 말했다. 그런 다음 토론할 질문들을 제시했다. 에이버리는 몇몇 핵심 리더들과 한 그룹에 있었다. 몇 분 후 에이버리는 나더러 그의 그룹으로 와서 몇 가지 질문들에 대답해 달라고 요청했다.

에이버리가 물었다. "목사님은 계속 관계에 대해 말합니다. 교회 직원들의 관계는 어떤 것일까요? 관계는 목사님에게 매우 근본적인 개념인 듯하지만, 특히 교회 조직이나 경영과 관련해 그 말의 실천적인 의미를 더 잘 이해하도록 우리를 도와주실 수 있는지요."

"물론이죠." 내가 말했다. "같은 직원으로서 우리의 관계란, 자신과 하나님과의 동행, 자신의 가족, 결혼, 죄에 대한 싸움 등에 대해 서로에게 솔직하다는 뜻입니다. 다른 사람과의 관계에서 다툼이 일어날 때 우리는 솔직한 태도로 속히 그 다툼을 성경에서 제시하는 방법대로 처리하지요. 예수님을 따르는 데에는 서로 간의 책무가 있어요.

사랑으로 대처해야 할 책무입니다. 기독교는 단순한 조직체가 아닙니다. 교회 직원으로서 우리는 같은 길을 함께 걷는 형제자매들이죠. 우리는 서로를 위해 기도해요. 서로를 지원해요. 우리는 겉치레를 내세우지 않아요. 서로에게 진실합니다. 말하자면, 서로의 발을 씻어주죠. 서로를 독려해요. 철이 철을 날카롭게 하듯 우리도 서로의 얼굴을 빛나게 합니다. 우리는 예수님의 이름으로 서로에게 냉수 한 잔을 권해요. 관계적으로 협력하죠. 같은 편에 서 있습니다. 우리는 다른 사람이 그들의 가족과 친구와 직장 동료들과 맺기 기대하는 관계의 본을 보입니다."

내가 말을 끝내자 잠시 침묵이 흘렀다. 그때 리더 가운데 한 명이 말했다. "목사님, 매우 흥미로운 말씀이네요. 하지만 솔직히 말씀드리자면, 여러 가지 이유로 인해 우리 교단의 교회들에서도 그 문제로 씨름하고 있어요. 우리는 '사랑'이라는 말을 '예의바름'으로 대체하는 경향이 있어요. 우리는 친절하지만 매우 조심스러워질 수도 있습니다. 종종 우리는 자신의 명예를 우려하는 까닭에, 삶의 깊은 부분을 나눌 정도로 서로를 신뢰하지 않아요. 지나치게 예민하죠. 또한 우리 목회자들은 교인들에게 책임이 있다고 생각하는 성향이 있습니다. 그래서 목회자들은 어떤 직원의 지적을 받으면 명예를 실추당한 느낌을 받기도 하죠. 부목사들은 반격 당할까 두려워 담임목사의 잘못된 점을 지적하지 못해요."

그는 다른 많은 사람이 꺼리는 말을 기꺼이 하고 있었다. 그는 문제를 올바로 지적했다. 그의 교단만이 아니라 대부분의 교단에서 나타나는 문제이다. 내가 직원들과 함께 전 세계의 교회들을 훈련하러 다니면서, 많은 교회가 예의바름과 친절에 숙달되어 있음을 발견했다. 많은 그리스도인들이 자신의 진짜 감정을 숨기고 있었다. 그들은 문제에 직면하지 않으며, 상호 신뢰나 책임감이 거의 없다. 하지만 친절함과 관계를 맺는 것은 큰 차이가 있다.

참된 관계는 피상적인 공손함과 다르다. 훨씬 더 깊이 들어가며, 삶을 굳건히 하는 것이다. 많은 신자들이 이 '관계' 개념에 대해 주저한다. 우리는 참된 사랑을 정중함으로 대체한다. 교회에서 리더들이 이런 식으로 인도하면 교인들은 따라가기 마련이다. 우리 교회에는 이런 말을 자주 한다. "머리가 이끄는 곳으로 몸이 따라간다." 공손함은 값싼 모방이며, 우리 내면의 관계적인 요구를 채워주지 못한다.

진짜 사랑을 위한 힘든 수고

만일 다른 사람을 사랑하기가 쉽다고 생각한다면, 혹은 복음의 실천이 그저 단순하게 이해된다면, 다른 사람을 사랑한 경험이 별로 없다는 뜻이다. 다른 사람을 사랑하는 것은 힘든 일이다. 바울이 모든 서신에서 사랑의 필요성을 그토록 강조했던 것도 바로 이 때문이다. 만일 이것이 매일 선택해야 하는 부단한 고투를 필요로 하지 않는다면, 그가 틈날 때마다 이것을 언급할 필요가 무엇이 있었겠는가?

많은 목회자들이 성경에서 어떤 '새로운 진리'를 발견해 '오래전 진리'에 대한 흥미롭고 다른 견해를 교인들에게 제시하려고 애쓴다. 그들은 교인들이 기본적인 성경 이야기를 여러 차례 들었음을 알기에, 교인들로 하여금 지겨움을 느끼게 하고 싶지 않다. 그래서 교인들의 탄성을 자아낼 방법을 찾으려고 골몰한다.

그러나 나는 교인들이 지겨움을 느끼지 않을 또 다른 방법이 있다고 생각한다. 바로 관계 안에서 다른 사람들을 사랑해야 한다는 간단한 진리를 가르치는 것이다. 그것은 성가시겠지만, 지겹거나 쉬운 일은 아니다.

몇 년 전 우리 교회에서 한 부부가 그리스도를 영접했다. 근사한 일이었다. 하지만 그들이 그리스도 안에서 성장하려면 영적 가족(가정교회)의 일원이 되어야 함을 우리는 알았다. 우리 교회의 가정교회는 보다 성숙한 신자가 다른 교인들과 더불어 삶을 나누는 곳이다. 이 부부는 한 가정교회에 들어가기로 했고, 실제적인 사역이 시작되었다. 그 모임에서는 하나님과 다른 사람을 사랑하는 것이 무엇인지 이해하도록 그들을 도와야 했다.

그 부부는 생활 방식에 문제가 있었는데, 그들이 구원받기 원했던 첫 번째 이유도 바로 그 문제 때문이었다. 그러나 단지 세례 받고 교회 다니기 시작하는 것으로는 그 부부의 전반적인 문제에 대한 답이 되지 못했다. 여러 해에 걸친 잘못된 삶의 방식으로 조성된 혼란을 제거하고 엉킨 삶을 풀어내기 위해 도움이 필요했다.

우리는 하나님이 그들을 구원으로 인도하셨기에 그들을 영적 성숙으로도 인도하기를 바라심을 알았다. 그들은 언젠가는 자신도 다른 이를 제자 삼는 제자가 되어야 했다. 그때까지 그들은 본을 보이며 가르쳐 줄 가족과 함께해야 했다. 그러면서 그들은 자신이 지닌 것과 필요로 하는 것의 차이를 분간할 수 있었다.

때로는 어떤 영역에서 급속도로 기적적인 영적 성숙을 드러내는 새 신자들도 있다. 그러나 그들도 모두 제자화에 초점을 맞춘 영적 관계를 필요로 한다. 알코올 중독이 하룻밤에 사라지는 사람도 있다. 그러나 대개 하나님은 사람들의 삶에서 성화가 천천히 그리고 다른 사람들의 도움으로 진행되게 하신다. 예수님은 사람을 즉각적으로 구원하신다. 그들의 삶을 영적 사망으로부터 영적 생명으로 곧바로 전환시키신다. 또한 우리는 예수님의 십자가 고난 덕분에 곧바로 의롭다고 선언된다. 하지만 실제적인 성결 과정은 시일이 지나면서 점진적으로 진행된다.

이 부부는 여러 해 동안 다투어 왔다. 여러 차례 불화로 이혼 직전 상태에 이르렀다. 남편은 포르노에 깊이 빠져 있었고, 아내는 '단지 친구'라고 말하는 한 남자와 함께 페이스북에서 너무 많은 시간을 보내고 있었다.

그 부부는 가정교회에서 함께 시간을 보내면서, 자신의 문제에 솔직해졌다. 때로 남자들은 위층에서 여자들은 아래층에서 따로 모임을 가지고 성경을 읽고 기도하며 서로의 문제와 성공 사례들을 나누었다. 시일이 지남에 따라, 아내는 여성 모임에서 자신의 마음을 열고 남편에 대한 실망감을 털어놓았다. 처음에는 자신이 하는 일을 정당화하려 했으며, 자신이 향하는 방향에 대한 공감을 기대했다. 아내의 불신자 친구들은 그녀의 입장에 공감하며 동정하고는 했다. 그들은 다른 남자랑 친한 벗이 되어 감정적으로 친밀해지는 것이 전혀 나쁜 일이 아니라고 말하고는 했다. 하지만 가정교회의 여자들은 예수님이 무엇을 원하시는지 이해하도록 도와주었다.

시일이 지나면서, 아내는 마음으로부터 변하기 시작했다. 그 결과 남편에게 실토하고 페이스북 관계를 끝내기에 이르렀다. 그렇게 함으로써 그들의 문제는 즉시 종결되었다. 하지만 삶은 혼란스럽고 성장에는 시간이 걸린다. 우리가 올바로 행하면 우리의 삶은 원하는 대로 나아갈 것이다. 하지만 이 상황에서는 그렇지 않았다. 잠시 동안 부부가 별거했고, 가정교회 구성원들은 상황이 호전될 때까지 그 남편에게 숙박을 제공했다.

그 가정교회는 이 부부를 계속 사랑으로 지원했고, 그들과 함께 기도했고, 그들의 말에 귀 기울였으며, 그들과 함께 시간을 보냈다. 지금도 그들은 문제를 헤쳐 나가는 중이다. 신앙적으로 성장하는 중이며 하나님과 다른 사람을 진정으로 사랑하는 법을 배우고 있다. 그들을 사랑하며 보살피는 건강한 공동체 안에서 그렇게 하고 있다.

이것이 바로 제자화의 모습이다. 진정한 관계 속에서 사랑을 배우는 것이다.

우리는 함께 길을 걷는다

예수님은 우리가 안락하도록, 힘든 일에서 벗어나도록 우리를 부르지 않으신다. 불편하더라도 우리의 십자가를 지고 그를 따를 것을 당부하신다. 예수님이 우리더러 십자가 지기를 당부하셨을 때, 그것은 우리 목에 거는 아름다운 금 십자가가 아니었다. 고통의 십자가였다.

예수님은 우리더러 자신을 부인하고 어떤 상황에서도 기꺼이 그를 위해 살라고 당부하셨다. 이는 관계와 관련되는 말이다. 우리가 다른 사람을 비난하거나 자기방어 차원에서 움츠러들기 쉬울 때에도 화해를 도모해야 한다는 뜻이다. 우리가 상처를 입었을 때에도 다시금 신뢰해야 한다는 뜻이다.

많은 사람이 믿음의 귀한 것들을 받아들이지만 시련을 감수하려 하지는 않는다. 만일 하나님이 관계적인 하나님이시고 우리가 관계를 맺도록 창조되었다면, 만일 관계(하나님을 사랑하고 다른 사람을 사랑하는 것)가 하나님의 최고의 우선순위라면, 우리도 그것을 최고의 우선순위로 삼아야 한다.

함께하는 삶의 방식에 대해 생각해 보자. 그것은 우리의 영혼을 단계별로 드러내는 과정이다. 가까운 친구들의 모임과 같은 정선된 소그룹에서는 많은 것을 드러낸다. 예수님이 베드로와 야고보와 요한에게 하셨던 것과 같다. 그보다 큰 그룹에서는 약간 적은 내용을 나눈다. 예수님이 열두 제자에게 자신을 계시하신 것과 같다. 그리고 교회 회중과 같은 큰 그룹에서는 더 적은 것을 드러낸다. 달리 말해 우리는 모든 이들과 더불어 모든 것을 나누지는 않지만 어떤 사람들과는 모든 것을 나눈다. 이는 우리 삶의 풍조가 허식과 분리보다는 사랑임을 뜻한다.

신자로서 우리는 교회를 한 주에 한 시간만 보내는 곳으로 여겨서는 안 된다. 요즘 사람들은 한 시간 안에 모든 것을 얻기를 원하지만, 그런 일은 일어날 수 없다. 만일 우리가 진정으로 영적 성숙을 원한다면 우리에게 필요한 모든 것, 모든 친교와 격려와 가르침과 예배는 어느 하루 한 시간 내에 한 건물 안에서 모두 일어나지 않음을 인정해야 한다.

핵심은 단지 소그룹 프로그램을 따르는 것이 아니라 참된 관계를 맺는 것이다. 실제 삶을 함께하는 것이다. 주중에 서로에게 전화하며 문자 메시지를 보내라. 서로의 집에서 식사하라. 정기적으로 서로를 위해 기도하라. 서로 터놓고 솔직하게 대화하라. 가정교회는 예배 참석자들에게 다음 단계로 제시되는 것이지만, 그 이상의 의미를 담고 있다. 가정교회는 다음 단계로, 다른 사람들과 함께하는 삶으로 향하는 발판이 된다. 예수님은 말씀하셨다. "너희가 서로 사랑하면 이로써 모든 사람이 너희가 내 제자인 줄 알리라"(요 13:35).

사랑을 배우라.

이것이 참된 영적 성숙의 비결이다.

●

좋든 나쁘든
사랑과 관계의 연관성
사랑의 관계 안에서 인도함
공동체를 통해 전해지는 은혜
끝까지 버티기

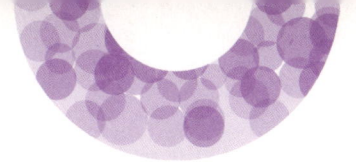

chapter 4

사랑은 관계 안에서만 자란다

고린도전서 13장에 따르면, 영적 성숙의 핵심은 사랑이다. 그렇다면 진정한 사랑이란 무엇일까? 라디오에서 나오는 거의 모든 노래는 사랑을 말한다. 영화 대부분이 로맨틱한 줄거리를 일차적으로나 부차적으로 제시한다. 많은 텔레비전 프로그램도 사랑에 대한 내용을 담는다. 소설들도 스릴러, 미스터리, 로맨스 등 장르를 불문하고 사랑 이야기를 끼워 넣는다. 우리의 문화는 사랑에 몰두하고 있다. 왜일까? 우리는 마음속 깊이 사랑을 필요로 하기 때문이다.

우리 그리스도인은 마귀가 말장난을 좋아한다는 걸 안다. 마귀는 '사랑'과 같은 우리의 핵심 단어들을 취해 그 정의를 바꾸어 버린다. 그렇게 될 때 이 단어들은 힘을 잃는다.

마귀는 우리 문화 속에서, 심지어 교회 문화 속에서도 이런 짓을 해 왔다. '예배'를 하나님께 순종하며 그분을 찬양하는 일보다 감정을 고무시키는 음악과 주로 연관시켰다. '리더십'을 독재나 정치와 연관시키거나 혹은 하나님이 사람들에게 필요하다고 말씀하신 것을 공급하기보다 사람들이 원하는 것을 공급하는 일과 연관시켰다. '교회'는 신자들의 단체보다는 건물이 되었다. 그리고 '사랑'은 감정이 되었다.

전형적으로, 심지어 교회 안에서도, 사람들이 무언가를 사랑한다고 말할 때 그들은 자신을 행복하게 하는 사람이나 장소나 물건에 대해 느끼는 좋아하는 감정을 가리킨다. 그들이 무언가를 사랑하는 이유는 거기서 큰 유익을 얻기 때문이다. 그들이 어떤 사람을 사랑하는 이유는 그가 친절하거나 재미있거나 자신에게 잘해 주어서 그들로 우쭐한 기분이 들게 하기 때문이다.

하지만 그것이 사랑의 전부일까? 사랑하는 사람이 우리를 실망시킨다면 어떨까? 그가 우리가 바라는 모습이 되기를 거부한다면 어떨까? 혹은 그가 우리의 기대에 결코 미치지 못한다면 어떻게 될까?

좋든 나쁘든

불행하게도 많은 그리스도인이 위의 질문에 대해 비그리스도인과 별로 다르지 않은 대답을 한다. 그들은 감정이 사라지면 "더는 그를 사랑하지 않아요."라거나 "나는 그를 사랑하지만 사랑에 빠지지는 않았어요."라고 말한다. 그들은 하나님이 그들의 행복을 원하신다면,

사랑이 그처럼 힘들어서는 안 된다고 말한다. 그러면서 진정한 소울메이트를 찾아 나선다.

바울은 고린도전서 13장에서 사랑이라는 주제를 마무리한다. 바울은 성숙이란, 말씀을 아는 것과 믿음의 비밀을 이해하는 것과 설교하는 것 또는 천사나 사람의 방언으로 말하는 것 이상이라고 분명히 밝힌다. 심지어 사랑은 순교를 포함한, 그리스도께 대한 헌신 이상이다. 사랑 없이는 모든 것이 거의 무의미하다.

그러나 바울의 다음 지시에 주목하라. 그는 사랑을 정의한다. 왜일까? 마귀가 사랑의 정의를 왜곡했기 때문이다. 관계의 가장 중요한 요소인 사랑을 세상이 더럽혔다. 바울은 고린도전서 13장 4-7절에서 사랑을 다음과 같이 정의하며 묘사한다.

"사랑은 오래 참고 사랑은 온유하며 시기하지 아니하며 사랑은 자랑하지 아니하며 교만하지 아니하며 무례히 행하지 아니하며 자기의 유익을 구하지 아니하며 성내지 아니하며 악한 것을 생각하지 아니하며 불의를 기뻐하지 아니하며 진리와 함께 기뻐하고 모든 것을 참으며 모든 것을 믿으며 모든 것을 바라며 모든 것을 견디느니라."

사랑이 '무엇'인지 말하는 바울은 어떤 '감정'을 언급하지 않는다. 때로 사랑이 감정을 수반하는 것은 사실이다. 그러나 사랑을 감정에 국한시킨다면 성경적으로 큰 실책이다. 하나님이 규정하신 참 사랑은 고린도전서 13장에 묘사된 행동들로 이어지는 선택이다.

우리 그리스도인 대부분은 우리를 향하신 하나님의 사랑을 생각할 때, 성경이 사랑을 어떻게 정의하는지 잘 알 수 있다. 요한복음 3장 16절은 "하나님이 세상을 이처럼 사랑하사"로 시작한다. 로마서 5장은 우리가 죄인이었을 때 하나님이 우리를 어떻게 사랑하셨는지 말한다(6-11절). 우리는 하나님이 사랑이심을 안다.

하나님은 우리도 그와 같이 사랑할 것을 당부하신다. '아가파오'(*Agapaō*)는 자비심 많은 사랑, 자비와 용서로 가득한 사랑이다. 하나님의 사랑은 그리스도 안에 있는 우리의 허물을 간과하시는, 은혜를 베푸시는 사랑이다. 구원받은 목적에 맞는 모습을 갖추고자 우리가 부단히 애쓸 때 하나님은 우리의 삶에 계속해서 은혜를 부어 주신다. 하나님은 우리에게 은혜를 한 차례만 주시지 않고 우리의 삶 가운데 계속해서 은혜를 베푸신다.

우리는 하나님이 우리를 사랑하시듯 다른 이들을 사랑해야 한다. 그리스도인의 사랑은 '아가파오'여야 한다. 이는 예수님이 자신의 생명을 내어놓을 때 본을 보이신 이타적이며 무조건적인 사랑이다. 우리는 다른 사람에게, 그들이 받을 자격이 있는 것보다 그들에게 필요한 것을 준다. 우리는 그들이 사랑스러운지와 상관없이 그들을 사랑한다. 우리가 사람들을 사랑하는 것은 예수님이 그들을 사랑하라고 명하셨기 때문이다. 이것은 예수님을 따르는 삶의 중요한 부분이다.

최근에 나는 우리 지역에서 교회 십여 개를 전전한 한 부부를 만났다. 그들은 우리 교회에 나오기 전에 어떤 교회에서는 여러 해 출석하기도 했다. 그러나 그 교회 중 어디에서도 행복하지 않았고, 우리 교회에서도 그다지 행복하지 않았다. 하지만 적어도 내게 솔직한 이야기를 털어놓기는 했다. 그들은 결혼생활을 50년 이상 이어왔는데, 그것은 찬사를 받을 만한 일이었다. 그래서 그들에게 물었다. "결혼생활을 하면서 서로 의견이 맞지 않는 때도 있었나요?"

둘 다 고개를 끄덕이며 "그럼요."라고 대답했다.

내가 계속 말을 이었다. "서로 의견 차이를 보일 때는 어떻게 하셨어요?"

"우리는 서로를 위해 기도하고 대화를 나누었어요." 남편이 말했다. 그는 세상적인 방식을 마음에서 씻어 내도록 때로는 거듭해 성경을 읽어야 했다고 말했다. 아내도 동의했다. 그들은 결혼생활에 대해 이야기하며 실망스러웠던 때와 평화로웠던 때 모두를 나누었다. 그러면서 결혼을 통해 하나님이 원하시는 것을 파악하도록 돕는 고린도전서 13장을 줄곧 인용했다.

나는 그들이 어떤 부분에서 의견 대립이 있었고 어떻게 그것을 해결했는지 물었다. 지금도 서로에게 바뀌었으면 하는 부분이 있는지 물었다. 그들은 서로를 바라보면서 물론 그렇다고 유머러스하게 대답했다.

내가 이어서 물었다. "의견이 대립되는 상황에서 남의 떡이 더 크게 보였던 적이 있으신가요? 배우자 외의 다른 이성을 만나고픈 유혹을 받으신 적이 있나요?"

둘 다 웃음을 터뜨렸다. 아내가 먼저 대답했다. "저는 그런 생각을 결코 허용하지 않을 겁니다. 평생 남편뿐이에요."

남편이 말했다. "우리는 더 큰 남의 떡이란 결코 없다는 걸 알았어요. 잠시 그렇게 보일 뿐이죠. 모든 남편과 아내가 때로 의견 차이를 보여요. 우리는 좋든 싫든 서로 사랑한다는 걸 알았습니다."

"끝으로 여쭐게요." 내가 말했다. "두 분은 결혼에 대한 성경적인 진리와 원칙들을 삶에 잘 적용하셨어요. 과거를 돌아보는 것과 용서에 대해 말씀하셨어요. 하지만 아시다시피 성경은 하나님의 가족 내에서 어떻게 행동해야 하는지도 많이 알려 줍니다. 왜 두 분은 결혼 생활에서 사용하는 방식을 영적 가족에게는 적용하지 않으셨나요?"

두 사람은 말없이 나를 바라보며 생각에 잠겼다. 나는 에베소서 4-5장을 함께 읽자고 권했다. 4장은 그리스도의 몸 안에서의 연합과 성숙을 다룬다. 5장은 이것을 결혼과 비교한다. 사실 "그리스도를 경외함으로 피차 복종하라"는 에베소서 5장 21절은 에베소서 4장 3절 말씀인 "평안의 매는 줄로 성령이 하나 되게 하신 것을 힘써 지키라"와 같은 맥락의 말씀이다. 배우자로서 우리는 좋든 싫든 서로에게 헌신하기 원한다. 그리스도인으로서 우리는 하나님의 가족들에게 같은 수준으로 헌신해야 한다.

교회에 대한 성경 말씀을 결혼과 관련해서만 사용하고 싶어 하는 사람이 많다. 이것은 큰 실수이다. 결혼식에서 많이 읽히며 결혼에 대한 중요한 내용이기도 한 고린도전서 13장은, 성령의 영감을 받은 기자인 바울에 따르면, 교회에 대한 내용이다. 우리는 종종 교회 안에서의 관계란 너무나 친밀해서 '가족'이라는 말로 표현된다는 사실을 잊는다. 성숙하다고 하는 많은 사람들도 여기 묘사된 관계를 다른 사람과의 관계로 이해하지 못하고, 그래서 이 구절의 의도를 철저히 놓치고 만다. 우리는 고린도전서 13장의 사랑을 다른 신자와의 관계에 적용하도록 부르심 받았다.

최근 우리의 가정교회에 참석하는 한 여성은 고린도전서 13장을 지속적으로 읽으며 우리의 이름과 얼굴을 떠올리며 다음과 같이 자문한다고 말했다. '나는 짐에게 오래 참는가? 나는 짐에게 온유한가?'

우리 모두는 사랑해야 할 사람들에게 이렇게 해야 한다. 과연 우리는 예수님이 원하시는 방식으로 사람들을 진정으로 사랑하는가?

사랑과 관계의 연관성

'사랑'과 '관계'는 구분된다. 이들은 개념이나 실제에 있어 다르다.

예수님은 우리가 모두를 사랑하기 원하신다. 또한 우리가 다른 사람들과 관계를 맺기 원하신다. 때로 그리스도인들은 행동으로 사람들을 사랑하기만 하면(공손하거나 친절하거나 관대하게 대하면) 관계를 잘하고 있다 잘못 생각한다. 그러나 꼭 그런 건 아니다. 우리는 어느 정도 거리를 유지하며 사랑하는 수준을 넘어서야 한다. 말하자면, 힘들더라도 사람들과 관계를 맺어야 한다.

우리의 소명은 다른 사람들과 삶을 나누는 것이다. 우리는 함께 인생 여정을 걸으면서 다른 사람을 향한 사랑을 배울 뿐 아니라 그들 또한 우리를 알고 사랑하기를 허용한다. 어떤 사람이 다른 사람에게 알려진다는 것은 자신의 곤경을, 그리고 대적에게 악용될 수 있는 자신의 약점을 다른 사람이 알게 한다는 뜻이다. 우리 모두는 여러 모로 힘든 싸움을 겪는다. 그 싸움의 승패는 자신의 내면 상태에 달려 있다. 이 싸움을 혼자 감당해서는 안 된다.

최근에 내가 좋아하는 사냥터를 다니면서 한 유명한 목사의 라디오 설교를 들었다. 이스라엘 백성이 기쁜 마음으로 예배하지 않았고 그래서 심판을 받을 것이라 선언하는 신명기 내용이었다. 그 목사는 지나치게 투덜대는 사람들에게 도전을 주고자 이 본문을 적용했다. 자신의 곤경을 솔직히 토로하면 더욱 그것에 짓눌리니 그것을 깊이 생각하거나 입에 올리지 말라고 말했다.

내가 듣기에 그는 풀 죽은 사람들로 수치심을 느끼게 하는 것 같았다. 그리스도인은 기쁨으로 가득하기만 해야 한다고 주장했다. 부정적인 이야기를 하는 사람을 비난하는 것 같았다. 자신은 그런 이야기를 듣고 싶지 않고, 그런 이야기를 하는 사람은 영적으로 성장해야 한다고 말했다.

나는 충격을 받았고, 그의 말을 듣는 사람들이 염려스러웠다. 곧바로 로마서 12장 15절이 떠올랐다. 거기서 바울은 "우는 자들과 함께 울라"라고 말한다. 누구도 자신의 삶에서 일어나는 일을 진실하게 말하지 않는다면 어떻게 우리가 그리할 수 있겠는가? 갈라디아서 6장 2절은 서로 짐을 지라고 말한다. 누가 무거운 짐에 시달리는지 모른다면 어떻게 우리가 그리할 수 있겠는가? 우울증에 걸린 사람에 대해서는 어떻게 할 것인가? 어떤 사람이 곤경에 처했음을 모른다면 어떻게 그를 불에서 끌어낼 수 있겠는가?

우리는 삶의 실제적인 여정을 함께할 사람들이 필요하다. 우리는 그들을 사랑함과 아울러 그들과 관계를 맺어야 한다. 그리하는 것이 사랑의 핵심이기 때문이다. 우리는 다른 사람들을 사랑해야 하고, 또한 다른 사람들의 사랑을 받아야 한다. 하나님의 기도 응답은 종종 다른 신자들을 통해 이루어진다고 성경은 분명히 알려 준다. 관계란 이런 것이다.

고린도전서 13장은 사랑이란 "언제나 신뢰하는"(한글개역개정 성경은 "모든 것을 믿으며"로 번역함-역자주) 것이라고 말한다. 누구를 신뢰하는 것일까? 바울은 다른 신자와의 진실한 사랑 관계를 말하고 있다. 그에 따르면 사랑이란, 함께 나누고 싶지 않을 때도 다른 사람들을 신뢰하는 것이다.

마귀는 다른 사람들을 신뢰할 수 없다고, 우리의 곤경을 다른 사람들이 멸시할 거라고 말한다. 그들이 우리를 판단하며 험담할 거라고 말한다. 마귀는 우리로 하여금 자신은 실패자이며 자신만 곤경에 처했다고 생각하게 하며 수치심을 느끼게 한다. 그러나 다른 사람들을 신뢰할 때 우리는 자신만이 힘든 싸움을 하고 있지 않음을 발견한다. 내면의 전투를 밝히 드러낼 때 우리는 은혜를 발견한다.

하나님은 다른 이들을 통해 우리 삶에 은혜를 베푸신다. 진정한 친구들을 통해 자비의 선물이 우리에게 주어진다. 우리가 나무를 보느라 보지 못하는 숲을 다른 사람을 통해 보고 지혜를 얻게 하신다. 우리가 참된 관계를 맺을 때 사슬이 끊어지고 요새가 무너진다.

사랑의 관계 안에서 인도함

예수님이 오신 주목적은 우리 죄를 대신해 죽으시는 것이었다. 또한 예수님은 우리가 따를 수 있고 따라할 수 있는 효과적인 제자화의 모델을 우리에게 보여 주셨다. 그리스도 안에서 영적으로 성숙하는 것과 관련해 예수님은 사랑을 통해 실행되는 믿음에 대한 완벽한 그림을 제시하셨다. 우리는 이 본보기를 따라야 한다.

복음서에서 예수님이 사람들과 교류하신 모습을 보면, 신앙적 관계가 무엇인지 알 수 있다. 이는 제자들에게 매우 깊은 영향을 미쳤고, 그래서 그들은 자신이 본 것을(또는 독특한 일을 목격한 다른 사도에게서 들은 것을) 성경에 기록했다. 예수님의 삶의 방식에 대한 바울의 글을 보라.

"그러므로 그리스도 안에 무슨 권면이나 사랑의 무슨 위로나 성령의 무슨 교제나 긍휼이나 자비가 있거든 마음을 같이하여 같은 사랑을 가지고 뜻을 합하며 한마음을 품어 아무 일에든지 다툼이나 허영으로 하지 말고 오직 겸손한 마음으로 각각 자기보다 남을 낫게 여기고 각각 자기 일을 돌볼뿐더러 또한 각각 다른 사람들의 일을 돌보아 나의 기쁨을 충만하게 하라 너희 안에 이 마음을 품으라 곧 그리스도 예수의 마음이니 그는 근본 하나님의 본체시나 하나님과 동등됨을 취할 것으로 여기지 아니하시고 오히려 자기를 비워 종의 형체를 가지사 사람들과 같이 되셨고 사람의 모양으로 나타나사 자기를 낮추시고 죽기까지 복종하셨으니 곧 십자가에 죽으심이라"(빌 2:1-8).

이는 사랑에 대한 완벽한 그림을 보여 준다. 예수님은 희생적으로 사랑하셨다. 자신의 전 존재를 희생해 우리에게 필요한 것을 주셨다. 신자로서, 성령님의 도우심으로, 우리도 이런 부류의 사랑에서 성장할 수 있다. 같은 서신에서 바울은 우리 속에 누군가가 계셔서 우리로 하여금 그분의 선한 일을 행하게 하신다고 말한다. 여기서 바울은 그분이 그렇게 하시도록 하라고 우리에게 당부한다.

성령님 덕분에 이제 우리에게는 사랑할 능력이 있다. 성령님이 우리 안에서 일하시게 하고, 성경의 인도를 따른다면 우리는 사랑할 수 있다. 성령님은 교만이나 이기심에 빠지는 일 없이 다른 사람과 교류할 능력을 우리에게 주신다.

우리는 성자 하나님이 성부 하나님과 맺으셨던 관계, 청종하며 순종하는 모습을 본받을 수 있다. 예수님은 하나님이심에도 인간의 몸을 입으셨다. 성경은 예수님이 하나님과 동등하셨다고 말한다. 그럼에도 그분은 아버지와 교류하며 교만하지 않고 겸손하셨다. 우리는 이 놀라운 관계를 복음서 전반에서 본다.

제자들은 사랑하기 힘든 사람들이었지만, 예수님은 그들을 변함없이 사랑하셨다. 한번은 제자들이 폭풍 가운데서 갈릴리 바다를 건너기 위해 황급히 노를 젓고 있었다(막 4:35-41). 예수님은 고물에서 잠들어 계셨다. 그들은 예수님을 깨우며 예수님이 그들을 돌보지 않으신다고 불평했다. 예수님이 일어나 바람과 파도를 꾸짖으시자 바다가 평온해졌다. 이어서 예수님은 제자들에게 놀라운 말씀을 하셨다. "어찌하여 이렇게 무서워하느냐 너희가 어찌 믿음이 없느냐"(막 4:40).

우리가 따라야 할 본보기가 여기에 있다. 제자들이 예수님을 신뢰하지 않았을 때에도 예수님은 여전히 그들을 보살피셨다. 비록 그들이 예수님을 신뢰하지 않고 계속 믿음이 없었지만, 예수님은 포기하지 않고 여전히 그들에게 자신을 계시하셨다. 그분은 관계를 계속 유지하셨고, 그들의 실패에도 일관되게 그들에게 신실하신 모습을 보여 주셨다. 이는 참 사랑이 무엇인지 계시해 준다.

그러나 예수님은 단지 사랑하기 힘든 사람을 사랑하는 본보기에 그치지 않으셨다. 사랑하기 힘든 사람들과의 관계에 대한 본보기가 되셨다. 예수님은 다른 사람들을 사랑하실 뿐 아니라 그들도 그분을 사랑하게 하셨다. 예수님은 다른 이들을 아셨을 뿐 아니라 그들에게 알려지기도 하셨다.

성경에서 가장 심오한 본문 중 하나는 마태복음 26장 36-42절로, 예수님이 유다에게 배신당하시던 밤을 보여 준다. 예수님은 무슨 일이 일어나고 있는지 알고 계시며, 영적으로 준비하기 위해 감람산으로 올라가셨다. 그때 예수님이 무슨 생각을 하셨는지는 추측만 할 뿐이다. 예수님은 조만간 영원 가운데서 처음으로 아버지로부터 분리되실 것이었다. 이제껏 당해 본 적 없는 시험을 마귀에게 곧 당하실 것이었다.

이제 예수님은 친구들에게 말씀하신다. 예수님은 모든 사람을 사랑하셨고 열두 제자들을 절대적으로 사랑하셨지만 이제 특별한 세 친구들과 함께 계신다. 그리고 자신의 마음을 그들에게 털어놓으신다.

"이에 예수께서 제자들과 함께 겟세마네라 하는 곳에 이르러 제자들에게 이르시되 내가 저기 가서 기도할 동안에 너희는 여기 앉아 있으라 하시고 베드로와 세베대의 두 아들을 데리고 가실새 고민하고 슬퍼하사 이에 말씀하시되 내 마음이 매우 고민하여 죽게 되었으니 너희는 여기 머물러 나와 함께 깨어 있으라 하시고 조금 나아가사 얼굴을 땅에 대시고 엎드려 기도하여 이르시되 내 아버지여 만일 할 만하시거든 이 잔을 내게서 지나가게 하옵소서 그러나 나의 원대로 마시옵고 아버지의 원대로 하옵소서 하시고 제자들에게 오사 그 자는 것을 보시고 베드로에게 말씀하시되 너희가 나와 함께 한 시간도 이렇게 깨어 있을 수 없더냐 시험에 들지 않게 깨어 기도하라 마음에는 원이로되 육신이 약하도다 하시고 다시 두 번째 나아가 기도하여 이르시되 내 아버지여 만일 내가 마시지 않고는 이 잔이 내게서 지나갈 수 없거든 아버지의 원대로 되기를 원하나이다 하시고."

놀라운 내용이다. 우리는 성경 곳곳에서 예수님이 사람들을 사랑하신 완벽한 방식을 만난다. 그분은 어떤 대가를 치러야 하는 상황에서도 사람들에게 필요한 말씀을 용기 있게 전하셨다. 긍휼과 겸손과 자기희생을 보이셨다. 그런데 본문에는 그 이상의 무엇이 있다. 예수님은 제자들을 단지 사랑하신 것이 아니다. 그들과 더불어 관계를 맺으셨다. 예수님은 자신의 힘든 싸움에 대해 제자들에게 말씀하셨다.

때로 우리는 하나님이 관계적이시며 감정을 지니셨음을 잊는다. 우리는 하나님을 완벽하다 생각하며 (실제로 그러하시다), 그래서 그분은 상처를 입지 않으신다고 이해한다. 그러나 구약성경은 그렇지 않다고 말한다. 창세기는 하나님이 사람을 지으신 것을 근심하셨다고 말한다. 또한 우리는 성령님을 근심하시게 할 수 있다.

마태복음 26장에서 예수님은 자신의 고통을 사람들과 함께 나누셨다. 그분은 "너희는 여기 머물러 나와 함께 깨어 있으라"라고 말씀하시고는 하나님께 고뇌에 찬 간구를 외치셨는데, 이 간구는 제자들의 귀에 들렸다. "아버지여 만일 할 만하시거든 이 잔을 내게서 지나가게 하옵소서." 관계란 솔직해짐을, 그리고 자신의 곤경을 다른 사람에게 알림을 뜻한다. 관계를 맺고 있다는 것은 서로 사랑하며 지원한다는 뜻이다.

예수님은 그때에만 그리하신 것이 아니다. 예수님은 여러 차례에 걸쳐 자신의 실망감을 하나님의 사람들에게 토로하셨다. 나사로의 죽음을 슬퍼하며 우셨다. 사람으로서 예수님은 우리와 같은 감정을 경험하셔야 했다. 그래서 우리를 이해하며 우리를 위해 중재하는 자비로운 대제사장이 되실 수 있었다.

사람으로서 우리는 신앙 여정 중에 우리를 도와줄 다른 사람들이 필요하다. 예수님은 복음 이야기를 세상 사람들과 함께 나눌 제자들을 만들 임무가 있으셨다. (이 가장 위대한 이야기를 아무도 신실하게 말하지 않는다면 무슨 유익이 있겠는가?) 또한 제자들에게는 갈보리에 직면하시는 예수님을 도울 책임이 있었다. 관계는 맡은 임무를 완성하게 하는 연료이다. 솔직한 관계는 상대방을 사랑한다는 뜻이며, 또한 상대방과 더불어 삶을 나눈다는 뜻이다. 그렇게 함으로써 서로를 돕는다.

종종 목회자들은 다른 지역교회 리더들과 함께 목회자 기도회를 가져야 한다고 말한다. 그들이 실제적인 모습을 보일 유일한 모임이기 때문이다. 그들은 다른 누구도 그들의 힘든 싸움을 이해하지 못한다고 생각한다. 그들은 자신이 섬기는 교회의 교인들이 그들의 곤경을 알면 신임을 잃을 거라고 생각한다.

다른 교회 리더들과 함께 기도하는 것은 귀한 일이다. 하지만 자신이 섬기는 교회의 회중이 이해하지 못할 거라는 생각에는 동의하지 않는다. 우주의 왕께서는 교육도 받지 못한 어부들에게(그분과 이들의 격차는 엄청났다.) 자신의 힘든 싸움을 토로하고 함께 기도해 줄 것을 부탁하셨다. 하나님께 받은 사명을 감당하는 여정에서 자신이 섬기는 교회의 교인들이 자신을 이해하지도 도와주지도 못할 거라고 생각하는 이유는 무엇인가?

사람이 감당할 시험밖에는 당한 것이 없다고 성경은 분명히 밝힌다(참조, 고전 10:13). 우리는 모두 똑같다. 우리는 무너진 존재들이다. 마귀는 다른 사람들로부터 분리되려는 생각을 우리의 머릿속에 채우려 한다.

우리가 혼자일 때 마귀는 우리의 생각을 왜곡시킬 수 있다. 그러나 목사가 진실한 나눔을 가질 때 다른 사람들을 실제적으로 독려하게 된다. 그들은 목사도 그들과 같은 사람임을 이해하며 '만일 그가 이런 일을 당한다면 나도 그럴 수 있어.'라고 생각한다. 바울은 정기적으로나 매일 만나는 사람과 더불어 자신의 삶을 나눴다. 그는 자신의 육체에 가시가 있음을 토로했다. 그는 그들의 격려를 받기 전까지 낙심했노라고 말했다. 자신의 죄악 된 본성 때문에 부단한 내적 싸움이 진행되고 있다고 말했다.

이제 나는 그 싸움을 이해한다. 까다로운 사람들을 사랑하기란 매우 힘든 일이다. 그런데 하나님의 명령에는 단순히 사람들을 사랑하는 것 이상이 담겨 있다. 진정한 관계는 우리 자신이 알려지기를 허용한다는 뜻이다. 이렇게 하다 보면 상처를 입을 수도 있다. 우리는 다른 사람의 삶에 깊이 결부되기를 원하지 않는다. 우리 자신의 세밀한 부분들이 노출될 때 다른 사람들이 우리를 이용하거나 심지어 해를 가할 수도 있다. 그런데 왜 그 길을 다시 가야 할까? 왜 다시 모험을 시도해야 할까? 왜 불가피한 고통과 혼란 속으로 들어가야 할까?

처음에는(타락 이전에는) 관계가 쉬웠다. 그러나 지금은 죄 때문에 세상이 혼란스럽다. 원래 우리는 관계를 필요로 하는 존재로 지음 받았다. 그러나 죄 때문에 다른 사람들과의 관계가 힘들다. 그러나 우리는 여전히 내면에서부터 관계에 대한 요구를 깊이 느낀다. 악순환의 반복이다.

이것은 마치 우리가 생존하려면 물을 마셔야 하지만, 물을 마신 후 토했던 경험 때문에 물이 마시고 싶지 않은 것과 같다. 이제 우리는 다시 물 마시기를 주저한다. 그러나 몹시 목이 마르다. 어떻게 해야 할까?

사람들을 사랑하며 그들과 관계를 맺으려 할 때 생기는 문제가 바로 그런 것이다. 우리는 그리스도의 무조건적 사랑으로 사람들을 사랑해야 함을 안다. 예수님이 그리하도록 명하셨기 때문이다. 우리 주변의 사람들이 항상 사랑스럽지는 않다. 우리를 성가시게 하거나 실망시키는 이들도 있다. 상황이 혼란스럽다. 관계적인 어려움을 해결해 나가기보다는 슬쩍 회피하기가 훨씬 쉽다.

공동체를 통해 전해지는 은혜

예수님의 모든 명령은 우리의 유익을 위한 것이다. 예수님은 우리를 사랑하시며 우리가 어떻게 지어졌는지 아신다.

진정한 관계를 맺는 것의 의미를 보여 주는 성경 구절 가운데 몇 개를 살펴보자.

"그러므로 너희 죄를 서로 고백하며 병이 낫기를 위하여 서로 기도하라 의인의 간구는 역사하는 힘이 크니라"(약 5:16).

"너희가 서로 거짓말을 하지 말라 옛 사람과 그 행위를 벗어 버리고 새 사람을 입었으니 이는 자기를 창조하신 이의 형상을 따라 지식에까지 새롭게 하심을 입은 자니라"(골 3:9-10).

"너희가 짐을 서로 지라 그리하여 그리스도의 법을 성취하라"(갈 6:2).

서로 죄를 고백하고, 서로에게 솔직하며, 서로 짐을 져야 한다. 이 행위들은 우리의 생존과 형통을 돕는, 영적 삶을 위한 하나님의 레시피이다. 하나님의 계획으로부터 자신을 차단시켜 8달러짜리 싸구려 튜브와 같은 신앙을 지니게 된 사람이 너무나 많다. 우리는 선택해야 한다. 과거의 경험에 이끌려 갈 것인가? 아니면 예수님께 순종할 것인가?

과거의 상처와 쓰디쓴 경험에 이끌리며 사는 것은 마치 백미러만 보면서 운전하는 것과 같다. 그럴 경우 우리는 차도에서 벗어나 개천으로 굴러떨어질 뿐 아니라 다른 사람까지 해칠 수 있다. 예수님은 최선을 선택하라고 우리에게 당부하신다.

요즘 나는 한 가정교회에 참석하고 있다. 구성원 가운데 목사는 나뿐이다. 모임에서 나는 내 삶에 대해 말하며, 그들도 자신의 삶에 대해 말한다. (혼성 모임이기에 우리는 함께 이야기할 것과 이야기하지 말 것에 대한 기본 규칙을 정해 두었다.) 하지만 거기서 그치지 않는다.

우리는 일주일에 3-5회 정도 모인다. 서로 문자 메시지를 주고받고, 우리 집이나 다른 구성원의 집에서 함께 저녁 식사를 한다. 때로는 남자들끼리 사냥하러 간다. 그들은 가르침을 받을 때 외에도 정기적으로 나를 만난다. 나는 우리의 관계가 진전되기를 바라는 마음을 부단히 그들에게 전한다.

나는 진실해지기를 원한다. 왜냐하면 나는 나의 약한 부분에 대해 그들의 도움과 기도가 필요하기 때문이다. 내가 최악의 상황일 때에도 그들은 나를 보게 될 것이다. 우리는 함께하는 시간을 충분히 가지기에 그들은 궂은 날을 보내는 나를 보게 될 것이다. 나는 그들의 도움이 필요할 것이다.

또한 나는 그들도 내게 솔직한 심정을 토로하기를 권한다. 리더와 그리스도인으로서, 우리는 함께하는 삶을 부단히 진전시켜야 하며, 과연 제대로 그렇게 살고 있는지 서로 점검해야 한다. 앞에서 우리는 베드로전서 4장 10절을 보았다. 이제는 8-9절을 함께 읽어 보자.

"무엇보다도 뜨겁게 서로 사랑할지니 사랑은 허다한 죄를 덮느니라 서로 대접하기를 원망 없이 하고 각각 은사를 받은 대로 하나님의 여러 가지 은혜를 맡은 선한 청지기 같이 서로 봉사하라."

이 본문은 불완전한 관계는 예외가 아니라 일반이라는 것, 하지만 성령님은 우리가 어떻게든 사람들을 계속 사랑하게 하시며, 또 우리가 사람들을 계속 알게도 하시고 그들에게 알려지게도 하심을 상기시킨다. 우리는 서로를 마음으로부터 깊이 사랑하도록(단순한 공손함이나 겉치레와는 많이 다르다.) 부르심 받았다. 사랑은 허다한 죄를 덮기 때문이다.

사실 우리의 사람들을 향한 사랑의 깊이는 종종 그들이 우리를 낙심시킬 때 가장 잘 드러난다. 사랑하기 쉬울 때에만 사랑한다면 그 사랑에는 한계가 있다. 예수님은 이방인들도 자신을 사랑하는 자를 사랑한다고 말씀하셨다. 이 말씀은 더 나은 무엇을 당부하신 것이다. 사랑하기 힘든 사람을 우리가 계속 사랑하면, 그들로 하여금 변화할 힘을 갖게 할 수 있다. 뿐만 아니라 우리가 그 과정에서 더 큰 힘과 용기를 얻는다. 하나님은 우리가 혈육의 가족을 서로 지원하듯 영적 가족도 서로 지원하게 하신다.

하나님이 우리에게 주신 은사들은 영적 가족 내에서 은혜의 도구로 사용되기 위함이다. 우리는 하나님이 주신 은혜의 청지기이다. 구원의 은혜는 언제나 그리스도로부터, 그리스도를 통해 온다. 그러나 실제적인 은혜는 종종 공동체를 통해 임한다.

우리의 죄악은 예수님이 십자가에서 행하신 일로 인해 정결해진다. 하지만 우리가 사함 받았음을 깨닫기 힘들 때가 있다. 이때가 바로 진정한 관계가 필요한 시점이다. 성경은 우리 죄를 서로에게 고백하라고 말한다. 그 이유가 무엇일까? 다른 사람들이 우리의 허물을 처리해 주어서가 아니라(이것은 예수님이 하시는 일이다.) 이때 우리가 은혜를 실제로 체험할 수 있기 때문이다.

다른 사람들은 우리가 하나님의 사랑을 확신하도록 도울 수 있다. 그들은 우리가 염려를 십자가 앞에 내려놓도록 도울 수 있다. 우리는 다른 사람에게 우리의 죄를 고백한 후 훨씬 '더 자유로움'을 느낀다. 종종 하나님의 은혜는 다른 신자에게서 얻는 지혜라는 형태로 임한다. 하나님은 재정적인 도움을 구하는 우리의 기도에 다른 신자를 통해 응답하실 수 있다. 우리가 실수를 범했을 때에도 우리를 돕는 사람들을 통해 하나님의 무조건적 은총이 흘러든다.

많은 그리스도인이 다른 사람의 필요를 알지 못하고, 자신의 필요 또한 다른 사람에게 알리지 않는다. 그들이 깊은 영적 관계를 맺고 있지 않기 때문이다. 어떤 사람은 다른 사람의 필요를 알고 도우려 하지만, 정작 자기 문제를 누군가가 알게 되면 당황한다. 그래서 하나님의 기도 응답 방식에서 멀어지고 만다.

여러 해에 걸쳐 나는 그리스도를 구주로만이 아니라 주님으로도 받아들이는 것이 무엇인지 경험해 왔다. 구원받은 후에 나는 하나님이 말씀에서 명하는 관계를 맺지 않고서 스스로 나의 중독성과 부패성을 해결하려 애를 썼다. 나는 내 삶에 강력한 요새를 구축한 내적 마귀들을 물리치는 데 실패했다.

그러다 성령님과 하나님의 말씀과 하나님의 사람들이 나의 매일의 전투에 개입했을 때 임하는 승리와 하나님의 계획을 경험했다. 이 같은 승리를 다른 사람들의 삶에서도 많이 목격했다. 그리스도인이 실제 삶의 투쟁에서 승리할지 말지는 진정한 영적 관계를 기꺼이 포용하느냐와 직결되어 있다.

나 자신이 마약에 중독된 아들과의 고투에 직면했다. 마약 중독은 아들의 삶은 물론이고 내 결혼생활과 목회 사역까지 거의 파괴하다시피 했다. 그 중독에서 아들을 건져내기 위해 하나님이 사용하신 관계들은, 나 자신의 마음과 삶의 전투를 감당하는 데 도움을 주었던 관계들이기도 했다.

아내와 아들에 대한 그리고 멀리 계신 듯한 하나님에 대한 실망과 낙심을 솔직히 토로했을 때 그 친구들은 내 말에 귀를 기울이고 나를 지원하며 격려하고는 했다. 하나님은 그들을 사용해 나를 붙드셨고, 마침내 내 아들이 정신을 차렸을 때 나는 다음을 절실히 느꼈다. 하나님은 삶과 경건을 위해 필요한 모든 것을 우리에게 주신다는 것이다(벧후 1:3). 하나님의 계획은 그분의 백성으로 하여금 관계를 맺게 하는 것이다.

끝까지 버티기

얼마 전 우리 교회의 한 리더가 독특한 가정교회를 인도했다. 그는 아내와 함께 이웃을 찾아다니면서 누구든지 오라고 그 모임에 초청했다. 참석자 중에는 신자도 있었지만, 대부분은 불신자였다.

놀랍게도 몇 달 안에 몇몇 사람이 그리스도를 영접하고 세례를 받기로 결심했다. 구성원이 다 모인 자리에서 우리는 기념 예배를 드렸고, 그 리더는 감격했다. 나는 곧바로 그와 마주앉아 말했다. "두 분이 각각 일곱 명의 신생아를 데리고 이제 병원에서 집으로 돌아가는 길이라 생각하시는 게 좋을 겁니다. 마음이 들뜨시겠지만, 이제 힘든 일이 시작되었어요. 삶이 힘들어지고 또 도움이 필요할 겁니다."

예측대로, 그 부부는 혼란스러운 삶에 직면했다. 모임 안에 다툼과 오해가 있었다. 영적으로나 관계적으로나, 전반적으로 미성숙했다. 하지만 그들은 꿋꿋이 버텼다. 두 쌍의 부부가 심각한 문제에 빠지고, 대다수는 제대로 사랑하는 법을 몰랐다. 하지만 그들은 끝까지 버텼다. 힘들어질 때 곁길로 이탈하지 않았다. 관계를 돈독히 하고 서로에게 마음을 열며 솔직해지려고 의도적으로 노력을 기울였다. 물론 리더가 그 과정을 이끌어야 했다. 다른 구성원들은 어떻게 해야 할지 몰랐기 때문이다.

구성원이 그와 아내가 감당할 수 있는 수효(일곱 쌍, 총 열네 명)보다 많아져서 도움이 필요할 때도 있었다. 그들은 다른 사람들에게 도움을 기꺼이 청했다. 그것은 진실한 삶이었다. 두 쌍의 부부들이 만류에도 불구하고 떠났다. 리더 부부는 너무 가슴이 아파서 포기하고 싶은 유혹을 받았다. 그의 아내는 여성 구성원들의 험담에 상처를 입을 수도 있었다. 하지만 부부는 신실함을 유지했다.

1년 후 그 혼란한 상태가 마침내 해소되기 시작했다. 몇몇 구성원이 하나님의 의도에 부합한 관계를 처음으로 경험했다. 리더는 관계를 통해 힘을 얻는 경험을 했다. 하나님이 이들 가족의 삶 속에서 일하고 계셨다.

본장에서 큰 격려를 얻은 독자도 있을 것이다. 현재 어떤 친구와 힘든 관계에 처했다면, 본장에서 끝까지 견디게 하는 새로운 비전을 얻었을 수 있다. 어떤 독자는 격려를 얻지 못할 수도 있다. 그는 힘든 관계에 처해 어느 길로 돌이켜야 할지 고민하고 비틀거리면서, 하루만에 일이 순조롭게 풀리기를 바란다.

사랑과 관계를 위한 힘의 근원이 그리스도이심을 기억할 때 나는 큰 격려를 얻는다. 더 많은 시간을 예수님과 함께 보낼 때 우리는 사랑의 온전한 그림을 보며 격려를 받는다. 우리가 그리스도와 함께 거하지 않는다면, 사랑이란 멋진 개념에 그치고 말 것이다. 왜냐하면 성령님이 말씀 안에서의 참된 사랑을 위한 방향을 제시하실 뿐 아니라, 그 지시를 따라 관계를 향해 달려갈 에너지도 주시기 때문이다.

우리는 그렇게 할 수 있다. 예수님은 사람들을 사랑하며 또한 그들과 관계를 맺도록 우리를 부르신다. 위험을 감수하라. 관계를 위한 비전을 품으라. 주도적으로 자신을 드러내라. 그리고 예수님의 본보기를 따르라.

●

하나님의 가족 안에서 함께
살아있는 본보기들
가족이 하는 일
함께하는 삶

chapter 5

영적 가족의
지원이 필요하다

사람이 가족 안에서 사람 되는 법을 배우듯 영적 존재는 영적 가족 안에서 영적 성숙을 배운다. 성경은 우리가 거듭났다고 말한다. 우리는 하나님의 가족의 일원이 될 때 영적 아버지를 얻듯 영적 형제자매와 (아버지의 지시하에) 우리의 성장을 도와줄 '대체 부모'도 얻는다. 이런 관계를 맺지 못한 사람이 너무나 많다. 부모 없는 아이들이 버릇없고 사회적으로 서툰 사람이 되듯 영적 자녀가 영적 가족의 도움을 받지 못하면 영적으로나 관계적으로 서투르고 파괴적인 사람이 된다.

한 친구에게서 이런 이야기를 들었다. 어느 부부가(편의상 브랜던과 재니스라고 하자.) 그 친구의 교회에서 10여 년 동안 중등부 모임을 섬겼다. 아이들도 그들을 잘 따랐다. 그들은 맡은 학생들을 진심으로 사랑했다. 주일 아침과 수요일 저녁마다 모임을 인도하고 성경 이야기를 가르치며 또한 교회 체육관에서 게임을 했다. 봄과 가을에는 교단에서 개최하는 집회에 아이들을 데리고 갔다. 여름에는 함께 카누 여행을 했다. 겨울에는 눈 덮인 산으로 여행을 갔다. 아이들 모두 브랜던과 재니스를 무척 좋아했다.

그러나 문제가 있었다. 중학생들은 모두 브랜던과 재니스를 좋아했지만, 아이들의 부모들은 그 부부와 줄곧 사이가 좋지 않았다. 부모들만이 아니라 교회의 다른 리더들도 그 부부와 문제가 있었다. 그 부부는 그들의 사역이 가장 중요하며, 다른 사람들이 참견할 필요가 없다고 생각하는 듯했다. 브랜던과 재니스는 교인들과의 관계에 있어 둘 다 기본적으로 성숙하지 않았다. 둘 다 '날카로운' 성격이어서 다른 사람의 신경에 거슬렸고 심지어 마찰을 일으키기도 했다. 종종 의사소통에서 오해가 생겼으며, 그래서 교회 리더들과 부모들이 낙심하며 괴로워했다.

부모들과의 문제에 직면하면, 브랜던과 재니스는 방어적인 태도로 자신의 입장을 철저히 고집했다. 어떤 지적을 받을 경우 종종 그들은 자신이 자원봉사자임을 강조했다. 중학생들을 그들이 인도하지 않으면 누가 그 일을 하려 하겠느냐는 식이었다. 종종 그들은 교회 리더들이나 부모들이 그들의 수고를 비판하기보다 감사해야 한다며 넌지시 말하고는 했다.

새로 교회 직원이 된 내 친구는 그 문제를 철저히 조사하기 시작했다. 브랜던과 재니스는 30대 초반이었고 모두 여덟 살 이하인 다섯

명의 어린 자녀를 두었다. 브랜던은 컴퓨터 엔지니어로서 고단한 나날을 보냈다. 재니스는 전업 주부로서 두 명의 큰 아이들을 집에서 가르쳤다. 그들은 무척 바빴고 자주 기진맥진했다.

문제는 거기서 시작되었다. 브랜던은 칸막이한 작은 공간에서 하루 종일 혼자 일했다. 재니스는 격리된 채 온종일 아이들을 돌보았다. 저녁과 주말에는 서로 대화했지만 중학생들을 위한 행사 계획이 주요 화제였다. 그들이 낼 수 있는 시간은 그것이 전부였다. 그들의 영적 교류는 중학생 아이들과 나누는 것이 전부였고, 그 아이들에게만 집중하느라 성숙한 그리스도인들과 활발히 교류할 시간이 없었다.

핵심은 이것이다. 브랜던과 재니스는 너무 바빠서 무엇이 빠져 있는지 파악조차 하지 못했다. 때로 우리는 너무 바빠 고독을 자각하지 못한다. 그들은 내면 깊은 데서 참된 관계를 갈망했지만 이 갈망을 처리하는 법을 몰랐다. 그들의 행동을 다정하게 지적해 주는 사람을 통한 제자화 훈련을 받지 못했다. 그래서 그들의 삶에는 큰 결함이 생겼다.

그들은 자신의 깊은 두려움과 곤경과 유혹과 난관들을 그들의 보살핌을 받는 학생들과 나누지 않았다(그들과 나눠서도 안 되었다). 그들은 하나님의 가족의 일원일 필요가 있었다. 그들은 학생들의 영적 부모였지만, 그들의 성숙을 도와줄 그들의 영적 부모 또한 필요했다. 그들과 함께 길을 걸어갈, 연령이나 삶의 단계에 있어 그들 또래인 영적 형제자매들이 필요했다. 하나님은 성숙한 영적 관계를 통해 자기 백성에게 은혜를 부으신다. 그것을 갖지 못한 사람은 금세 공허해진다.

내 친구는 브랜던과 재니스가 리더의 위치에서 잠시 물러나 가정교회에 들어가도록 했다. 물론 그렇게 하기는 쉽지 않았다. 브랜던과 재니스는 그런 전환을 거북하게 여겼고 그 일로 인해 거의 교회를 떠나다시피 했다. 하지만 다행히도 그들은 영적 권위에 복종했고, 그 변화가 그들의 유익을 위한 것이라고 믿었다. 그들은 용기 있게 그 변화를 받아들였다.

그들은 곧 무엇을 놓쳤는지 발견했다. 가정교회를 통해 그들은 성장하기 시작했다. 미성숙함과 사회적 결함에도 불구하고 그들은 사랑을 받았으며, 그 사랑 때문에 더 성숙해지는 법을 배웠다. 그들은 다른 사람들과 더불어 삶을 나누기 시작했고, 다른 사람의 말을 경청하며 의사소통하는 일에 진전을 보였다.

그들은 다른 사람들을 통해 그들에게 제공되는 하나님의 은혜를 경험했으며, 하나님의 은혜를 다른 사람들에게 공급할 수 있었다. 가정교회에서 이루어지는 사랑의 교제를 통해, 그들의 모난 부분이 점차 깎였다. 이 부부는 다른 사람들의 사랑을 받은 덕분에 진실한 성경적인 관계의 중요성을 배웠다.

3년 후 그들은 중학생들을 지도하는 역할로 돌아갔다. 그러나 이번에는 달랐다. 그들은 리더 역할을 다른 부부와 나눔으로써 분주함을 덜었다. 그들은 또한 조용한 시간을 통해, 영적으로 성숙한 다른 신자들과의 관계를 통해, 개인적으로 그리스도 안에 거해야 함을 알았다. 그들은 청소년 모임에 할애하는 시간을 줄여 가정교회에도 충실했다.

날선 도끼가 제구실을 더 잘하듯 이 변화는 그들이 청소년 사역을 더욱 효과적으로 수행하게 했다. 그들은 진실한 관계를 삶으로 실행할 수 있는 가정교회에서 사랑하는 법을 배웠다. 아직 완벽하게 성장하지는 않았지만, 그들은 참된 영적 성숙의 길을 걷고 있었다.

하나님의 가족 안에서 함께

교회는 특정한 장소에서 조직화된 예배 시간을 갖는다. 하지만 교회가 거기에서 그쳐서는 안 된다. 하나님의 교회는 관계를 맺고 함께 살아가는 사람들의 모임이어야 한다. 관계는 다만 목적을 위한 수단이 아니다. 관계를 통해 복음을 삶에 적용하기에 관계는 본질적으로 중요하다.

우리는 다른 사람들과 더불어 사랑을 주고받도록 창조되었다. 관계가 중요한 이유는, 우리가 관계 속에서 관계를 배우고, 관계를 통해 배운 내용을 삶에 적용하는 힘을 얻기 때문이다.

영적으로 성숙한 사람은 하나님을 사랑하며 다른 사람들도 사랑한다. 성숙한 사람은 다른 사람들을 알고 또 다른 사람들이 자신을 알게 한다. 하나님이 교회를 하나님의 가족이라 부르시는 이유가 여기에 있다.

초대 교회는 대그룹의 경우 성전 뜰에서 함께 만났지만, 깊고 지속적인 관계인 '코이노니아'를 위해 가정에서도 모였다. 그들은 영적 가족이 되었다. 사도행전 2장 42절 이하에 표현된 건강한 가족의 특징을 살펴보라. 그들은 함께 먹고, 소유를 나누며, 심지어 서로를 돌보기 위해 필요할 경우 자신의 소유를 팔기까지 했다. 그들은 하나님의 말씀과 사도들의 가르침에 집중했다.

가정교회는 신자들의 성경 지식을 늘리기 위한 교회 장치인 것만은 아니다. 가정교회는 사람들이 영적 가족의 일원으로서 관계적으로 제자화 훈련을 받을 수 있는 곳이다.

성경 전반에 걸쳐 발견되는 '가족'과 관련된 표현을 살펴보자.

1. 우리는 하나님의 자녀이다.

"보라 아버지께서 어떠한 사랑을 우리에게 베푸사 하나님의 자녀라 일컬음을 받게 하셨는가, 우리가 그러하도다 그러므로 세상이 우리를 알지 못함은 그를 알지 못함이라 사랑하는 자들아 우리가 지금은 하나님의 자녀라 장래에 어떻게 될지는 아직 나타나지 아니하였으나 그가 나타나시면 우리가 그와 같을 줄을 아는 것은 그의 참모습 그대로 볼 것이기 때문이니"(요일 3:1-2).

2. 우리는 신자들의 가족이다.

"그러므로 우리는 기회 있는 대로 모든 이에게 착한 일을 하되 더욱 믿음의 가정들에게 할지니라"(갈 6:10).

3. 우리는 하나님의 권속의 구성원들이다.

"그러므로 이제부터 너희는 외인도 아니요 나그네도 아니요 오직 성도들과 동일한 시민이요 하나님의 권속이라 너희는 사도들과 선지자들의 터 위에 세우심을 입은 자라 그리스도 예수께서 친히 모퉁잇돌이 되셨느니라 그의 안에서 건물마다 서로 연결하여 주 안에서 성전이 되어 가고 너희도 성령 안에서 하나님이 거하실 처소가 되기 위하여 그리스도 예수 안에서 함께 지어져 가느니라"(엡 2:19-22).

4. 우리는 모두 한 몸의 지체이다.

"만일 한 지체가 고통을 받으면 모든 지체가 함께 고통을 받고 한 지체가 영광을 얻으면 모든 지체가 함께 즐거워하느니라"(고전 12:26).

5. 우리는 살아 있는 영적 가족의 일원이다.

"만일 내가 지체하면 너로 하여금 하나님의 집에서 어떻게 행하여야 할지를 알게 하려 함이니 이 집은 살아 계신 하나님의 교회요 진리의 기둥과 터니라"(딤전 3:15).

신약성경 기자들의 표현은 우리가 영적 가족의 일원임을 계시한다. 로마서 1장 13절은 "형제들아 내가 여러 번 너희에게 가고자 한 것을 너희가 모르기를 원하지 아니하노니"라고 말한다. 이 구절들은 일부일 뿐이다. '가족'의 이미지는 성경 전반에 걸쳐 발견되는데 특히 신약성경에서 많이 발견된다. 가족은 함께 살고, 함께 기도하고, 함께 성장하며, 서로를 지원한다. 나는 에베소서 4장 14-16절을 좋아한다. 거기서 바울은 하나님의 가족의 모든 구성원이 얼마나 중요한지 묘사한다. 고린도전서 12장 12-26절에서는 모두가 할 일이 있다고 말한다. 또한 고린도후서 6장 18절에서 하나님은, 자신을 우리의 아버지라 지칭하시며 우리를 자신의 아들딸로 묘사하신다.

앞에서 언급했듯 마귀는 말씀의 의미를 왜곡시킨다. '가족'이라는 말도 마귀가 왜곡시켜 왔다. 우리를 성장시킬 완벽한 가족은 없다. 우리 모두는 가족에게 부정적인 영향을 미치기도 한다. 어떤 아버지는 처자식을 학대하거나 유기한다. 어떤 아내는 가정을 떠나거나 감정적인 폭력을 가한다. 어떤 형제자매는 서로에게 잔인하다. 어떤 자녀는 부모에게 불순종한다.

그러나 하나님은 구속 사역을 전개하고 계신다. 가족에 대한 우리의 경험이 어떠하건, 우리는 성경에 묘사된 하나님의 이상적인 가족을 추구해야 한다. 우리의 경험과 개념 정의는 성경에 근거해야 한다. 우리 세대에 하나님이 새 일을 시작하시게 하자. '가족'의 진정한 의미를 예수님으로부터 배우자. 혈통상의 가족은, 하나님의 도움으로 만들어지는 가족만큼 중요하지 않다.

우리의 하늘 아버지와 놀라운 그분의 가족에 대한 진리를 성경에서 찾아보자. 예컨대 요한일서 3장 1-2절은 하나님의 가족이 큰 사랑에 기초해 세워졌다고 말한다. 미움에 기초한 것이 아니다. 절망에 기초한 것도 아니다. 불안이나 스트레스나 근심이나 두려움이나 학대에 기초한 것도 아니다. 사랑에 기초한 것이다. 요한일서 3장 1-2절을 다시 읽어 보라.

"보라 아버지께서 어떠한 사랑을 우리에게 베푸사 하나님의 자녀라 일컬음을 받게 하셨는가, 우리가 그러하도다 그러므로 세상이 우리를 알지 못함은 그를 알지 못함이라 사랑하는 자들아 우리가 지금은 하나님의 자녀라 장래에 어떻게 될지는 아직 나타나지 아니하였으나 그가 나타나시면 우리가 그와 같을 줄을 아는 것은 그의 참모습 그대로 볼 것이기 때문이니."

왜 우리는 어릴 적 가정이나 교회에서 이 같은 경험을 하지 못했을까 의아할지 모른다. 우리 중 대부분은 경험하지 못했다. 이것이 본서의 요지이다. 교회가 세상에서 다른 모습을 보이려고 애쓰는 것도 바로 이 때문이다.

세상에서 사람들은 하나님이 애당초 계획하신 것을 필요로 한다. 심지어 교회 내에서도 많은 사람들이 교회가 다를 수 있다고 하는 소망을 잃었다. 많은 그리스도인이 현 상태에 안주하거나 하나님의 계획과는 거리가 먼 형태의 영성을 찾아 교회를 떠난다. 어떤 식이든 많은 신자들이 하나님이 염두에 두신 것을 경험하지 못하고 있으며, 이것은 하나님의 마음을 아프게 한다.

요점은 이것이다. 비록 대적이 말의 정의를 바꿔 우리를 기만하지만, 우리의 할 일은 하나님이 우리에게 주신 '가족'이란 말에 대한 진리를 회복시키는 영적 가족이 되는 것이다. 우리가 가정교회에서 가족 관계를 삶으로 실천함으로써, 새 제자들이 보고 그들 역시 하나님의 방식으로 가족의 삶을 살아가게 하는 것이 우리의 할 일이다. 우리가 영적 가족인 교회에서 하나님의 방식대로 행하기 시작할 때 혈육의 가족도 자연스레 회복될 수 있다.

디모데전서 5장에서, 성령님은 바울을 통해 하나님의 가족의 특권과 책임을 알려 주신다. 이제 연로한 목회자인 바울은 젊은 목회자인 디모데에게 회중에게 참된 관계를 가르치라고 독려한다. 바람직한 가족의 역할에 대해 바울이 디모데에게 지시했던 몇 가지 사항은 다음과 같다.

- 늙은이를 꾸짖지 말고 권하되 아버지에게 하듯 하라.
- 젊은이를 형제 대하듯 하라.
- 늙은 여자를 어머니처럼 대하라.
- 젊은 여자를 온전히 깨끗함으로 자매처럼 대하라.
- 과부를 돌보며, 과부의 가족더러 과부를 돌보도록 가르치라.

이것은 가족을 나타내는 말이다. 목표는 사랑이다. 부모와 자녀의 관계를 생각해 보라. 아버지는 안내하고 격려하며 지시한다. 어머니는 양육하고 훈련하며 지원한다. 이것은 오래된 신자들이 할 수 있는 일이다. 형제자매 간의 관계를 생각해 보라. 형제자매들은 서로를 붙들어준다. 그들은 서로 격려하고, 서로를 지켜 주며, 서로 농담을 나눈다. 우리가 탈선할 때 경건한 형제자매들은 우리가 듣기 원하는 말보다 들어야 할 말을 해 줄 수 있다. 그들의 올곧음을 나타내고 싶어서가 아니라 우리를 사랑하기 때문이다.

살아있는 본보기들

영적 가족으로서, 우리는 예수님을 본보기로 삼는다. 우리에게는 예수님의 정체성과 임무에 대한 진리를 드러내는, 그리고 우리에게 지침을 내리는 하나님의 말씀이 있다. 경건한 형제자매들은 우리가 주시하며 따를 만한 산 본보기들이다. 믿음에 있어 우리보다 앞선, 영적으로 성숙한 사람들은 다른 사람을 아는 일과 다른 사람에게 알려지는 일에 있어 본보기가 된다.

바울은 몇몇 성경 구절에서 그 예를 제시한다. 물론 바울은 궁극적으로 모든 것을 예수님께 집중시킨다. 그러나 바울은 적어도 두 번에 걸쳐 자신에게로 주의를 모으며, 자신이 그리스도를 따르는 것을 본보기 삼으라고 당부한다.

빌립보서 4장 9절에서 바울은 "너희는 내게 배우고 받고 듣고 본 바를 행하라 그리하면 평강의 하나님이 너희와 함께 계시리라"라고 말한다. 여기서 바울은 자신을 직접 가리킨다. 그는 "내 삶을 보라. 내가 하는 일들을 보라. 내게서 배우라. 내가 하는 방식대로 하라. 왜냐하면 내 삶은 그리스도인의 본보기이기 때문이다."라고 말하는 것이다.

빌립보서 3장 17절에서 바울은 "형제들아 너희는 함께 나를 본받으라 그리고 너희가 우리를 본받은 것처럼 그와 같이 행하는 자들을 눈여겨 보라"라고 말한다. 이것이 실제적인 영적 가족이다.

히브리서 13장 7절은 "하나님의 말씀을 너희에게 일러 주고 너희를 인도하던 자들을 생각하며 그들의 행실의 결말을 주의하여 보고 그들의 믿음을 본받으라"라고 말한다. 이 말씀은 좋은 영적 멘토에 대한 내용이다. 궁극적으로 우리는 그리스도를 바라보아야 하며, 또한 영적 리더들을 바라본다. 후자는 구원을 위해서가 아니라, 기독교 신앙을 신실하게 살아내는 법에 대한 본보기를 따르기 위해서다.

함께하는 시간이 그토록 중요한 것도 바로 이 때문이다. 만일 자신의 신앙을 삶에 실제로 적용하는 사람들의 모습을 보지 못하면, 우리는 모델링이라고 하는 최선의 학습 형태를 놓치고 만다.

오래도록 나는 혈통상의 부모로부터는 물론이고 영적인 아버지로부터도 멀리 달아났던 탕자였다. 목회를 하던 아버지를 몹시 난처하게 했다. 아버지의 명성을 더럽히고도 전혀 개의치 않았다. 그러나 아버지는 나를 향한 사랑을 결코 멈추지 않으셨다.

아버지와 어머니는 내게 가능성을 열어 두는 일과 진리를 옹호하는 일 사이에서 긴장된 나날을 보내셨다. 두 분은 결코 내 죄를 인정하거나 지지하지 않았지만, 집으로 돌아가는 길이 늘 열려 있음을 결코 잊지 않게 하셨다. 마침내 내 길이 공허함과 파멸에 도달했을 때에도 부모님은 여전히 같은 자리에서 내가 돌아오기를 반기셨고 예수님과 동행하도록 도와주셨다.

나의 아들이 나의 패턴을 따라 스스로와 우리 부부에게 상처를 입혔을 때 내게는 바라볼 본보기가 있었고, 그래서 어떻게 해야 할지 알았다. 아버지는 나의 본보기였을 뿐 아니라 그 본보기를 따르는 삶을 지원해 주셨다. 내가 아버지의 이름을 더럽혔을 때 그가 어떤 마음이었는지 말씀해 주셨고, 하나님은 신실하시며 내게는 소망이 있음을 상기시키셨다.

아버지는 격려를 통해 그리고 내 삶의 이른 시기에 보여 주신 본보기를 통해, 나로 하여금 아들에 대해 단호하지만 은혜로운 태도를 유지하도록 도와주셨다. 내가 할 수 없을 때에는 아버지가 내 아들에게 다가가셨다. 그는 내 어릴 적의 영적 아버지셨고 나의 자녀양육 과정에서도 영적 조력자가 되셨다.

나의 부모님만이 우리 부부에게 유일한 본보기였던 것은 아니다. 여러 해에 걸쳐 하나님은 우리에게 많은 영적 가족들을 주셨다.

몇 년 전, 아내와 나는 대학시절에 졌던 채무 때문에 중압감에 눌려 있었다. 나는 그리스도께 나아가며 신용카드를 잘랐는데, 그 결과 감당하기 힘든 엄청난 빚이 생겼다. 아내도 나도 돈을 잘 관리하는 법을 훈련받지 못했다. (나의 아버지는 목사셨고 특별히 관리할 만큼의 돈을 지니신 적이 없었다.) 우리는 부업을 가졌는데, 이로 인해 결혼생활이 힘들었다. 우리는 이미 열심히 목회하고 있었고 또 어린 자녀들도 보살펴야 했기 때문이다.

어느 날 한 연로하신 교인이 내게 요즘 스트레스가 심해 보이는데 이유가 무엇이냐고 물었다. 나는 재정적으로 힘들다는 사실을 털어놓았다. 그분 부부는 우리 부부와 함께 이야기를 좀 나눌 수 있는지 물었다. 그날 밤 그들은 여러 시간 우리의 가계 상황을 살피고 초과 지출을 지적하며 재정 관리를 달리하는 법에 대해 이야기해 주었다.

두 분은 영적 부모와 같았다. 우리에게 거만한 강의를 하거나 우리의 자존심을 건드리지도 않았다. 단지 그들은 혼란에서 벗어나는 길이 있음을 믿도록 우리를 격려하는 지혜로운 말을 해 주었다. 우리가 경비를 줄이도록 그들의 임대용 주택에서 살 것을 제안했고, 재정적으로 어떻게 하는지 이야기를 나누도록 매달 한 번씩 만날 것을 제안했다.

그리스도의 몸이 바로 이런 역할을 할 수 있다. 이 지혜로운 노인 부부는 귀한 조언 이상의 일을 기꺼이 자원했다. 그들의 시간과 자원을 들여서 도움을 베푸는 영적 가족이 되어 주었다.

가족이 하는 일

사람들은 교회에서 일어나는 일에 큰 기대를 갖는 경향이 있다. 우리는 교회가 완벽하기를 바란다. 우리는 영감을 주는 예배를 원한다. 예배를 통해 감동받기를 원한다. 우리와 우리 아이들을 주님께 더 잘 연결시켜 주는 프로그램과 사역들을 원한다. 우리는 임직원들과 리더들에게 인정받고 알려지기를(또는 적어도 우리 이름이 알려지기를) 원한다.

우리는 모든 이들과 잘 지내기를, 그리고 사람들이 줄곧 우리를 잘 대해 주기를 원한다.

우리는 교회들이 효과적이고 전문적으로 운영되며 우리를 실망시키지 않는 사람들로 가득하기를 원한다. 하지만 우리를 실망시키는 사람들이 있기 마련이며, 상황이 완벽하지 않을 때 우리는 환멸을 느끼기 쉽다. 이 경우 우리는 다른 교회로 가서 완벽함을 찾아보려 한다. 여러 교회에서 실망하고 나면, 단지 자신과 예수님만 있으면 된다고 하는 신앙 형태에 빠지게 된다.

교회란 고품질의 고객 서비스를 제공하는 사업이 아닌 좋든 나쁘든 한 가족임을 깨닫는 것이 그 전환점이다. 우리는 교회에 '가지' 않는다. 우리가 '교회이다.' 가족은 완벽하지 않다. 완벽과는 거리가 멀다. 가족은 하나님의 사랑과 은혜와 용서로 구속함 받은 불완전한 사람들로 가득하다. 종종 나는 성령님의 영감으로 쓰인 신약성경 서신들이 곁길로 빠진 교회들에게 보내진 것임을 상기시킨다. 하나님은 그들 모두를 당신의 가족 구성원들로 부르셨다.

하나님을 영화롭게 하는 영적 가족의 세 가지 특징이 있다. 교회에서 무언가가 완벽하지 않을 때 이들 세 가지를 기억하라.

1. 가족은 어떤 상황에서도 서로 사랑한다.

어릴 적 식탁에 우유를 엎지른 적 있는가? 그때 부모님이 우리를 더 이상 사랑하지 않으셨는가? 물론 그렇지 않다. 치우기 귀찮아 꾸짖으실 수는 있다. 우리가 일주일에 서른 번 우유를 엎질렀다면 분명 그랬을 것이다. 하지만 사랑이 중단되지는 않았다. 좋은 가족에서는 어쨌든 사랑이 중단되지 않는다.

가정에서 학대를 경험한 사람도 있다. 그런 가정에서는 부모의 사랑을 확신하지 못한다. 그러나 그리스도께 집중된 가정에서는 사랑이 결코 사라지지 않는다. 마찬가지로 우리를 향한 하나님의 사랑은 결코 변하지 않는다. 만일 우리가 예수님의 제자라면, 하나님은 우리의 아버지이시며, 우리가 무엇을 하든 그분은 언제나 우리를 사랑하신다.

말라기 3장 6절에서 하나님은 "나 여호와는 변하지 아니하나니"라고 확고하게 말씀하신다. 예레미야 31장 3절은 하나님이 "영원한 사랑"으로 우리를 사랑하신다고 전한다. 하나님은 그리스도 안에서 형제자매들을 이 같은 사랑으로 사랑하도록 우리를 부르신다.

앞에서 언급했듯 사랑은 의지의 행위이다. 우리의 사랑이 얼마나 깊은지는, 사람들이 사랑으로 화답하는 부드러운 관계 속에서보다는 사람들이 우리를 실망시킬 때 드러난다. 우리는 그럴 때에도 사랑하도록 부르심 받았다. 경건한 가족은 그래야 한다. 우리에게 친절하며 자애로운 사람들을 사랑하기는 쉽다. 이교도들도 그렇게 한다. 반면에 친절하지 않거나 배려심이 없거나 자애롭지 않은 사람을 사랑하는 건 매우 힘든 일이다. 하지만 우리는 교회 안에서 그리하도록 부르심 받았다. 어떤 상황에서든 사람들을 사랑해야 한다.

만일 당신을 결코 실망시키지 않는 완벽한 사람들에게만 당신을 알리려고 한다면, 오래 기다려야 할 것이다. 당신을 결코 알릴 수 없을 것이다. 앞에서 언급했듯 우리는 깊이 관계를 맺도록 설계되었다. 우리는 다른 사람들에게 알려져야 하며, 이 점에서 미흡하면 육체적 영적 문제에 빠지기 쉽다.

다른 사람에게 솔직해질 때의 위험을 무릅쓰고 그들을 사랑하며 그들과 관계를 맺는 것, 바로 이것을 가족 안에서 행하도록 우리는 부르심 받았다. 그러나 사람들을 가까이하며 진실하게 대할 때 그들은 우리에게 실망과 상처를 준다. 이것이 신자들에게 용서가 반드시 필요한 이유이다. 관계는 곤경마저 감수하게 하는 헌신을 요한다.

교회에서 우리는 허울을 벗고 정직해야 한다. 가족 구성원 모두가 정직해야 하지만, 주도적인 역할을 하는 리더들은 특히 그래야 한다. 또한 우리는 가족이란 어떤 상황에서도 서로 사랑해야 함을, 우리가 상처를 입어도 용서해야 함을, 그리고 고통스러워하며 사람들을 멀리하기보다는 자애롭게 문제를 해결해야 함을 거듭 강조해야 한다.

오래도록 분을 품어 마귀에게 틈을 주는 일이 없어야 한다. 마귀는 관계를 훼방하며, 가족을 분열시킬 모든 기회를 다 활용한다. 히브리서 기자는 많은 사람들을 더럽힐 쓴 뿌리를 자라게 하지 말라고 당부한다. 그것이 관계를 파괴하고 예수님의 능력을 증언할 강력한 삶을 무너뜨리기 때문이다.

우리는 어떤 사람과 의견이 일치하지 않을 수 있으며, 어떤 사람이 우리에게 실망할 수도 있다. 그러나 우리는 여전히 하나님의 가족이다. 하나님은 여전히 우리의 아버지이시다. 우리는 여전히 형제자매이다. 진정한 사랑은 불완전함을 기꺼이 간과하고 용서하며 서로를 일단 믿어줄 것을 요구한다. "[사랑은] 모든 것을 참으며 모든 것을 믿으며 모든 것을 바라며 모든 것을 견디느니라"(고전 13:7).

2. 가족은 문제가 생기지 않도록 돕는다.

사람들이 사무실로 찾아와 삶에서 무언가(예컨대, 결혼생활) 잘못되었다고 말할 때 내가 첫 번째로 하는 질문이 있다. 어떻게 해서 이 상태에 이르렀는가 하는 것이다. 대개 그들은 문제가 바로 해결되기를 바란다. 그러려면 다른 사람이 변하는 게 최선이라고 생각한다. 하지만 더 큰 문제가 있다. 만일 그들이 이 더 큰 문제를 이해하고 해결하고자 노력한다면, 장래의 문제들을 미리 막는 데 도움이 될 것이다.

진실한 관계는 문제를 '예방'한다. 문제가 위기 상황까지 가지 않도록 막으려면 다른 사람과의 진실한 관계가 필요하다. 진실한 관계는 문제들이 아직 작을 때 그것들을 지속적으로 함께 나눈다는 뜻이다. 다른 사람들이 우리를 위해 기도하고, 우리는 그들을 위해 기도한다. 서로 지원하며 격려한다.

우수한 소그룹의 일원이 되는 것은 차량 예방점검을 하는 것과 같다. 우리는 차를 사면 그 수명이 다할 때까지 운행한다. 그런데 정기적으로 차량 정비를 받으면 훨씬 더 오래 탈 수 있다. 정비 기사들은 오일을 갈고, 타이어를 교체하고, 라디에이터의 냉각수를 교체하며, 여러 서비스를 제공한다. 우리는 차를 정비소에 한 번만 맡기지 않는다. 주행거리 5천 킬로미터나 1만 킬로미터마다 정기적으로 맡긴다. 차량 예방점검은 늘 필요하다. 영적 삶을 위해서도 마찬가지이다.

가정교회에 지속적으로 참여할 때, 영적 여정에서 사람들의 지속적인 격려를 받을 때, 작은 문제가 큰 문제로 악화될 가능성은 훨씬 더 줄어든다. 우리가 문제라고 생각하는 것을 나눌 뿐 아니라, 우리가 미처 보지 못하는 문제들을 그들이 알아낸다. 그들은 우리의 실제 모습을 보기 때문이다. 그들은 우리가 정도에서 벗어나기 전에 경로를 수정하도록 사랑으로 돕는다.

우리는 다른 사람들의 격려나 지적을 기꺼이 받아들여야 한다. 다른 사람들이 우리의 그릇된 부분을 지적할 때 우리가 방어적인 태도를 보이면, 그들은 우리를 그대로 내버려두거나 우리 곁을 떠날 것이다. 우리는 우리의 허물을 간과하고 어떤 상황에서도 우리를 사랑해 줄 사람들이 필요하다. 그러나 우리의 허물이 자신과 다른 사람에게 해를 가할 경우 진실을 말하는 것도 사랑이다.

몇 년 전 내가 속했던 가정교회에서 한 남성이 포르노 문제로 씨름하고 있다고 말했다. (그날 밤에 우리는 남녀 따로 모였기 때문에 더 깊은 이야기를 나눌 수 있었다.) 그 사람의 이야기를 듣고 몇몇 사람이 곧바로 "좋아요, 우리가 어떻게 도와드릴까요?"라고 말했다. 아무도 정죄하지 않았다. 정죄는 가족이 하는 일이 아니다. 오직 격려와 기도만 있다.

가정교회에 처음 참석했던 그 사람은 "도와주신다는 것이…… 무슨 뜻인가요?"라고 말했다. 우리 중 한 사람이 대답했다. "이를테면 이용하시는 컴퓨터에 필터를 깔 수도 있고, 이 문제 해결을 위한 구체적인 도움을 우리가 모색할 수 있을 겁니다." 그는 화제를 피하려는 듯 말했다. "아니요. 제가 다시는 포르노를 안 보면 될 거라고 생각해요." 그리고 자신은 컴퓨터 작업이 늘 필요하며 어떤 필터는 직업상 필요한 사이트마저 차단할 수 있다고 했다. "저는 단지 제 곤경을 여러분과 솔직히 나누고 싶었을 뿐이에요." 그는 기분이 상해 그 주제에 대한 대화를 의도적으로 피하려 했던 것이 분명하다. 후에 나는 그와 둘이서 대화했는데, 내 짐작대로 그는 그 일로 몹시 화가 나서 모임에 참석하지 않았다. 곧바로 무슨 조치를 취하려는 사람들 때문에 판단 받는 느낌이 들었다고 말했다.

나는 그 주제에 대해 가장 많은 말을 한 사람이 이전에 같은 문제로 씨름했던 사람이라고 말했다. 그는 포르노가 하나님과의 관계와 아내와의 관계를 파괴한다는 것을 알았다. 그는 소중히 여기는 것들을 거의 전부 잃어버렸다. 그래서 새로 참석한 사람에게 그런 일이 일어나지 않기를 원했다. 그는 여러 해 바랐던 자유를 최근에야 비로소 얻었다. 그가 제안했던 것은 이전에 그가 자신의 문제를 우리에게 털어놓았을 때 우리가 제안하고 격려했던 것들이다. 그리고 그것은 효력이 있었다. 그는 새로 온 사람을 판단한 것이 아니었다.

이 모든 설명을 마친 후 내가 물었다. "진실한 관계가 단지 듣기만 하고 아무런 도움도 주지 않는 거라고 생각하세요?" 나는 진실한 책임감을 이해하는지 물었다. 우리 모임에서는 건전한 길을 걷도록 서로 돕는다고 말했다. 자신의 허물에 대해 솔직한 것만으로는 충분하지 않다. 우리는 하나님이 원하시는 방향으로 기꺼이 나아가려고 노력해야 한다. 궁극적으로 성령님이 전환할 힘을 주시겠지만, 우리는 파도가 일어나는 방향으로 서핑보드를 밟아야 한다.

종종 우리는 자신의 삶에 다른 사람들이 개입하기를 원치 않는다. 단지 그들이 경청해 주기만을 원한다. 때로는 사람들이 그렇게 할 것이다. 하지만 우리는 기꺼이 행동을 취해야 한다. 히브리서 3장 12-13절은 다음과 같이 강력히 당부한다.

"형제들아 너희는 삼가 혹 너희 중에 누가 믿지 아니하는 악한 마음을 품고 살아 계신 하나님에게서 떨어질까 조심할 것이요 오직 오늘이라 일컫는 동안에 매일 피차 권면하여 너희 중에 누구든지 죄의 유혹으로 완고하게 되지 않도록 하라."

여기서 사용된 표현에 주목하라. 히브리서 기자는 "형제들아"라고 불렀다. 가족이 문제 예방을 돕는다고 그는 이해했다. 가족으로서 그렇게 하는 한 가지 방법은 "매일 피차 권면"하는 것이다. "권면하여"에 해당하는 헬라어(parakaleō)는 성령님의 역할을 묘사하는 단어와 같다. 이 단어는 어떤 사람을 응원하는 것 이상을 뜻한다. 이 단어는 참되고 강력한 조력자, 위로하고 권면하며 설득하시는 분을 시사한다. 가족은 보다 넓은 의미에서 서로를 "격려"함으로써 서로를 돕는다. 참된 격려는 나중에 일어날 수 있는 많은 문제를 예방하도록 돕는다.

3. 가족은 회복시켜 준다.

가족 구성원 중 하나가 곁길로 갈 때 가족은 단지 "또 봅시다!"라고 말하며 등을 돌리지 않는다. 결별할 때가 올 수도 있지만 그것은 마지막 수단이며, 그럴 때에도 가족은 떠난 사람이 다시 정신을 차리고 주님과 영적 가족에게로 돌아오기를 바란다. 그 사람이 우리 가족이라면, 나머지 구성원들은 그를 예수께로 그리고 생명과 강건한 모습으로 회복시키는 일을 도울 수 있기를 바라면서 기다린다.

계획대로 일이 풀리지 않을 때 우리는 용기를 내어 관계를 돈독히 해야 한다. 마귀는 우리를 서로 분리시키려고 부단히 애쓴다. 여럿이 모이면 힘이 있기 때문이다. 우리는 서로를 이해하고 용서하며 은혜를 확산하고 서로를 예수께로 회복시키기 위해 싸워야 한다. 앞에서 언급된 50년 동안 결혼생활을 한 노부부처럼 우리는 교회에서 그런 식으로 사랑하도록 부르심을 받았다. 우리는 하나님의 가족이다.

함께하는 삶

하나님의 가족 안에서 다른 사람들을 향한 우리의 사랑은 감정보다 결심에 근거해야 한다. 부모가 자신의 기분이 어떠하든 병든 자녀를 돌보듯이, 영적 가족도 구성원들을 돌본다. 목사만이 아니라 모든 이들이, 함께 나누는 영적 문화의 일부가 되는 법을 배워야 한다.

우리 가정교회의 한 자매가 최근 남편과 사별했을 때 다른 자매들이 그 자매의 친구가 되어 주었다. 그들은 일주일에 여러 차례 함께 이야기를 나눴고, 함께 교회에 가는 것 이상으로 가까이 지냈다. 한 자매가 그 미망인의 어린 두 아이들을 돌보아 준 덕분에 미망인은 생계를 꾸릴 방법을 찾으러 학교에 다닐 수 있었다.

작년에 또 다른 자매의 남편이 처자식을 버리고 떠났을 때 그녀의 영적 가족도 놀라운 도움을 주었다. 우리 모임의 남자들은 그녀를 위해 땔감을 마련했고, 여자들은 그녀에게 매일 아침 문자를 보냈다. 그녀는 이러한 지원과 사랑을 받아본 적은 이제껏 없었다고 말했다. 모두가 영적 형제자매로서의 역할을 이해했고, 이 문화는 위기에 처한 사람에게 큰 힘이 되었다.

남편이 떠난 자매가 한 부부를 우리 가정교회에 초청했다. 그 부부는 이 자매가 지닌 힘이 어디에서 나온 것인지 알기 원했다. 그 자매는 가장 힘든 처지에 놓였지만 다른 사람에게 빛이 되고 있었다. 이는 그들이 이해할 수 없는 힘을 그녀가 지녔기 때문이다. 그들은 그녀의 가장 귀한 벗인 예수님에 대해 들었고, 또한 그녀의 영적 가족에 대해 들었다. 그들은 자신의 삶에 그 무엇이 빠졌음을 깨달았다.

이 같은 순간에 나는 목사로서 보람을 느낀다. 영적으로 성장하며 구원받은 목적에 맞는 삶을 추구하는 아름다운 모습이다. 가족으로서 함께하는 삶이란 이런 것이다. 우리는 힘들 때 서로를 바라본다. 서로를 기피하지 않는다. 삶을 함께하고 줄곧 서로를 돕는다.

그리스도인들은 완벽하지 않다. 우리는 주님의 은혜로 구원받았고, 새 마음과 새 생각을 받았으며, 예수님의 길을 따라가도록 독려 받는다. 성숙해지며 그리스도를 닮는다는 것은 불완전한 사람들과 함께 걷는 것을 뜻한다.

하나님의 가족이 된다는 것은 바로 이런 뜻이다.

●

내 방식이 아니면 떠난다?
그리스도를 경외함으로 인도함
지혜로운 조언에 복종함
겸손해지는 용기
계속적인 헌신
오직 한 가지 나아갈 길

chapter 6

교만 :
진실한 관계의 걸림돌

진실한 관계의 필요성을 논의할 때마다 어떤 사람은 내가 서로에게 귀 기울이기만 하고 적극적인 반응이나 교정의 노력을 보이지 않는 교회 환경을 두둔한다고 생각한다. 그런 환경은 잘 들어 주기만 할 뿐 성경 속으로 깊이 들어가지 않고 그릇된 생각이나 행동을 지적하지도 않는, 일종의 그룹 상담에 그친다는 것이다. 하지만 앞 장에서 간략히 설명했듯 내 말은 그런 뜻이 아니다.

우리는 잘 들을 필요가 있지만, 언급하기 힘든 진실마저 말할 수 있는 관계를 의도적으로 세울 필요도 있다. 전문가 리더가 주도하는 일방적인 모임을 나는 옹호하지 않는다. 안내하며 돕는 역할을 하는 리더 그리고 구성원이 서로에게 배울 수 있음을 아는 겸손한 리더가 이끄는 모임이 좋은 모임이다. 에베소서 5장 21절에서 말하듯이 우리는 그리스도를 경외함으로 피차 복종할 필요가 있다.

'복종'은 오늘날 미국 문화에서 살아가는 많은 사람에게는 거북한 말이다. 하지만 나는 우리가 이 개념을 불쾌하게 여겨서는 안 된다고 강조하고 싶다. 미국에서는 어릴 때부터 민주주의 개념으로 무장된다. 물론 정부와 관련된 일이나 독재 세력을 타도할 때에는 민주주의란 좋은 것이다. 그러나 우리의 영적 삶에 있어서는 민주주의가 그리 좋은 것은 아니다.

민주주의 개념은 무엇이든 말할 권리가 우리에게 있고 다수가 지배한다는 사상에 근거한다. 만일 다수가 그릇되었다고 생각한다면, 독립적으로 새로운 무언가를 시작할 수 있다. 여기에 긴장이 있다. 신자로서 우리는 다른 모든 권위 위에 있는 예수님을 따르도록 부르심 받았다. 만일 세상이 우리더러 하나님께 불순종할 것을 명한다 해도 우리는 예수님을 선택해야 한다.

하지만 그리스도인들마저 통치자에게서 권한을 뺏으려 하는 교만과 반역을 규범으로 삼는 경우가 너무 많다. 심지어 비교적 덜 중요한 문제에 있어서도 그렇다. 나는 노스 아이다호에 산다. 여기서는 "나의 주인은 한 유대인 목수이십니다."라는 문구를 적은 범퍼 스티커를 붙이고서 고속도로를 달리는 픽업트럭을 자주 볼 수 있다. 그런데 그 문구 바로 옆에 "내가 죽기 전에는 내 손에서 총을 놓지 않을 것이다."라고 적힌 또 다른 스티커가 붙어 있다. 이것은 '내가 나의 책임자'라는 사고방식을 반영한다.

1773년 영국의 차조례에 반발해 보스턴 항에서 존 애덤스의 주도로 차 상자들을 바다로 던졌을 때 이 같은 문화가 작용했을 것이다. 그러나 현대 사회의 여러 분야에서(특히 영적인 삶에서) 그 태도는 우리를 많은 영적 문제에 빠뜨리고 있다. 미국 문화는 경찰관과 부모와 교사와 정부 관료들에 대한 반항을 조성해 왔다. 현대 문화 전반에 걸쳐 우리는 잘못된 부류의 반역을 본다. 불행하게도 이는 그리스도인들에게도 영향을 미쳤고, 교회에서도 반항적인 모습이 발견된다.

사람들은 이렇게 말한다(혹은 생각한다). "교회 리더들의 말이 마음에 들지 않으면, 나는 굳이 그들의 말에 귀 기울일 필요가 없다. 나는 예수님께 복종할 뿐이며 목사나 교회 리더에게는 복종하지 않는다."

하지만 이 점에 대해 성경은 무엇이라고 말하는가?

내 방식이 아니면 떠난다?

에베소서 5장 21절은 다른 사고방식과 삶의 방법을 우리에게 제시한다. 우리는 "그리스도를 경외함으로 피차 복종"해야 한다. '복종'은 우리가 좋아하지 않는 단어이다. "복종하라"에 해당하는 헬라어 (*hypotassō*)는 다른 사람들이 자신에게 적극적으로 영향을 미치거나 인도하게 함을 뜻한다. 우리는 다른 이들의 경건한 조언에 의도적으로 자신을 복종시켜야 한다.

바울은 디모데에게(디모데는 바울이 개척한 교회의 리더로 선정되었다.) 가르치고, 책망하고, 독려하며, 인도할 것을 당부했다. 바울은 사람들이 그

룻된 행동을 보이면 그치도록 명하라고도 말했다. 바울의 말은 디모데에게 권위를 부여했다. 바울은 디모데에게 리더 역할을 맡기고 또 어떻게 할 것인지 지시했다. 그렇다면 회중에게는 무엇이라 말했겠는가? 분명 디모데의 리더십에 복종해야 한다고 말했을 것이다.

디모데후서 3장 1-5절은 우리에게 강력한 경고로 다가온다.

"너는 이것을 알라 말세에 고통하는 때가 이르러 사람들이 자기를 사랑하며 돈을 사랑하며 자랑하며 교만하며 비방하며 부모를 거역하며 감사하지 아니하며 거룩하지 아니하며 무정하며 원통함을 풀지 아니하며 모함하며 절제하지 못하며 사나우며 선한 것을 좋아하지 아니하며 배신하며 조급하며 자만하며 쾌락을 사랑하기를 하나님 사랑하는 것보다 더하며 경건의 모양은 있으나 경건의 능력은 부인하니 이같은 자들에게서 네가 돌아서라."

오늘날 교회에서 우리는 여기 묘사된 것과 같은 반항과 반역을 본다. 참되고 경건한 복종과 정반대의 모습을 반영하는 사고방식과 관행이다. 그리스도인들이 하나님보다 자신을 더 사랑한다. 돈을 사랑하며 더 많이 가지려는 탐심에 사로잡혀 있다. 자신의 업적과 재능을 자랑한다. 비방하고, 감사하지 않는다. 교만하여 영적 가족이나 정부의 리더들에게 복종하지 않기도 한다.

복종의 결여는 개신교 교회에서 더 심하다(가톨릭교회에서도 마찬가지이지만). 나는 개신교 교회를 인도하며, 우리 교회의 조직을 매우 좋아한다. 그러나 개신교 신자들은 교회 조직 체제에 잘 복종하려 하지 않는다. 우리의 사고방식과 관행은 '저항'에 뿌리를 두고 있으며, 우리는 만인제사장직에 관한 구절들을 너무 선호하는 경향이 있다.

무언가를 하도록 지시하는 직제나 리더십에 의혹의 눈길을 보내며, 어떤 리더가 하나님으로부터 받은 권위를 행사하려 하면 우리는 그를 의심쩍게 여긴다. 다른 교회로 떠남으로써 반대의사를 피력하는 교인도 있다. '나는 이 교회가 마음에 들지 않아. 다른 교회로 가야겠어.'라는 식이다. 물론 우리는 자신의 반역을 덮기 위해 영적인 표현을 사용한다. "나는 보편 교회의 일원이다. 따라서 특정 지역교회의 리더십에 복종할 필요가 없다."라고 말한다.

하지만 이런 태도는 분명 '그릇되다.' 그것은 영적으로 반역적이다. 사무엘상 15장 23절은, "이는 거역하는 것은 점치는 죄와 같고 완고한 것은 사신 우상에게 절하는 죄와 같음이라"라고 말한다. 점치는 것이 무엇인가? 성경에서 강력히 정죄하는 반역이다.

우리가 경건한 권위에 반역할 때마다 그것은 마치 사탄에게 충성을 맹세하는 것과 같다. 반역은 마귀의 언어이다. 예수님은 하늘 아버지께 복종하셨고 심지어 지상의 리더들에게도 복종하셨다. 교만은 우상숭배만큼이나 나쁘다. 교만의 반대는 무엇일까? 경건한 겸손이다. 반역의 반대는 무엇일까? 경건한 복종이다.

때로 그리스도인들은 과거의 폐단 때문에 교회 리더십에 복종할 수 없다고 느낀다. 어쩌면 당신은 인위적인 규정을 따르도록 요구하는 교회에 다녔고, 그 규정을 따르지 않으면 정죄 당했을 수 있다. 영적

폭행은 오늘날에도 일어나며, 우리는 늘 분별력을 지녀야 한다. 에베소서 5장 21절의 "피차 복종하라"라는 말씀에 주목하고, 이를 자애롭고 서로 돕는 경건한 관계라는 문맥에서 묵상해 보라.

하나님과 다른 사람들을 사랑한다는 것은 우리가 서로 진실하고 개방적이며 솔직함을 뜻한다. 우리는 자만하지 않는다. 다른 사람들을 판단하지 않는다. 다른 사람들을 정죄하거나 억압하거나 조종하지 않는다. 길을 함께 걷는다.

히브리서 3장 13절은 "매일 피차 권면하여 너희 중에 누구든지 죄의 유혹으로 완고하게 되지 않도록 하라"라고 당부한다. 여기서 "권면하여"는 '훈계하다', '권고하다'라는 뜻도 지닌다. 이 말은 성경의 지지를 받는 지혜로운 조언에 귀 기울여야 함을 시사한다. 이는 서로에 대한 복종의 한 예이다. 앞에서 보았듯 진정으로 서로를 '격려한다'는 것은 응원 그 이상이다. 우리는 지혜를 나눈다. 의의 길로 향하도록 서로를 독려한다.

또한 신자들은 리더들에게 복종해야 한다. 히브리서 13장 7절은 "하나님의 말씀을 너희에게 일러 주고 너희를 인도하던 자들을 생각하며 그들의 행실의 결말을 주의하여 보고 그들의 믿음을 본받으라"라고 당부한다. 리더들에게 충성하고, 그들의 삶의 방식을 주의하여 보고, 그들의 확신과 행위와 태도를 기억하여 본받으라는 말씀이다. 이어서 히브리서 기자는 순종을 명한다. "너희를 인도하는 자들에게 순종하고 복종하라 그들은 너희 영혼을 위하여 경성하기를 자신들이 청산할 자인 것 같이 하느니라 그들로 하여금 즐거움으로 이것을 하게 하고 근심으로 하게 하지 말라 그렇지 않으면 너희에게 유익이 없 느니라"(17절).

보호하고 인도할 책임을 지닌 리더들을 하나님이 세우셨고, 구성원은 그 리더들을 따르며 지원하도록 부르심 받았다. 여기서 핵심은 겸손이다. 겸손은 성숙한 신자의 분명한 특성이다. 그리스도께서 독려하시는 삶의 방식이다. 빌립보서 2장 1-5절은 이렇게 말한다.

> "그러므로 그리스도 안에 무슨 권면이나 사랑의 무슨 위로나 성령의 무슨 교제나 긍휼이나 자비가 있거든 마음을 같이하여 같은 사랑을 가지고 뜻을 합하며 한마음을 품어 아무 일에든지 다툼이나 허영으로 하지 말고 오직 겸손한 마음으로 각각 자기보다 남을 낫게 여기고 각각 자기 일을 돌볼뿐더러 또한 각각 다른 사람들의 일을 돌보아 나의 기쁨을 충만하게 하라 너희 안에 이 마음을 품으라 곧 그리스도 예수의 마음이니."

신학적인 핵심에서 일치하지 않으면 결별해도 된다. 하지만 핵심적인 구원 문제와 논의의 여지가 있는 문제 간의 차이를 올바르게 구분하도록 주의해야 한다. 우리는 어떤 문제들에 대해 의견 차이를 보이지만, 여전히 같은 가족의 일원으로서 하나님의 영광을 위해 협력할 수 있다. 그러나 떠날 때일지라도 마귀처럼 싸울 권한은 결코 우리에게 없다. 우리는 대적에게조차 친절하도록 부르심 받았다. 그렇다면 동료 신자에게는 훨씬 더 친절해야 할 것이다.

핵심이 아닌 문제들로 인해 분열되는 교회들이 너무나 많다. 스타일이나 선호도의 문제들로 말이다. 교회의 이런 분열에 대해서는 계속 대항해야 한다. 모든 문제에 있어 모든 이들과 의견 일치를 보지 못해도 느긋할 수 있어야 한다. 우리는 지역사회에서의 사역에 대해 (예컨대 독신자 사역에 초점을 맞출지 아니면 노인 사역에 초점을 맞출지) 의견 차이를 보일 수 있다. 카펫 색깔이나, 찬송가나 합창곡을 얼마나 자주 사용할지 의견 차이를 보일 수 있다.

우리는 의견 차이를 보인다. 우리는 어떤 면에서는 자신의 생각과 다른 교회의 일원이 되어도 전혀 문제가 없다. 그런 교회에서도 여전히 우리는 리더들을 신뢰하며 그들에게 복종하도록 부르심 받았다. 우리는 의견 차이를 보이는 사람들에게도 친절하며 온유하도록 부르심 받았다. 그들은 주님 안에서 우리의 형제자매들이다. 우리는 여전히 그들에게 자애로우며, 그들 역시 우리에게 그러하기를 바란다. 에베소서 4장 3절은 "평안의 매는 줄로 성령이 하나 되게 하신 것을 힘써 지키라"라고 말한다. 참 사랑은 인내하며, 결코 중단하지 않는다. 성숙한 사람만이 그렇게 사랑한다.

우리 교회의 제1목표는 제자화가 이루어지는 깊은 관계적 환경 속에 교인들이 들어가게 하는 것이다. 이를 위해 우리는 각자 자기 삶의 가장 중요한 부분에서(가정생활을 포함) 어떤 역할을 하는지 알아야 한다. 우리 교회의 여성 사역을 점검해 보면, 여성들 대부분이 남편이나 자녀를 포함하지 않는 행사와 관계된 모임에 참여하고 있었다. 여성들만의 모임을 우리가 반대하지는 않지만, 자칫하면 특정 활동이 깊은 영적 관계와 성장을 대체할 수 있다. 둘 다 취하지 못하고 단지 하나만을, 더욱이 덜 중요한 것을 취할 수 있다.

요컨대, 우리 교회 여성 중 다수는 그런 활동들에 너무 분주해서 가정교회에 참석하지 못한다. 그래서 남편과 함께하는 모임이 없다. 영적으로 성숙한 여성은, 자신의 가족이 진정으로 영적인 가족이라면 아내로서 자기 혼자서만 영적으로 성장해서는 안 됨을 알고 있다. 남편도 영적으로 성숙해져야 한다.

여성이 여성 사역과 가정교회 둘 다에 참여하더라도 관계의 측면이 약화될 수 있다. 왜냐하면 다른 사람들을 알거나 그들에게 알려지는 데에는 시간이 걸리기 때문이다.

교회에서 좋은 것들을 너무 많이 제공한 것도 문제의 일부였다. 그 때문에 가족이 갈라졌다. 그래서 우리는 여성 사역 전체를 전반적인 전략의 일부로 재조정했다. 수백 명의 자원자들과 수천 명의 참여자들이 동참하는 전체 사역을 재조정하기란 매우 힘든 일이다. 하지만 우리는 힘든 결단을 내렸고, 일들의 우선순위를 정했다.

우리는 여성 사역보다 매주 모이는 혼성 가정교회에 더 우선순위를 두기로 결정했다. 세 가지였던(가정모임, 남성 사역, 여성 사역) 사역들을 하나로 합쳐서 가정을 제자화의 실제 장소로 삼도록 했다. 목표는 매주 가정교회로 모이는 것이었지만, 한 달에 한두 차례 정도는(가정교회로 모이는 시간에) 남성 모임과 여성 모임을 따로 가질 수 있게 했다.

여성들은 여성 문제 속으로 더 깊이 들어가고는 했다. 그들 중 대부분이 매월 몇 차례 따로 만났다. 우리는 여성 사역에서 여전히 진행하는 몇몇 행사들에 그들이 참여하기를 바랐다. 이는 그들이 여러 모임에서 다른 여성들과 함께하기보다는 같은 여성들과 함께함으로써 서로 더 깊은 관계를 맺을 수 있었음을 뜻한다. 그들은 서로를 잘 알게 되어서, 보다 성숙한 여성들은 그렇지 못한 이들을 도왔고, 덜 성숙한 이들은 영적으로 성숙해져 갔다.

남성들도 그렇게 되었다. 그래서 남성들과 여성들이 함께 모임을 가짐에 따라 부부와 가족으로서 진실한 관계가 형성될 수 있었다. 이런 모임에서 리더는 구성원이 자신의 배우자와 자녀를 어떻게 대하는지 볼 수 있었고, 그 결과 진실한 제자화가 삶의 모든 영역에서 진행될 수 있었다.

이 일을 위해 우리는 여성 사역 리더들에게 상세히 설명하는 과정을 거쳐야 했다. 왜냐하면 그들은 여성들을 위해 많은 사역을 진행해 왔기 때문이다.

물론 어떤 이들은 변화를 좋아하지 않았다. 나는 그 점을 예상했다. 변화를 좋아하는 사람은 아무도 없다. 어떤 이들은 가로막힌 느낌을 받았다. 어떤 이들은 자신이 간과된 듯 느꼈다. 어떤 리더는 우리에게 와서 "전혀 이해하지 못하겠어요. 설명 좀 해 주시겠어요?"라고 말했다. 그래서 우리는 다시 설명했다. 우리가 하려는 일과 그 이유를 보다 분명히 이해시키고자 했다.

마침내 대부분의 리더들이 "좋아요, 우리 교회가 무엇을 하려고 하는지 알겠어요."라고 말했다. 그들은 우리가 처음에 제시했던 것과 조금 다른 방식은 어떤지 물었다. 그들은 우리보다 여성 문제를 잘 이해하고 있었고, 그래서 그렇게 하도록 허용했다. 이윽고 우리는 더 좋은 방법을 찾아내기 위해 협력했다.

또 다른 사람들은 이렇게 말했다. "우리는 이 변화를 좋아하지 않지만 이해해요. 교회 리더들의 전반적인 권위와 지시에 복종할 것입니다." 그들은 화를 내며 다른 교회로 떠나지 않았다. 물론 자신이 원하는 대로 할 수 있는 곳을 찾아 떠난 사람도 있었지만, 우리가 생각했던 것보다는 적은 수효였다. 우리는 영적 성숙의 깊이를 경험했다.

바로 이것이 교회로서 그리고 개인으로서 우리가 해야 할 일이다. 어떤 것이 마음에 들지 않을 경우 우리는 언제나 서로에게 너그러운 마음을 가지고 솔직히 털어놓아야 한다. 서로에게 자애로운 태도로, 인내심을 가지고 해결책을 모색해야 한다.

우리는 화를 내며 소리 지르거나 문을 쾅 닫고 나가기 쉽다. 혹은 토라져서 말 한마디 없이 자리를 뜨고서는 그것이 성숙한 모습이라 생각하기 쉽다. 그런 사람은 "나는 싸움을 유발하지 않았으니 성숙한 사람이다. 조용히 자리를 피하지 않았는가."라고 말한다. 하지만 그런 자세로 어떻게 리더십에 복종하겠는가? 그런 식의 분노 표현은 관계의 다리를 불태울 뿐이다. 그런 표현은 이해심을 북돋우지 못하며, 하나님께 영광을 돌리거나 진실한 관계를 필요로 하는 세상에 호감을 주지도 못한다.

때로 우리는 토론 후에도 의견을 모으지 못한다. 때로는 궁극적으로 하나님이 책임을 지우신 자들을 하나님이 책임지시며, 우리는 그들에게 복종해야 함을 받아들여야 한다. 만일 어떤 사람이 우리에게 도덕적으로나 윤리적으로 그릇된 일을 하라고 요구하면, 우리는 따를 수 없다. 그러나 많은 경우 커리큘럼이나 추천 도서 또는 설교 스타일과 같이 전혀 핵심적이지 않은 문제들로 사람들이 분열된다. 영적 수준은 우리가 이해하지 못하거나 좋아하지 않는 일을 부탁받을 때 반응하는 방식에서 드러난다.

많은 성경 구절이 이를 뒷받침한다. 잠언 9장 7-9절에 따르면, 지혜로운 사람은 질책이나 교훈을 받아들임으로써 더욱 지혜로워진다. 로마서 13장 1-7절은 정부 당국자들에게 복종할 것을 당부한다. 왜냐하면 "권세는 하나님으로부터 나지 않음이 없기" 때문이다. 에베소서 5장 21절은 "그리스도를 경외함으로 피차 복종하라"라고 말한다. 우리는 서로에게 복종할 때 실제로 하나님을 영화롭게 한다. 히브리서 13장 17절은 리더들의 권위에 복종할 것을 명한다. 그리할 때 그들이 근심으로가 아니라 즐거움으로 사역하게 되고, 이것은 결국 우리에게 유익을 준다.

그리스도를 경외함으로 인도함

디모데의 임무는 교회를 인도하며 장로의 회에서 안수 받을 때 받은 은사를 사용하는 것이었다. 그러나 바울은 올바른 태도로 인도할 것 또한 당부한다. 아버지를 대하듯 연로한 남자들을 인도하고 어머니를 대하듯 연로한 여자들을 인도하라고 말한다. 그들을 가족처럼 사랑하며, 개인적인 이득이나 자아를 위해서가 아니라 가족의 유익을 위해 인도하라고 당부한다. 교회에는 자아에 몰두하는 독재자가 허용될 수 없다.

리더들도 복종해야 한다. 이 말이 처음에는 상식에 어긋나는 것처럼 들리겠지만 실제로는 그렇지 않다. 리더들은 누구에게 복종해야 할까? 하나님과 다른 리더들과 심지어 다른 그리스도인에게 복종해야 한다. 교회를 이끄는 데에는 강력한 리더십이 필요하다. 그리고 교회 운영을 순조롭게 지속하는 데에도 강력한 리더십이 필요하다. 하지만 "그리스도를 경외함으로 피차 복종하라"라는 에베소서 5장 21절은 리더가 아닌 사람들만이 아닌 모두에게 적용된다.

우리 교회의 주요 목표는 젊은 가족들에게 다가가는 것이다. 그러나 담임 목사인 내가 점점 나이를 먹어가면서 자연스럽고 효과적으로 다가갈 수 있는 연령층도 점차 높아졌다. 따라서 우리의 리더십 팀은 의도적으로 젊은 목사들을 영입했다. 우리가 이렇게 하는 데에는 충분한 이유가 있지만, 모두가 이를 좋아하는 것은 아니다.

우리 교회에서 젊은 목사들이 처음 설교하기 시작했을 때 어떤 교인은 내게 이렇게 말했다. "목사님, 우리는 목사님 설교를 제일 좋아해요. 이 젊은 친구들의 설교는 듣고 싶지 않아요. 그들의 설교에서 얻는 게 하나도 없어요." 나는 젊은 가족들에게 다가가려는, 그리고 장래의 리더들을 육성하려는 비전을 설명했다. 우리는 인물에 이끌리는 교회가 되기를 원치 않았다. 교인 대부분이 우리 장로들의 결정을 받아들이며 이해했다. 어떤 사람들은 이해는 하지만 원치 않으니 떠나겠다고 말해 영적 미성숙을 드러냈다.

내가 보기에 성경은 그리스도인들이 그런 식으로 행동해서는 안 된다고 가르친다. 그것은 반역이다. 나는 장로 팀과 협의를 통해 젊은 목사들을 영입하기로 결정했다. 독단적인 결정이 아니었다. 바울은 각 성읍에 장로들을(복수임) 세우라고 디모데에게 당부했다(딛 1:5). 영적으로 성숙한 사람이라도 그 한 명이 교회를 운영해서는 안 된다. 한 사람이 모든 전략을 파악할 수 없기 때문이다. 한 교회가 지녀야 하는 능력을 한 사람이 모두 가지지는 않는다.

우리 교회의 리더십 팀은 이 문제로 한동안 기도한 다음, 젊은이가 더 큰 역할을 하는 방향으로 결정했다. 따라서 떠난 사람들은 우리 교회 리더십에 복종하지 않은 것이다. 나는 그들이 하나님께 복종하지 않은 거라고 생각한다. 하나님은 기도와 말씀으로 무장된 리더십 팀을 통해 말씀하신다. 떠난 사람들은 '나 위주'의 심리와 '영적 민주주의'라는 사고방식으로 생각했고 떠나는 것으로 의사표시를 했다. 이것은 그리스도께서 우리에게 지시하신 바가 아니다.

나는 독재적인 아버지들과 리더들과 목사들을 보아 왔다. 그 방식은 비성경적이며 결코 효과적이지 않다. 특히 그런 목사들은 자기 교회에 깊이 몸을 숨기고서 사람들을 몰아내거나, 자신의 미성숙함이 리더십 팀에게 노출되면 낙심하여 이 교회 저 교회를 전전한다. 목사는 장로회에 복종하며 그들의 의견을 경청해야 하고, 일반 교인들을 통해 하나님이 리더십 팀에게 말씀하실 수 있음을 이해해야 한다.

좋은 부모는 아이들을 뒷좌석에 앉히고 가족여행 계획이나 식사 메뉴 등을 그대로 따르기만 하라고 강요하지 않는다. 좋은 부모는 아이들에게서도 많이 배울 수 있다. 내가 배우는 가장 큰 교훈들 더러는 아이들에게서 얻었다. 아이들의 말이 내 삶을 변화시켰다. 내가 너무 많은 생각을 할 때 아이들은 간단하게 생각했다. 내가 미련한 어른처럼 생각할 때 아이들은 어린아이의 순수함으로 하나님을 신뢰했다.

담임 목사로서 나도 다른 사람에게 복종하는가? 그렇다. 나는 리얼 라이프 미니스트리즈를 개척한 목사이다. 개척 목사나 담임 목사는 강한 추진력을 발휘해야 한다. 그러나 나는 성경에서 복종과 책임성을 배운다. 사실, 리더에게 우선적으로 필요한 것은 교회의 다른 성숙한 사람들과의 책임성 있는 영적 관계이다. 책임감 없는 사람은 위험에 처해 있다. 그의 인도를 받는 사람들도 마찬가지이다.

지혜로운 조언에 복종함

몇 년 전, 우리 교회의 몇몇 장로들이 내가 추진했던 어떤 일을 재고해 달라고 부탁했다. 그들은 내가 그들의 말에 귀 기울이기보다 그들을 설득하려고만 하는 것으로 느꼈다. 나와 의견이 일치하지 않았을 때, 그들은 내가 그들을 배제하고 있으며 그들의 의견을 그다지 존중하지 않는다고 느꼈다.

내가 교회를 계속 확장하려 했던 것이 문제의 핵심이었다. 나는 하나님이 교회 확장의 문을 여셨다고 생각했다. 나는 우리가 잃어버린 사람들에게 더 많이 다가가기보다는 관리에 치중하게 되었다고 느꼈다. 나는 그들의 관점을 충분히 고려하지 않았고, 실망하여 그들의 말을 듣고 싶지 않았다. 그래서 새로운 곳에서 새 일을 시작하러 떠날 때가 된 것인가 하고 생각했다.

그러나 영적 조언자 역할을 해 주었던 장로들이나 친구인 직원들이 나의 생각을 잡아 주었다.

그 무렵 나는 인도를 여행하며 K. P. 요하난(K. P. Yohannan)이라는 한 리더와 함께 시간을 보냈는데, 그는 나의 말을 듣고서 자신이 쓴 책(Touching Godliness)을 읽어 보라고 권했다. 그 책은 예전에 생각하지 못했던 방식으로 내게 도전을 주었다. 우리 교회의 영적 조언자들이 했던 말과 완벽하게 일치하는 내용이었다. 그 책이 제시하는 질문은 몇몇 조언자가 내게 던진 질문과 똑같았다(대개 이런 일은 하나님이 말씀하고 계심을 나타내는 표지이다). 그들은 하나님이 리더십 팀을 통해 말씀하심을 믿는지 내게 물었다. 그들은 답을 알았지만 나의 입으로 분명히 듣기 원했다. 그들은 리더에게도 겸손이 성숙의 특징임을 내가 재차 단언하기 원했다. 그들은 장로들의 요구가 하나님 말씀에 반하는지 아니면 단지 내 계획에 반하는지 물었다.

나는 이 모든 사안을 놓고 기도하고 다른 사람들과 솔직한 대화를 나누면서 내가 해야 할 일을 알게 되었다. 바로 여러 장로들의 권위에 복종하는 일이었다. 도움을 구하는 기도를 드리면서, 나는 그들의 말에 귀 기울이려고 노력하기 시작했다. 나는 그들이 기도하고 있으며 하나님이 원하시는 일을 하기 원함을 깨달았다. 장로들은 확장 속도를 잠시 줄이고 이미 교회 안에 있는 사람들을 제자화 하는 데 더 신경 써야 한다고 믿었다. 넓기만 하고 깊이가 없는 상황을 우려했다. 우리가 여전히 성장할 수 있지만 단순히 폭발적인 확산이 아니라 성령님의 인도에 따라 효과적으로 성장해야 한다고 말했다.

나의 계획의 문제점을 지적하는 그들에게 반응하는 내 모습에서, 그들은 내가 그들의 말에 귀 기울이지 않는다고 느꼈다. 내가 참을성을 보이기보다 격한 어조로 즉시 대답했을 때 그들은 내게 사랑의 마음이 없다고 느꼈다. 장로들은 내게 비성경적인 일을 하라고 요구한 것이 아니었다. 지혜롭고 자상한 일을 요구하고 있었다.

지혜로운 조언자들은 내가 이제껏 교회를 떠났던 사람들을 어떻게 대했는지 생각해 보라고 권했다. 하나님의 인도에 따라 교회를 떠난다는 그들의 말에 나는 비성경적인 판단이라고 지적하고는 했다. 조언자들은 내게 부탁하기를, 장로들의 결정에 동의하지 않는다는 이유로 내가 교회를 떠난다면 나 역시 같은 잘못을 범하는 것 아닌지 생각해 보라고 했다.

결국 나는 우리의 주안점을 잠시 바꾸자는 장로들의 결정을 받아들였다. 이 방향이 주께서 인도하시는 길이라고 기도로 믿음을 얻었다면, 나는 그들의 권위에 복종하기 원한다고 말했다. 리더는 상황을 파괴적으로 치닫게 하고픈 유혹에 직면할 수 있다. 나는 독재자가 되기를 원하지 않았다.

하나님은 내가 무엇을 '하기'를 원하시기에 앞서 내가 무엇'이기'를 원하셨다. 하나님은 내가 장로들과 관계를 맺는 사람이기를 원하셨다. 내가 사랑하고 사랑받기를, 다른 사람들을 알고 그들에게 알려지기를 원하셨다.

그리스도인 리더는(보수를 받건 자원자건) 자신의 일이 특권이며 책무임을 깨달아야 한다. 단지 자신의 생계비나 영향력을 얻기 위해 그 특권을 이용해서는 안 된다. 그것이 특권인 것은, 우리가 자격이 없음에도 불구하고 영원한 그 무엇에 결부되었기 때문이다. 우리는 하나님의 도구로 사용되며 그분이 직접 행하시는 이적을 본다. 하지만 리더십에 따르는 경고를 기억해야 한다. 교사와 설교자들에게는 더 엄격한 심판이 적용될 것이다(약 3:1).

리더십은 책임감을 수반하는 책무이다. 리더들이 다른 사람들 위에 군림해서는 안 된다. 교회를 향한 하나님의 음성이 그들을 통해서만 전해지는 것은 아니다. 그들도 주님으로부터 음성을 듣는다. 그러나 경건한 리더들은 하나님의 말씀을 통해 그리고 수많은 기도하는 리더들을 통해 하나님의 계획을 확인한다.

리더십은 다른 사람을 위해 자신의 목숨을 내놓는 것이다. 에스겔 34장에 따르면, 리더로서 우리가 할 일은 사람들을 보살피고, 길 잃은 사람들을 찾고, 상처 입은 사람들의 치유를 도우며, 우리의 인도를 받는 사람들을 성경적으로 양육하는 것이다. 이것은 독재자의 모습이 아니다. 지혜롭고 경건하고 강하며 동정심 많은 목자의 모습이다.

우리가 지도자이건 아니건, 야고보서 3장 13-18절은 줄곧 우리를 지혜와 화평과 겸손으로 이끈다.

"너희 중에 지혜와 총명이 있는 자가 누구냐 그는 선행으로 말미암아 지혜의 온유함으로 그 행함을 보일지니라 그러나 너희 마음 속에 독한 시기와 다툼이 있으면 자랑하지 말라 진리를 거슬러 거짓말하지 말라 이러한 지혜는 위로부터 내려온 것이 아니요 땅 위의 것이요 정욕의 것이요 귀신의 것이니 시기와 다툼이 있는 곳에는 혼란과 모든 악한 일이 있음이라 오직 위로부터 난 지혜는 첫째 성결하고 다음에 화평하고 관용하고 양순하며 긍휼과 선한 열매가 가득하고 편견과 거짓이 없나니 화평하게 하는 자들은 화평으로 심어 의의 열매를 거두느니라."

여기에도 복종의 개념이 있다. 자신이 지혜롭다고 생각하는 그리스도인이 많다. 그러나 지혜에 대한 야고보의 묘사에 비추어 보면, 그들은 그 표지를 놓치고 있다. 그들은 자기 마음에 들지 않는 사람의 권위는 인정하지 않는다. 자신과 의견이 다른 사람의 권위도 인정하지 않는다.

겸손해지는 용기

참된 겸손이란 무엇인가? 자신이나 다른 신자에게서 그 사례를 들 수 있는가? 참된 겸손은 현관 매트가 되라는 뜻이 아니다. 다른 사람들의 의견이나 지시를 무조건 묵묵히 따르라는 뜻이 아니다. 우리는 참된 겸손으로 자신의 의견과 취향을 피력할 수 있다.

참된 겸손은 용기를 수반한다. 우리가 다른 사람들과 의견이 맞지 않을 때 떠나버리기는 쉽다. 그러나 겸손히 그 자리에 머물면서 일을 감당하려면 용기가 필요하다. 우리는 이해하며 이해받고자 한다. 우리는 자신만 옳다고 주장하지 않는다. 경청한다. 다른 사람들의 관점을 고려한다. 우리는 자신이 오해받을 수 있으며, 어떤 문제를 다른 방식으로 설명할 필요가 있음을 깨닫는다.

때로 어떤 영역에서는 다른 사람이 우리보다 더 지혜롭다. 우리는 이 사실에 위협을 느끼지 않는다. 우리는 영적 인도의 책임이 우리 어깨에만 지워지지 않음에 감사해야 한다. 그 책임은 하나님의 뜻을 구하며 함께 기도하는 그룹에게 있다.

참된 겸손으로, 우리는 자신의 삶을 두고 다른 사람들과 더불어 이야기한다. 우리는 하나님이 다른 사람들을 통해 우리에게 말씀하심을 깨닫는다. 그들의 말이 성경에 근거한다면, 하나님의 조언의 일부이다.

교회에서 우리가 바라는 대로 일이 진행되지 않을 때 어떻게 해야 할까? 기도로 시작하자. 교회는 우리의 가족이다. 어떤 의견 차이나 오해가 있다고 해서 가족을 떠나지는 않을 것이다. 우리는 가족 구성원을 은혜로 대한다. 논쟁했다고 해서 가족을 떠나거나 부부가 이혼하지는 않는다. 이혼이 해결책은 아니기에 우리는 문제를 해결해 나간다. 항상 자기 방식대로 일이 진행되지 않더라도 우리는 이해한다.

성경의 많은 구절이 그리스도의 몸 된 교회 안에서 사랑의 헌신을 세우며 유지하는 일을 말하고 있다.

갈라디아서 6장 10절은 "그러므로 우리는 기회 있는 대로 모든 이에게 착한 일을 하되 더욱 믿음의 가정들에게 할지니라"라고 말한다.

다른 사람들을 사랑하라는 명령은 모든 이에게 적용되는데, 특히 다른 그리스도인들에게 적용된다.

갈라디아서 6장 2절은 "너희가 짐을 서로 지라"라고 말한다. 이는 일이 순조롭지 않을 때 우리가 서로의 말에 귀 기울임을 뜻한다. 우리는 다른 사람들을 위해 기도한다. 힘들 때에도 그들을 사랑한다. 상황이 힘들어질 때 단순히 떠나 버리지 않는다.

에베소서 4장 32절은 "서로 친절하게 하며 불쌍히 여기며 서로 용서하기를 하나님이 그리스도 안에서 너희를 용서하심과 같이 하라"라고 말한다. 우리는 서로 의견 차이를 보일 수 있다. 하지만 그 상황에서도 계속 친절하며 서로 불쌍히 여기는 것이 비결이다. 만일 어떤 사람이 우리에게 잘못을 범하면 우리는 그를 용서해야 하고, 만일 우리가 어떤 사람에게 잘못을 범하면 그가 우리를 용서해야 한다. 우리 모두는 줄곧 조화와 화평과 화목으로 나아가야 한다.

로마서 12장 18절은 "할 수 있거든 너희로서는 모든 사람과 더불어 화목하라"라고 말한다. 때로 우리는 우리와 잘 지내기를 원치 않는 사람들과 마주친다. 때로는 다른 사람의 잘못 때문에 의견이 대립된다. 그러나 관계 유지에 최선을 다하는 것이 우리의 할 일이다. 히브리서 12장 14절은 "모든 사람과 더불어 화평함과 거룩함을 따르라 이것이 없이는 아무도 주를 보지 못하리라"라고 말한다. 참으로 강력한 말씀이다.

잠언 19장 11절은 "노하기를 더디 하는 것이 사람의 슬기요 허물을 용서하는 것이 자기의 영광이니라"라고 말한다. 이 말씀은 노하기를 더디 하는 것이 좋으나 허물을 용서하는 것은 그보다 훨씬 더 좋다는 뜻이다.

빌립보서 2장 4절은 "각각 자기 일을 돌볼뿐더러 또한 각각 다른 사람들의 일"도 돌보라고 독려한다. 다른 사람의 입장에서 생각하는 진실한 공감을 장려하는 구절이다. 우리가 다른 사람의 관점으로 볼 수 있을까?

나는 시편 133편 1절을 좋아한다. "보라 형제가 연합하여 동거함이 어찌 그리 선하고 아름다운고." 이 구절 속에 모든 것이 들어 있다. 시편 기자는 참된 친교, 함께하는 삶 그리고 올바른 관계에서 비롯되는 참된 영적 성숙으로 자라가는 아름다움을 인식한다.

계속적인 헌신

그리스도인으로서 우리는 목사와 장로와 영적 리더들에게 어떤 책임이 있을까? 히브리서 13장 17절은 분명히 밝힌다. "너희를 인도하는 자들에게 순종하고 복종하라 그들은 너희 영혼을 위하여 경성하기를 자신들이 청산할 자인 것 같이 하느니라 그들로 하여금 즐거움으로 이것을 하게 하고 근심으로 하게 하지 말라 그렇지 않으면 너희에게 유익이 없느니라." 이 말씀의 헬라어 원문을 보면 "너희를 인도하는 자들에게 순종하고"는 "네 인도자들에게 계속해서 순종하고"로 번역되는 편이 더 낫다. 최근 당신은 하나님의 말씀을 전하는 목회자에게 순종했는가?

우리 그리스도인들은 종종 목회자들을 평가하며 비판하는 것이 우리의 할 일이라 믿는다. 그가 우리 머릿속의 테스트를 통과하면, 우리는 계속 그 교회에 나갈 것이다. 그가 비전에 대한 설교를 하고 우리의 협력을 부탁할 때, 그의 부탁이 우리 마음에 들면 우리는 계속 머물 것이다. 그가 헌금을 부탁할 때 그 돈으로 교회에서 할 일이 마음에 들지 않으면 우리는 무시한다. (나는 목사의 안락 따위를 위해 돈을 횡령하는 교회에 헌금해야 한다고 말하는 것이 아니다. 내가 아는 대부분의 교회들은 경건한 목적을 위해 돈을 사용한다.) 설교가 기대에 부응하지 않으면 우리는 그 사실을 목사에게 알린다. 교회 출석률이 낮아지면 새 목사를 찾아야 할 때가 아닌가 생각한다. 어떤 프로그램이 순조롭게 진행되지 않으면 우리는 목사를 비난한다. 만일 우리가 아는 어떤 사람이 믿음에서 이탈하면 우리는 목사가 그 사람을 다시 데려오기를 기대한다.

그러나 히브리서 13장 17절은 다르게 말한다. 우리는 리더들의 권위에 복종하여 그들이 근심이 아닌 즐거움으로 일하게 해야 한다. 그 이유는 목회자들을 비판하지 않는 것이, 성경적인 그리스도인의 행동 방식에 대한 그들의 가르침에 공공연히 불순종하지 않는 것이 우리에게 가장 유익하기 때문이다.

목사들이 줄곧 비판을 받으면 그들은 대체로 방어적이 되거나 낙심하여 그들의 일을 더 못하게 된다. 그럴 경우 우리를 포함한 누구에게도 이롭지 않다. 종종 목사들은 자신의 가정사나 교인들의 일 때문에 영적 전투를 겪는데, 교인들의 비판적인 태도는 이미 목사의 귀에 속삭이는 마귀의 유혹을 더욱 강화시킬 수 있다. 반면 우리가 목사들의 권위를 지지하고 거기에 복종하면, 우리의 삶도 더 순조로워진다. 우리의 은사를 활용함으로써 우리가 리더들을 격려하며 하나님을 영화롭게 할 수 있다.

그리스도인들은 소속 교회와 그 목회자에게 헌신할 책임이 있다. 그러나 우리의 삶이나 가족을 위해 목사나 교회가 얼마나 큰 유익을 주었는지 잊고는 목사나 교회를 비판하기가 너무나 쉽다.

내가 속한 가정교회는 오래된 문제로 씨름하는 한 부부를 꾸준히 도왔다. 그들의 결혼생활과 자녀양육을 도왔다. 두 차례의 이사를 도왔다. 재정적인 도움을 주었다(구성원 모두가 협력했다). 그들의 삶이 다소 안정을 찾자, 그들은 가정교회나 교회에 몇 주간 나오지 않았다. 그래서 내가 전화해 별 일이 없는지 물었다.

남편이 말했다. "우리는 몇몇 친구들과 함께 다른 교회로 초청을 받았습니다. 그 교회는 작아서 좋아요. 요한계시록을 계속 가르치는데 정말 재미있어요. 그래서 이제부터 그 교회에 다닐 겁니다. 가끔 목사님 교회에도 들를게요."

나는 믿을 수가 없었다. 그 부부의 아이들이 가출해 우리 가정교회에서 이리저리 다니며 아이들을 찾아냈을 때 우리 교회가 큰 게 문제가 되었던가? 그들의 부부 싸움을 말리려고 한밤중에 아내와 내가 그들의 집으로 달려갔을 때 우리 교회가 너무 큰 게 문제였던가? 그들 중 하나가 병원에 입원했을 때 우리 가정교회에서 음식을 가져다주었는데 우리 교회가 너무 커서 문제였던가? 그들이 집을 수리할 여유가 없을 때 우리 모두가 수리를 도와주지 않았던가! 그들이 가정교회나 교회에서 집으로 돌아가면 우리가 전화해 세심하게 안부를 묻지 않았던가!

그런 상황에서는 이러한 사실이나 그들과의 관계를 상기시킨들 대체로 별 소용이 없다. 흔한 반응은 이렇다. "우리는 교회를 바꿨을 뿐이에요. 이따금 방문할게요. 그것을 개인적인 감정으로 받아들이지 마세요."

그러면 나는 이렇게 말하고는 한다. "하지만 이건 개인적인 일입니다. 왜냐하면 우리는 가족이기 때문이죠. 만일 내 아들이 나를 떠나 다른 아버지에게로 간다면 그것을 개인적인 일이 아니라고 말하겠습니까? 남편이 자기 아내를 떠나 다른 여자에게로 간다면 그것은 개인적인 일이 아닌가요? 너무 극단적인 이야기라고 생각할 수 있겠지만, 성경적인 근거를 대 보세요. 결코 헌신하지 않고서 이 교회 저 교회로 돌아다닐 권리가 우리에게 있다고 말하는 성경 구절을 말입니다."

교회가 자신을 위해 존재해야 한다고 생각하는 신자들이 많다. 일방통행으로 말이다. 목사는 그들의 현실 문제를 다루는 설교를 하도록 연구해야 하고, 교회 리더들은 병원에 입원한 신자들을 병문안해야 한다. 그들의 자녀가 결혼할 때에는 목사가 결혼식 주례를 서야 한다. 주말 예배는 온 가족에게 도움이 되어야 한다.

그러나 신자들도 교회에 대해 동일한 의무가 있다.

관계는 양방통행이다. 하나님은 상호 복종을 수반하는 관계 형태를 통해 우리를 안전하며 강하게 하기 원하신다. 관계는 줄과 같아서 서로를 묶는다. 영적 가족으로서 우리는 쉽게 끊어지지 않는 매듭으로 서로를 묶는다. 쉽게 끊어져서는 안 된다. 우리는 서로에게 헌신할 책임이 있다.

이웃집 가족이 우리 가족보다 더 좋아 보인다고 해서 매일 저녁 우리 가족을 떠나 그 집으로 식사하러 가지는 않는다. 물론 그 가족이 완벽해 보일 수는 있지만, 솔직히 말해 그 가족에게도 문제는 있다. 우리가 매일 그들과 함께 생활하지 않았기에 그 문제들을 알지 못할 뿐이다. 게다가 우리 가족의 문제 중 대다수는 나 자신에게 있는 것일 수 있다. 만일 우리가 다른 가족에 합류한다면, 우리의 문제점도 함께 가지고 가는 셈이다.

우리는 친밀한 관계를 유지하려고 애써야 한다. 가족 안에서 무엇을 잃었다면 그 책임의 일부는 우리에게 있다. 따라서 가족의 문제를 해결하기 위해 하나님이 우리를 사용하시도록 우리는 최선을 다해야 한다. 우리는 교회의 문제점을 리더에게 알리기만 해서는 안 된다. 문제를 해결하기 위해 우리가 할 수 있는 일이 무엇인지 알려 달라고 요청해야 한다.

권위를 지닌 자들에게 결코 질문할 수 없는 혹은 어떤 이유에서든 결코 떠날 수 없는 광신 집단 같은 체제를 옹호하는 것은 아니다. 맹목적인 충성을 옹호하는 것도 아니다. 성경적인 충성을 옹호하는 것이다. 이들 간에는 큰 차이가 있다. 우리는 불경건한 교회를 떠날 수 있다. 하지만 문제를 바로잡기 위해 지혜로운 신자가 할 수 있는 모든 노력을 다한 후에 떠나야 한다. 목사가 이단을 가르친다면 다른 곳으로 떠나라. 하지만 성경적인 접근법이 있다.

마태복음 18장에서 예수님은 관계와 교회에 대해 말씀하신다.

"네 형제가 죄를 범하거든 가서 너와 그 사람과만 상대하여 권고하라 만일 들으면 네가 네 형제를 얻은 것이요 만일 듣지 않거든 한두 사람을 데리고 가서 두세 증인의 입으로 말마다 확증하게 하라 만일 그들의 말도 듣지 않거든 교회에 말하고 교회의 말도 듣지 않거든 이방인과 세리와 같이 여기라"(15-17절).

예수님은 먼저 사적으로 접근하라고 분명히 당부하신다. 의견 차이가 생기면 우리는 일을 바로잡으려고 노력한다. 어떤 사람이 죄에 빠질 경우, 우리는 그를 사랑하므로 겸손하고 자상하게 지적하려 한다. 다른 교회로 떠나기 전에 용기 있고 겸손하게 문제를 해결하려고 노력한다. 떠나는 것은 마지막 수단이며, 그 과정에서 우리는 자신의 태도에 대해 하나님께 여쭈어야 한다.

오직 한 가지 나아갈 길

우리는 어떻게 복종할 것인가? 항상 퇴장으로써 반대 의사를 피력하는 '영적으로 민주적인' 그리스도인이 될 것인가? 이것은 미성숙한 기독교이다. 혹은 서로 참고 사랑으로 복종할 것인가?

마지막으로 생각해야 할 사항이 하나 있다. 그리스도인은 다른 사람을 제자 삼는 자로 부르심을 받았다. 우리는 세상으로 나아가 다른 제자들을 만드는 자들이다. 이 원칙이 마태복음 28장 18-20절의 지상대명령에 제시되어 있다.

"예수께서 나아와 말씀하여 이르시되 하늘과 땅의 모든 권세를 내게 주셨으니 그러므로 너희는 가서 모든 민족을 제자로 삼아 아버지와 아들과 성령의 이름으로 세례를 베풀고 내가 너희에게 분부한 모든 것을 가르쳐 지키게 하라 볼지어다 내가 세상 끝날까지 너희와 항상 함께 있으리라 하시니라."

제자를 삼는다는 것은 누군가가 제자가 되고 있다는 뜻이다. 제자가 되려면 누군가의 영적 권위 아래 있어야 한다. 참된 제자화는 관계 속에서 이루어지며, 제자가 된다는 것은 그 관계에 복종한다는 뜻이다. 우리는 관계를 통해 관계적이 되는 법을 배운다. 아울러 우리를 제자로 삼는 자들에게 복종함으로써 주님께 대한 복종을 배운다.

하나님의 말씀이 제자 삼는 사람과 제자 되는 사람 모두를 인도할 때, 그들은 영적 남용의 함정을 피할 수 있다. 하나님은 우리의 리더들이 그리스도를 따르듯이 우리도 그들을 따르게 하신다. 예수님은 겸손과 능력으로 하나님을 따르며 복종하는 완벽한 본보기이시다. 또한 그분은 영적 리더십의 완벽한 본보기이시다. 그분은 사랑으로 진리를 말씀하셨고 자신의 능력을 남용하지 않으셨다.

우리는 신자로서 떠나는 방식으로 반대 의사를 표하기를 멈추어야 한다. 관계를 우리의 특성으로 나타내야 한다. 사랑은 그 특성상 복종적이다. 다른 사람의 유익을 위해 목숨을 내어놓는 것이다. 에베소서 5장 22절 이하는 아내가 주께 하듯 남편에게 복종해야 한다고 말한다. 남편은 아내를 위해 자신을 포기한다. 자녀는 부모에게 복종한다. 그리스도인은 교회와 일터와 정부의 리더들에게 복종한다. 우리 모두는 예수님께 그리고 삶과 믿음에 대한 그분의 말씀에 복종한다.

하나님께 복종하는 삶을 살아야 우리는 그 결과로서 생기는 관계의 유익을 누릴 수 있다. 하나님은 서로 참으며 사랑으로 서로에게 복종하며 살라고 우리를 부르셨다. 하나님의 가족으로서 복종 없이 우리는 건강할 수 없다. 우리가 교회에 합류하도록 부르심 받은 것은 우리가 '교회이기' 때문이다.

우리는 시종일관 교회와 함께하도록 부르심 받았다. 어떤 상황에서든 교회에 헌신하도록 부르심 받았다. 단지 상황이 힘들어졌다고 떠나서는 안 된다. 십일조에 대한 설교 주제가 싫다는 이유로 그 설교가 끝날 때까지 다른 교회에 다녀서는 안 된다. 우리는 최선의 '경험'을 물색하면서 이 교회 저 교회를 옮겨 다녀서는 안 된다.

우리는 가족과 함께해야 한다.

그렇게 하는 것이 가족이기 때문이다.

●

쏟아냄과 채워짐
팀워크를 우선순위로
목표를 향해 일함
더 온전하고 지혜로운 조언
장성한 분량이 충만한 데까지

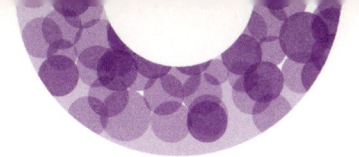

chapter 7

외로운 리더는
외로운 교회를 만든다

복습해 보자. 나는 책을 조금 읽다 말고 한동안 덮어 두는 습관이 있다. 나중에 다시 읽으려고 보면 전에 읽은 내용의 문맥과 의미가 생각나지 않을 때가 있다. 여러분도 나와 같을 수 있으니 여기서 잠시 내용을 상기하도록 하겠다.

우리는 관계적인 존재가 되도록 하나님의 형상으로 지음 받았다. 우리는 관계를 맺도록 설계되었다. 하나님은 관계적인 하나님이시며 언제나 그러하시다. 삼위일체 하나님은 영원히 목적 있는 사랑의 관계 속에 존재하시고, 우리가 그런 관계 속에서 그분께 합류하기를 당부하신다. 그러나 우리 모두는 죄를 지었기에 하나님의 원래 계획대로 행할 능력을 잃었다. 하나님이 우리와의 관계를 회복할 길을 모색하셨고 우리에게 화목의 직책을 맡기셨다. 화목하게 하는 자들은 먼저 서로 화목해야 한다.

우리가 빛 가운데서 하나님과 동행할 때, 그분은 서로 친교할 수 있는 힘을 우리에게 주신다(요일 1:5-7). 하지만 그것은 단지 관계를 위해 관계를 맺는다는 의미가 아니다. 우리는 개인으로서 그리고 교회로서 하나님이 우리에게 주신 일을 함께 행할 수 있다.

이와 관련해 내가 좋아하는 성경 구절 하나는 에베소서 2장 10절이다. 우리에게 친숙한 이 구절은 종종 그 핵심이 간과된다. "우리는 그가 만드신 바라 그리스도 예수 안에서 선한 일을 위하여 지으심을 받은 자니 이 일은 하나님이 전에 예비하사 우리로 그 가운데서 행하게 하려 하심이니라."

이 구절은 그리스도의 몸인 우리(복수)는 하나님이 "만드신 바"라고 말한다. 이 말씀은 그리스도인 개인에 대한 언급으로 볼 수도 있다. 그러나 문맥에 주목해 보라. 물론 하나님은 각 개인을 그분의 목적에 맞는 작품이 되도록 회복하고 계시다. 또한 시간이 시작되기 이전부터 지니신 계획에 따라 각 개인을 위한 일을 진행하고 계신다. 그러나 이 구절의 요점은 훨씬 더 큰 데 있다.

이 구절은 에베소 교회 전체에게 보내졌다. 후에 바울은 우리가 그리스도의 몸이라고 말한다. 우리는 머리(예수님)에 속해 있다. 그리고 그리스도의 몸으로서 성숙해져 가야 한다. 이는 우리가 함께 연합해 성숙한 팀이 되어야 한다는 뜻이다. 바울은 서신마다 그리스도의 몸으로 협력하는 일이 중요하다고 밝혔는데, 여기서도 그렇다.

친구와 함께 믿음을 나누는 일처럼 우리가 그리스도인 개인으로서 할 수 있는 일이 있다. 그러나 하나님의 가족으로서 함께 성취할 수 있는 일도 있다. 바울은 우리(교회)가 짐과 일을 함께 나눈다면 하나님의 작품이라고 말한다.

쏟아냄과 채워짐

우리가 사역하는 데 있어 함께해야 한다고 가르치는 기본적인 구절은 전도서 4장 8-12절이다. 이 구절의 일부를 앞에서 보았는데, 이번에는 그리스도를 위한 사역과 봉사라는 문맥에서 전체 내용을 살펴보자.

"어떤 사람은 아들도 없고 형제도 없이 홀로 있으나 그의 모든 수고에는 끝이 없도다 또 비록 그의 눈은 부요를 족하게 여기지 아니하면서 이르기를 내가 누구를 위하여는 이같이 수고하고 나를 위하여는 행복을 누리지 못하게 하는가 하여도 이것도 헛되어 불행한 노고로다 두 사람이 한 사람보다 나음은 그들이 수고함으로 좋은 상을 얻을 것임이라 혹시 그들이 넘어지면 하나가 그 동무를 붙들어 일으키려니와 홀로 있어 넘어지고 붙들어 일으킬 자가 없는 자에게는 화가 있으리라 또 두 사람이 함께 누우면 따뜻하거니와 한 사람이면 어찌 따뜻하랴 한 사람이면 패하겠거니와 두 사람이면 맞설 수 있나니 세 겹 줄은 쉽게 끊어지지 아니하느니라."

본문의 앞부분은 혼자서 최선을 다해 일하는 사람을 묘사한다. 그에게는 가족이나 친구가 없으며 그가 하는 것은 일, 일, 일, 일뿐이다. 그는 할 일이 엄청 많고, 고되게 일한 결과 재물이 늘어간다. 하지만 그는 의미 없이 일하며, 불행하다. 왜 그토록 열심히 일하는지 자신도 잘 모른다. 그가 가진 부를 함께 나눌 사람이 아무도 없다.

3천여 년 전에 기록된 내용이지만, 정상에 오르려고 애쓰는 현대인을 정확히 묘사한다. 그는 어설픈 선택을 했고 그 결과 홀로 남았다. 그는 비참하고 우울하다. 감탄할 만한 집과 값비싼 차를 소유했지만, 그 집과 차에는 자신 외에 아무도 없다. 분명 그는 만족스럽지 않다.

이 본문은 또한 오늘날 많은 그리스도인들과 심지어 많은 리더들의 모습을 반영한다. 어떤 이들은 다른 사람을 섬기는 데에는 문제가 없지만 함께할 사람이 없다. 우리는 섬길 때 우리 속에 있는 것을 쏟아 낸다. 그리고 우리에게서 언제나 쏟아져 나올 것이 있도록 우리 속에 지속적으로 부어주시는 것이 하나님의 계획이다.

하나님은 다른 사람들을 통해 우리 삶 속에서 일하시며, 그분의 백성을 통해 우리의 삶과 사역에 필요한 것들을 부어주신다. 혼자 섬기려는 사람은, 동기가 좋았더라도 결국 탈진하거나 냉담하고 신랄한 마음을 품게 된다. 그래서 다른 이들을 제자로 삼을 수 있는 제자를 만드는 더 큰 일이 좌절된다.

혼자서 섬기는 사람은 쓸모 있거나 유능하거나 제대로 교육을 받았거나 헌신적이거나 충분히 자애로운 사람이 하나도 없다고 생각하는 담임 목사일 수 있다. 그래서 그는 도움을 구하지 않는다. 그는 자신의 능력과 위치에 따라 자신이 더 혹은 덜 중요해진다고 믿고 싶은 유혹에 빠질 수 있다. 그러면 그는 그의 일을 배울 만한 사람에게 위협을 느낀다. 그는 자신의 내적 갈등을 토로할 만큼 신뢰할 사람이 아무도 없다고 믿는다. 그래서 오직 예수님께만 마음을 토로하며 다른 사람들과는 거리를 유지한다.

교회 리더가 이런 식으로 행동하면, 교인들도 종종 그의 본을 따른다. 어떤 목회자나 가정교회 리더는 어떤 프로젝트나 그룹의 책임을 혼자 짊어지려 한다. 어떤 예배 팀원은 누구도 자신처럼 드럼을 칠 수 없다 믿기에 주일에 결코 빠지지 않는다. 혹은 어떤 그리스도인은 자신이 속한 가정교회를 위해 기도해 달라고 요청하지 못한다.

그리스도인들은 그리스도의 영광을 위해 할 일이 많다. 하지만 우리의 일과 사역을 함께해야 할 것으로 보지 못하면, 조만간 탈진과 고뇌와 우울과 실패에 직면할 것이다. 만일 우리가 일과 사역을 "두 사람이 한 사람보다 나음은 그들이 수고함으로 좋은 상을 얻을 것임이라"(전 4:9)라는 진리를 따라 하지 않으면, 우리의 일은 공허한 경험이 될 것이다. 전도서 본문에 따르면, 우리는 불만과 억눌림과 무력감과 울적함에 빠질 위험이 있다.

다행히도 해결책이 전도서에 분명히 제시되어 있다. 해결책은 관계이다. 다른 사람들과 함께할 때 일을 더 잘할 수 있고 더 좋은 결과를 얻는다. 관계가 없다면 우리 삶은 무언가 빠진 상태에 놓일 것이다. 빌립보서 1장 27절은 "너희가 한마음으로 서서 한 뜻으로 복음의 신앙을 위하여 협력"하라고 말한다.

곧 관계 속에서 관계를 통해 일하는 것을 우선순위로 삼겠다고 결심해야 한다는 뜻이다. 영적으로 성숙한 사람은 이렇게 선택한다. 그들은 종종 더 적은 일을 관계 속에서 함께해 나가기로 선택함으로써 맡은 일을 더욱 잘 해낸다.

예전에 아내와 나는 자동차 가스를 한 주에 한 탱크만 채울 수 있었다. 그래서 우리 부부는 어디로 가며 무엇을 할지 매주 신중히 결정해야 했다. 꼭 하지 않아도 될 여행들을 없앴고 덕분에 시간이 많이 남았다. 우리는 자주 가장 중요한 일을 하는 데 도움이 되지 않는 방식으로 시간을 허비하고는 한다. 좋은 일들이 가장 좋은 일을 하지 못하게 한다.

가장 좋은 일을 다른 사람들과 함께하려면 생각보다 많은 시간이 걸린다. 다른 사람들과 함께 일하기란 쉽지 않다. 우리는 죄성을 지닌 사람들이다. 우리의 영적 대적은 우리를 분열시킴으로써 하나님의 일을 중단시키려 한다. 우리가 의도적으로 연합과 사랑에 집중하지 않는 한 서로 불화하기 쉽다. 연합과 사랑을 선택할 때 하나님의 계획에 부합하는 그리스도인의 삶을 살 수 있다.

팀워크를 우선순위로

이쯤에서 당신은 무엇이 문제인지 곰곰이 생각하고 있을 것이다.

어쩌면 다니는 교회의 목사가 원맨쇼를 하고 있을 수 있다. 당신은 봉사하려고 해 보았지만, 그가 허락하지 않았다.

아니면 당신은 다른 신자들과 협력하려 했지만, 주님이 지시하셨다고 느껴지는 일은 고사하고 어떤 일에도 의견 일치를 보지 못했다고 생각할 수 있다.

혹은 다른 사람에게 상처받은 기억 때문에 다시는 다른 사람들과 엮이고 싶지 않을 수도 있다.

그리스도인 리더로서, 당신은 많은 교인이 봉사할 준비를 갖추지 못했다고 생각할 수 있다. 대부분이 어떤 식으로든 도우려 하지 않을 것 같고, 연약하고, 상처를 주며, 미성숙해 보인다. 다른 사람과 함께 일하는 건 고사하고 친구를 사귀기도 힘들 것 같다. 그들은 상처를 많이 받은 탓에 어떤 지시든 비판하며 좀처럼 받아들이지 않는다.

혹은 교인들이 교만하고 거만하며 우두머리 행세를 하려 들고 융통성이 없으며 만사를 자기 뜻대로 하려 할 수 있다. 그들은 자신의 생각이 수정되는 것을 용납하지 못한다. 잘못을 지적당한 것으로 오해하기 때문이다. 이런 사람들에 대해 당신은 어떻게 해야 하는가? 어디서부터 시작해야 하는가?

코치 받기보다 인정받기만을 원하는 그리스도인이 많다. 그들은 너무 오래도록 혼자 일한 탓에 외로운 방랑자가 되었고 팀원이 되는 법을 모른다. 앞에서도 언급했듯이, 그들에게는 '복종'이라는 말이 거북하다. 마귀가 오래도록 그리스도의 몸 된 교회를 어지럽혀 왔으므로, 교회가 다시 팀이 되려면 노력이 필요하다. 당신의 역할이 무엇이든 해결책은, 하나님의 교회가 팀이어야 하고 누구든 당신의 역할을 맡을 수 있음을 인정하는 데서 시작한다.

만일 당신이 팀의 일원이 아니라고 생각되는가? 그렇다면 하나님께 기도하며 자문할 때이다. 바뀌기 원한다면 회개해야 한다. 즉 다른 사람들과의 관계를 멀리하는 것은 잘못임을 인정해야 한다. 회개란 행동의 변화를 이끄는 마음의 변화이다.

이제 팀에 합류할 때이다. 만일 당신이 교회에서 무언가를 인도하되 영적 팀처럼 인도하지 않는다면, 변화를 도모해야 한다. 해야 할 사역이 많다. 목사가 당신을 팀워크 속으로 이끌지 않는다 해도, 여전히 그가 영적 권위를 지니고 있음을 기억하며 당신이 무엇을 도울 수 있는지 그에게 물어야 한다. 본서를 전해 주고 그를 위해 기도할 수 있다. 만일 그가 열린 태도로 당신에게 사역 기회를 준다면, 필요를 채울 팀 구성을 생각하기 시작하라. 그 팀은 다른 이들의 필요를 채우는 데서 그치지 않음을 기억하라. 그 팀은 팀원들 간의 관계적인 필요도 만족시킨다. 당신이 이런 일에 처음이며 잘할 줄 모르고 실수도 할 것이라고 팀원들에게 솔직히 말하라. 아량을 구하고, 실수했을 때는 방어적인 태도를 취하지 말라. 다른 사람들의 말에 귀 기울이며 기도하라.

목회 사역으로 가정교회를 대체하지 말라. 팀원들과 함께하는 삶을 시작하라. 함께 기도하라. 함께 저녁 식사를 하라. 함께 즐거운 시간을 가지라. 캠핑이나 공원 나들이를 하라. 모든 모임의 시작은 그리스도 안에 거하는 것으로 하라. 다시 말해 함께 성경을 읽고 자신의 곤경을 나누며 서로 기도하라. 그런 후에 목회 사역을 시작하라. 혼자 섬기지 말고 누군가와 함께하라.

목회적인 목표가 달성되면 함께 축하하라. 영적으로 함께 안식하며 즐거운 시간을 가지라. 누군가가 처음으로 무언가를 성공하면, 그것이 완벽하지 않더라도 그와 상관없이 축하하라. 우리는 때로 실패하더라도 무언가를 시도하는 과정을 통해 더 나아진다. 시도하는 용기가 훗날의 탁월함으로 이어진다. 그러므로 용기를 칭찬하고 최선을 다해 시도하라. 어떤 사람이 코칭을 받아들이며 변화될 때에는 겸손을 칭찬하라. 리더로서 당신이 더 효과적으로 인도할 방법이 무엇인지 다른 사람들에게 물어보라.

관계를 위한 은행 계좌를 만들고 필요한 비용 이상을 확보해 두라. 코치로서 당신은 사랑으로 지적해야 할 때도 있을 것이다. 구성원들이 그들을 향한 당신의 사랑을 안다면 그리고 당신이 가끔 지적도 하지만 그보다는 칭찬과 지지를 더 많이 하는 것을 안다면, 그들은 당신의 말을 들을 것이다.

만일 사역하도록 독려 받을 사람이 있는데 그가 아직 준비를 갖추지 못했다면, 먼저 그로 하여금 성숙한 신자들과의 관계 속에 들어가 그들과 함께 사역하게끔 하라. 좋은 리더는 하나의 사역이 완수되면 보고를 듣고 그 경험을 공유한다. 구성원은 함께 마친 사역을 자축하며, 다음에는 어떻게 더 잘할 수 있는지 나눈다.

그들로 하여금 영적 성숙이 무엇인지 보며 느끼게 하라. 그들을 서서히 양육하라. 다른 이를 제자 삼는, 예수님의 제자가 되는 비전을 품게 하라. 예수님은 제자들이 여러 차례 실패했지만 그들을 세우고 재정비해 다시 현장으로 보내셨다. 이 비전을 그들 앞에 던져 놓기만

하지 말고 그들 스스로 믿게 하라. 그러려면 그들이 이 비전을 왜 품어야 하며 어떻게 실행할지 알고 함께 의논하며 협력할 수 있어야 한다. 그렇게 된다면 점점 더 많은 책임을 그들에게 맡기라.

목표를 향해 일함

우리 교회는 자체 개발한 제자화 시스템을 가지고 정기적으로 세미나를 열어 사람들을 훈련한다. 여러 교회에서 목회자들이 직원들과 리더들을 데리고 와 이틀간 함께하는데, 우리는 의도적으로 한 사람 또는 최소한의 인원에게 인도를 맡기고, 가능한 한 많은 사람이 그룹 내에서 관계를 통해 제자화를 경험하게 한다. 그 그룹들은 우리 교회의 직원들과 리더들이 인도한다.

이렇게 하는 이유는 제자화란 단순히 강의를 통해서가 아니라 관계 속에서 가장 잘 이루어짐을 알려 주기 위해서다. 우리는 세미나에 참석한 목사들 앞에서 리더들을 제자화 하는 모습을 보여 줌으로써 제자화가 어떻게 진행되는지 알게 한다. 그리고 함께하는 시간을 가질 때마다 서른 명가량의 리더들에게 식사 준비 등 세심한 봉사를 부탁한다.

후에 우리는 우리와 함께하는 여정에서 얻은 것에 대해 참석자들의 이야기를 듣는다. 가장 흔히 듣는 말은 이런 것이다. "목사님 교회의 교인들이 팀으로써 그토록 잘 협력한다는 점이 놀라웠어요. 서로 진정으로 사랑하는 모습은 더욱 놀랍고요."

종종 그들은 그 팀워크가 단지 쇼인지 아니면 우리 교회에서 늘상 있는 일인지 묻는다. 나는 실제로 그런 식이지만 항상 그런 건 아니라고 대답한다. 우리는 의견 차이나 나쁜 태도를 해결하기까지 많은 충돌을 겪어 왔다. 순조로운 팀워크와 진실한 관계를 위해 힘든 수고를 거쳐야 했다. 우리는 그런 관계를 바라는 마음을 피력하는 참석자들의 편지를 받는다. 그들은 자신의 교회에서도 같은 팀워크가 형성되기를 바란다.

사실은 이렇다. 우리 교회가 팀으로 잘 해나가는 것은 우리가 팀이 되려고 힘든 노력을 기울이기 때문이다. 우리는 팀워크와 관계를 우선시한다. 팀으로서 움직이는 데 시간과 에너지를 투자하며, 이를 우선한 결과 우리 팀 중 대부분이 결국 성공한다. 우리는 함께 일하며 차이를 극복하는 편을 택하기 때문에, 오늘날 자신의 역할을 수준 높게 감당하는 견고한 리더들을 많이 확보하게 되었다.

우리가 종종 듣는 또 다른 평가는, 우리 교회에 대단한 리더들이 많다는 것이다. 그러나 나는 이렇게 말한다. "그들이 어떻게 좋은 리더가 되었다고 생각하십니까? 우리는 성경의 지시를 따릅니다. 항상 성령님이 성경의 지시를 실행할 힘을 주시지요. 우리는 교인들에게 팀으로서 일할 기회를 줍니다. 팀으로서 기도할 때 그들은 각자의 위치에서 더 나아집니다. 코치를 받으며 귀 기울이기 때문에 그들은 실패하거나 곤경에 처했을 때 도움을 받지요. 큰 실패들을 더러 겪지 않고서 큰일을 해내는 사람은 아무도 없습니다. 계획이 세워질 때 그들은 귀 기울였어요. 다른 사람의 말을 경청하도록 독려 받았지요. 우리에게 좋은 리더들이 있는 까닭은 우리가 참된 영적 성숙을 우선순위로 삼았기 때문입니다."

나는 어떤 일을 잘한다는 이유만으로 그 사람이 성숙하다고 생각하지 않는다. 성숙은 하나님과 다른 사람들을 사랑하는 것이며 관계적으로 훌륭한 것이다.

모든 리더가 항상 성숙할까? 그렇지 않다. 우리는 심각하게 망가진 사람이며, 우리에게는 집요한 영적 대적이 있다. 그러니 어떻게 항상 성숙할 수 있겠는가? 이생에서의 삶은 예수님이 오실 때까지 싸우는 삶이다. 따라서 관건은 싸우고 있는지의 여부가 아니라, 올바르게 싸우는지의 여부이다.

영적으로 미성숙한 그리스도인은 교만해져서 자신의 일을 혼자서 처리하려 할 수 있다. 영적으로 성숙한 사람도 자신이 누군지를 망각하고 미성숙한 상태로 미끄러질 수 있다. 팀워크가 없다는 것은 덜 효과적이며 전체 사역을 처리하는 결속력이 약하다는 뜻이다. 자기 의견에 대해 지적이나 조정을 허용하지 않는 사람은 벼리지 않은 도끼와 같다. 열심히 일하지만 이루는 것이 거의 없다. 그 결과 낙심하고 지치며 심지어 일을 중단하는 지경에 이를 수 있다.

다른 사람들의 말에 귀 기울이지 않거나 그들의 조언을 구하지 않을 때, 우리는 자신의 관점만 내세우게 된다. 우리 자신의 관점은 지나치게 복잡한 것들을 지나치게 단순화하는 경우가 많다. 하나님께 영광 돌리려는 마음으로 한다 해도, 그 일을 혼자 할 경우 사람들로 하여금 하나님보다 우리를 신뢰하게 하는 경향이 있다.

영광을 가로채는 사람은 교만으로 망하게 된다. 대적 마귀는 교만으로 사람을 부추겨서 자기 자신을 너무나 중요하게 여기도록 한다. 하나님은 교만한 자를 대적하고 겸손한 자에게 은혜를 베푸신다. 따라서 어떤 사람을 하나님의 도구가 아니라 교만하게 행하는 자로 유도한다면, 하나님은 그의 일에 복 주시지 않을 뿐 아니라 대적하실 수도 있음을 마귀는 안다.

더 온전하고 지혜로운 조언

우리의 수고에 대해 더 나은 보상이 있다는 것은, 여러 사람이 합력하면 일이 더 수월해지고 나아진다는 것만 뜻하지 않는다. 여러 사람의 눈과 마음과 재능과 영적 은사와 통찰력이 합해지면, 실제로 일을 시작하기 전에 더 나은 계획을 세울 수 있다.

내가 이 사실을 진작 알았더라면 그토록 어렵게 배우지 않았을 것이다. 나는 많은 실패를 통해 팀의 유익과 지혜로운 조언의 유익을 배웠다. 우리는 15여 년 전에 리얼 라이프 미니스트리즈를 개척했다. 작은 개척 교회에서는 충분한 직원을 확보하기 힘들다. 모든 직원이 여러 역할을 겸임해야 하며, 모든 자원자가 여러 팀에서 일한다. 처음 몇 년 동안 나는 줄곧 스트레스에 시달렸고, 새로 개척한 교회를 존속시키기 위해 최선을 다해 이리저리 뛰어다녔다.

가장 큰 스트레스 중 하나는 설교 준비였다. 너무 많은 시간이 요구되었다. 좋은 설교를 했을 때도 어떤 이들이 와서 중요한 내용을 놓쳤다며 지적하고는 했다. 이제야 솔직히 인정하지만, 나는 성령님이 그분의 일을 하시게 하기보다는 나 자신의 능력을 강조했다. 어떤 이들은 내가 완벽해지기를 너무 심하게 압박했는데, 나는 그것을 허용했다. 그런데 내가 미처 발견하지 못한 더 나은 길이 있었다. 나는 그것을 놓치고 있었고, 그래서 피할 수도 있던 많은 일을 하고 있었다.

예컨대, 어느 해 크리스마스이브 설교에서 나는 크리스마스의 진정한 의의에 대해 설교했다. 물론 우리 교회를 처음 온 사람들도 많았다. 교인들에게 구원받지 못한 친구들과 가족을 초청하라고 독려했기 때문이다. 그날 밤에는 어린아이들이 부모와 함께 참석했다. 예배 중에 나는 크리스마스가 산타클로스와 무관함을, 사실 산타클로스는 존재하지 않음을 강조했다. 크리스마스의 진실을, 말구유에 누이신 임마누엘 하나님에 대한 이야기임을 선언했다.

그때 문제가 생기기 시작했다. 여러 부모들이 어린 자녀의 귀를 손으로 막았다. 어떤 아이들은 자신의 부모를 돌아보았다. 산타가 정말 존재하지 않는지 묻는 표정이었다. 화난 부모들이 나를 째려보았다. 몇몇 가족들은 밖으로 나가버렸다.

나는 설교를 듣는 사람들의 정황을 고려하지 않는 고전적인 실수를 범했다. 나는 방문자들의 입장에서 생각할 수도 있었다. 그런데 그들의 기대를 한순간에 깨트리다니! 물론 산타클로스는 없지만, 그 부분을 좀 더 요령 있게 표현할 수도 있었다. 설상가상으로, 내가 집에 왔을 때 온 가족이 모인 자리에서 아내는 부활절에 부활절 토끼도 죽일 거냐며 내게 물었다.

한번은 가족에 대한 설교에서 남자와 여자의 차이를 이야기하며, 남자는 여자를 이해하지 못하기에 큰 문제를 야기할 수 있다고 농담했다. 남자들은 모두 웃었다. 하지만 후에 여성 담당 목사가 와서 부드럽게 말했다. "여자 성도님들이 목사님의 설교를 어떤 뜻으로 받아들였는지 아시나요? 담임 목사님이 여성을 이해하지도 배려하지도 못하니 남편들도 그들을 이해할 필요가 없다고 생각한답니다." 미성숙한 어떤 남자들은 배려 없는 행동을 하는 핑계로 내 말을 인용한다고도 했다. 또한 함께 사역하는 많은 여성들의 가족이 하나님이 원하시는 모습과는 거리가 먼 남편 때문에 고통 중에 있다고도 말했다.

물론 그것은 내가 의도했던 바가 전혀 아니었다. 나는 단지 심각한 주제에 부드럽게 접근하기 위해 살짝 농담을 섞었을 뿐이었다. 그러나 어떤 이들의 귀에는 그것이 몹시 거슬렸다. 솔직히 나는 그 말을 하기 전에 충분히 생각했어야 했지만, 이미 너무 늦어버렸다.

설교 준비가 내 시간을 온통 삼키고 있었다. 매주 설교 준비에 20-30시간을 할애했다. 솔직히 말해 그러고서도 목표 달성에 실패하고는 했다. 나는 이 시간을 교회와 관련된 다른 일에 할애하는 약 30-40시간보다 더 우선했다. 나는 기진맥진해졌다. 이것은 건강한 그리스도인의 삶이 아니었으며, 나의 결혼 생활과 자녀 양육 그리고 좋은 영적 리더로서의 능력에 악영향을 주고 있었다.

나는 어떻게 해야 할지를 놓고서 한 선배 목사님과 이야기를 나눴다. 여러 해 전에 교회를 개척한 그 목사님은 자신의 교회에 마련한 소위 '설교 클럽'에 대해 이야기했다. 그것은 임원들과 평신도들로 구성된 모임으로 매주 초에 모여 설교에 대해 함께 토론한다. 그 목사님이 자신의 관점에서 벗어나기 위해 마련한 방법이었다.

그래서 나도 시도해 보았는데, 나 혼자서 15시간 연구해 얻을 것을 1시간 만에 얻을 수 있었다. 나의 생각과 개념들을 구성원들에게 설명하면, 그들은 들은 것에 대한 의견을 내게 말해 주었다. 그들은 내가 미처 생각하지 못한 부분을 알려 주고 적용을 도와주었다. 여성 구성원들은 여성과 관련한 더 좋은 방안을 제시했다. 젊은 직원은 젊은이의 마음에 닿을 수 있는 예화들을 제시했다. 비교적 나이가 있고 더 지혜로운 직원은 헬라어나 히브리어를 사용할 만한 부분을 알려 주었고 더 확장된 해석을 제시했다.

설교 클럽은 더 빨리 연구하는 법과 더욱 잘 적용하는 법을 알려 주었다. 팀으로 일하면서 나는 지혜로운 조언뿐 아니라 나 자신의 관점보다 더 넓은 관점을 얻었다. 이로써 나는 리더로서 해야 할 일과 균형 잡힌 가정생활 모두를 할 수 있는 시간을 확보했다.

다른 유익들도 있었다. 내가 다른 사람들과 함께 일하자 교회 직원들도 다른 사람들과 함께 일했다. 내가 지혜로운 조언을 구하자 그들도 조언을 구했다. 설교 클럽은 또한 직원들의 의사소통 능력을 급속히 성장시켰다. 내가 설교를 발전시키면서 설교자들도 발전했다.

나는 설교 클럽을 여러 해 운영해 왔는데 그 효과가 매우 근사하다. 얼마 전 새로운 직원이 들어왔다. 다른 교회에서 온 그는 메시지 개발에 전혀 다른 시각을 지니고 있었다. 그는 팀의 일원으로 설교 클럽에 참석했고, 세 번째 참석했을 즈음 매우 실망했다.

"무엇이 그토록 실망스러우신가요?" 내가 물었다.

"목사님, 하나님께서는 목사님께 말씀하십니다." 그가 말했다. "그런데 클럽에 참석하는 이 사람들은 설교 방향에 대한 목사님의 믿음을 지지하지 않습니다. 심지어 지적을 하죠. 그들은 자신을 누구라고 생각하나요? 그들은 늘 질문을 던집니다. '이건 어떤가요? 저건 어떤가요?' 결국 목사님의 설교 메시지는 처음에 원하셨던 방식으로 마무리되지 않습니다. 저를 실망시킨 건 바로 이것입니다."

"우리의 비전을 이해하도록 도와드리지요." 내가 말했다. "만일 하나님이 저 한 사람에게만 말씀하시며 우리 교회의 다른 이들은 단지 저의 임무를 실현하기 위해 존재한다고 생각한다면, 목사님은 그릇된 관점을 지니신 겁니다. 하나님이 무언가를 제 마음에 두실 수도 있지요. 하지만 그 메시지는 교회 차원에서 인정받고 숙고되며 삶으로 실천됩니다. 자신의 설교가 하나님으로부터 직접 나오는 하나님의 음성이며 오직 자신을 통해서만 회중에게 전달된다고 믿는 목사들이 너무나 많습니다. 하나님께 비전을 받아서 교회에 알리는 것이 자신의 일이라 생각하는 목사들도 너무 많지요. 물론 하나님은 리더에게 비전을 주십니다. 하지만 하나님은 모든 신자를 통해 그 비전을 실행하시며, 그들 가운데 리더를 두십니다. 우리는 그 과정에 다른 성숙한 신자들이 개입되기를 허용해야 합니다. 분명 하나님은 어떤 일들을 우리 마음속에 두십니다. 하지만 성경은 지혜로운 조언을 구하라고 말합니다. 하나님의 말씀과 하나님의 성령 그리고 하나님의 사람들이 합력해 우리에게 방향을 제시하는 것입니다."

그는 나의 말을 이해하려 애쓰고 있었다. 그래서 내가 덧붙였다. "목사님은 맡은 일을 아주 잘 해내고 계십니다. 하지만 만일 다른 모든 이들에게 할 일을 알려 주는 것이 목사의 임무라고 생각한다면, 그렇지 않다는 것을 아셔야 합니다. 경청하고, 돕고, 코치하고 또한 제자들과 제자 삼는 제자들을 만드는, 예수님의 제자가 되는 것이 목사님이 하실 일입니다. 목사님의 위치에서 팀원으로서 인도하세요. 다른 제자들과 잘 협력하세요. 다른 팀원들을 소중히 여기세요."

모든 목사들이 내일 당장 설교 클럽을 시작하지는 않겠지만, 함께하는 협력의 원칙을 실천하는 것은 좋은 방법이다. 목사는 몇몇 핵심적인 사람들과 함께 설교를 준비하거나, 가정교회에 기도 지원을 부탁하거나, 다른 사람들의 조언에 대해 개방적인 마음을 유지할 수 있다.

핵심은 우리의 수고가 팀으로 행해질 때 언제나 더 나은 결실을 맺는다는 것이다. 하나님은 우리 삶 속에 지혜로운 사람들을 보내 주시며, 우리는 그들의 조언을 받아들일 때 더 온전한 관점을 얻게 된다. 혼자 일하는 쪽을 택한다면, 나의 모든 정보가 나의 경험과 교육과 해석을 통해서만 걸러질 것이다. 나의 일이 하나님께서 바라시는 것보다 더 좁아질 것이다. 그러나 하나님은 더 온전한 방식으로 보도록 도와줄 그리스도의 몸을 우리에게 주셨다.

바울은 참된 겸손으로 그리스도의 본보기를 따라 살 것을 당부한다. 우리 각자의 역할이 동일하지는 않지만, 모든 은사는 같은 목적을 위해 주어진다고 바울은 말한다. 그 목적은 하나님을 영화롭게 하고 제자를 삼으며 또한 믿음 안에서 다른 신자들을 세우는 것이다.

로마서 12장 3-8절은 다음과 같이 말한다.

"내게 주신 은혜로 말미암아 너희 각 사람에게 말하노니 마땅히 생각할 그 이상의 생각을 품지 말고 오직 하나님께서 각 사람에게 나누어 주신 믿음의 분량대로 지혜롭게 생각하라 우리가 한 몸에 많은 지체를 가졌으나 모든 지체가 같은 기능을 가진 것이 아니니 이와 같이 우리 많은 사람이 그리스도 안에서 한 몸이 되어 서로 지체가 되었느니라 우리에게 주신 은혜대로 받은 은사가 각각 다르니 혹 예언이면 믿음의 분수대로, 혹 섬기는 일이면 섬기는 일로, 혹 가르치는 자면 가르치는 일로, 혹 위로하는 자면 위로하는 일로, 구제하는 자는 성실함으로, 다스리는 자는 부지런함으로, 긍휼을 베푸는 자는 즐거움으로 할 것이니라."

에베소서 4장 11절에서 바울은 그리스도의 몸인 교회가 할 일을 이끄는 리더십 은사들을 제시한다.

"그가 어떤 사람은 사도로, 어떤 사람은 선지자로, 어떤 사람은 복음 전하는 자로, 어떤 사람은 목사와 교사로 삼으셨으니."

고린도전서 1장 10절에서 바울은 그리스도인들에게 분열되지 말 것을, 그리고 교회가 목적과 실행에 있어 연합된 단일한 실체로서 역할을 감당하도록 다양한 은사를 사용할 것을 당부한다. 현대 문화에서 우리는 이를 팀으로 이해한다. 팀이 그 목표와 방법에서 연합하지 않는다면, 재능이 얼마나 많든 중요하지 않다.

"형제들아 내가 우리 주 예수 그리스도의 이름으로 너희를 권하노니 모두가 같은 말을 하고 너희 가운데 분쟁이 없이 같은 마음과 같은 뜻으로 온전히 합하라."

고린도전서 12장에서 바울은 그리스도의 리더십 아래 연합할 것을 신자들에게 줄곧 당부하면서 지체의 불가피한 다양성을 인정한다.

"몸은 하나인데 많은 지체가 있고 몸의 지체가 많으나 한 몸임과 같이 그리스도도 그러하니라"(12절)

요점은 우리가 함께할 때에만 하나님의 지혜가 계시된다는 것이다. 하나님의 계획은 그분의 의도대로 진행될 때 놀라운 결과를 가져온다. 우리가 일을 더 많이 더 잘 해낼 뿐 아니라, 함께하는 삶이 주는 기쁨과 힘을 경험함으로써 우리의 관계에 대한 문제의 답도 찾는다.

장성한 분량이 충만한 데까지

구체적인 말씀을 제시해 보겠다. 에베소서 4장 12-13절에서 바울은 우리의 할 일에 대해 분명히 밝힌다. "이는 성도를 온전하게 하여 봉사의 일을 하게 하며 그리스도의 몸을 세우려 하심이라 우리가 다 하나님의 아들을 믿는 것과 아는 일에 하나가 되어 온전한 사람을 이루어 그리스도의 장성한 분량이 충만한 데까지 이르리니."

이 기본적인 성경 원칙을 제대로 이해하지 못하는 리더들이 많다. 우리의 일은 슈퍼스타가 되거나 스포트라이트를 받는 것이 아니다. 우리는 선수가 아닌 코치로 부르심을 받았다. 우리의 임무는 다른 사람들을 경기장에 들여보내는 것이다. 단지 무엇을 할지 다른 이들에게 말하는 것이 아니라 봉사를 위한 도구를 그들에게 공급하는 것이다.

당신이 유소년 야구팀 코치라고 하자. 야외에서 훈련하는데 배트에 맞은 공이 이루수 쪽으로 간다. 이루수는 어떻게 해야 하는가? 그의 임무는 무엇인가? 코칭 초기에는 당신이 이루수가 할 일을 그에게 자세히 알려주어야 한다. 공의 낙하지점을 예측해 그리로 이동할 것을 말해 주어야 한다. 글러브로 공을 받는 법을 코치해야 한다. 주자를 아웃시키기 위해 일루수에게 힘껏 공을 던질 것을 지시해야 한다. 그가 역할에 익숙해질 때까지 당신은 반복적으로 코치할 것이다.

이제 당신이 한동안 팀을 코치한 후라고 생각해 보라. 앞서 같은 선수들과 같은 상황이 펼쳐졌다. 공이 이루수 쪽으로 날아간다. 무슨 일이 일어나는가? 코치의 목표는 이제 지시 없이도 선수들이 제 역할을 해내도록 하는 것이다. 훈련이 시작된다. 이루수는 어디로 움직일지, 자신의 글러브로 공을 어떻게 잡을지, 주자를 아웃시키기 위해 어디로 던질지를 정확히 알고 있다. 당신은 그가 어떻게 할지를 알도록 훈련시켰고 그는 그렇게 할 수 있다.

리더로서 우리의 임무도 이와 같다. 다른 사람들을 훈련시켜 무엇을 어떻게 하는지 알게 하는 것이다. 그러나 너무 많은 교회 안에 목사를 실패로 모는 문화가 형성되었다. 그런 문화에서 목사는 마치 원맨쇼를 하는 스타와 같다. 모든 일을 혼자 하는 것이 그의 임무이다. 그는 자신이 하나님의 음성을 대언하는 사람이라고 배운다. 그의 일은 결코 완료되지 않은 채 온통 그의 마음을 빼앗기만 할 뿐 애매모호하다. 모든 회중은 일체의 답을 그에게서 얻으려고 그만 바라본다.

이런 환경은 시작부터 잘못되었다. 우리의 머리와 마음속에 교회의 리더십은 복수여야 한다는 개념이 있어야 한다. '목사'로 불리는 사람이 한 명뿐이어도 마찬가지다. 사역은 모든 그리스도인의 몫이다. 모두가 사역을 담당할 수 있도록 훈련하는 것이 목사의 임무이다.

얼마 전 우리 교회의 행정 목사 두 명이 사임했다. 사임 이유가 충분했고 아쉬운 작별의 시간을 가졌다. 하지만 우리 교회의 상황은 당장 곤란해졌다. 나는 사무실에서 행정 팀과 함께 모여 어떻게 해야 할지 물었다. 그들은 멍한 표정으로 나를 보았고, 한 사람이 마침내 말했다. "저희는 모르겠어요. 어떻게 해야 할지 알려 주세요."

내가 대답했다. "저도 실마리조차 찾지 못하겠습니다." 이어서 이렇게 말했다. "여러분은 제가 인도해 주기를 기다리고 있어요. 물론 그렇게 할 것입니다. 그러나 여러분도 해결책을 찾는 일에 동참해 주십시오. 여러분 중 한 분이 실마리를 발견할 수 있습니다. 함께 찾아봅시다. 이것은 팀의 문제이며, 우리는 팀으로서 이 문제를 극복해야 합니다. 그런 관점에서 시작합시다. 함께 나아갑시다."

하나님이 우리가 팀으로서 다른 사람들과 함께 일하게 하시는 핵심적인 이유 중 하나는 우리가 성공의 공적을 하나님께 돌리게 하기 위함이다. 사람은 무언가를 칭찬하며 누군가에게 감사하도록 만들어졌다. 궁극적으로 인간은 하나님께 영광을 돌리도록 지음 받았다. 우리가 개인으로서 어떤 일을 잘 해낼 때 마귀는 우리를 추켜세워 교만하게 하며, 그래서 우리는 자신의 성취에 대한 찬사를 받기를 기대한다.

팀워크는 다른 사람들과 협력하게 하며, 그래서 자신이 영광을 취하려 드는 교만을 막는다. 우리가 협력하여 일을 잘 해내면 성령으로 충만해지며 영광을 우리가 아닌 하나님께 돌리게 된다.

함께 협력하는 것, 이것은 너무나 단순한 개념 같지만 그리스도인들이 부단히 명심해야 할 개념이다. 우리는 함께 일할 때 더 나은 상급을 얻는다. 팀으로서 일하는 것이 우리에게 가장 유익하다. 이는 그 어디보다 교회에서 더욱 중요한 사실이다.

요한복음 13장 35절에서 예수님은 "너희가 서로 사랑하면 이로써 모든 사람이 너희가 내 제자인 줄 알리라"라고 말씀하셨다. 교회는 연합된 모습을 세상에 보여야 한다. 그런 체하는 것이 아니라 진정으로 연합된 삶을 살아야 한다. 우리는 서로 사이좋게 지내야 한다. 하나님이 그렇게 하라고 명하셨다. 하나님은 예수님을 통해 그리고 역사상 성숙한 신자들을 통해 그 본보기를 우리에게 제시하셨다. 우리가 순종할 수 있도록 성령님을 보내 주셨다. 우리는 이를 우선순위로 삼아야 한다.

위험을 감수하라
서로의 짐을 지라
신앙 공동체의 힘
화목하게 하는 자 되기
새로운 관계들로 들어감
주의 사항
사랑은 어렵다
불의 온기

chapter 8

도움을 주면서
도움을 받는 관계

얼마 전, 나는 두 주 동안 교회에 나오지 않은 한 교인에게 전화를 했다. 몇 번의 시도 끝에 통화할 수 있었다. 나는 보고 싶었다고 말하면서 별일 없는지 물었다. 그는 별일 없으며 다만 바빴을 뿐이라고 대답했다. 하지만 그의 목소리는 그렇지 않았다. 내가 이런저런 질문들로 유도하자, 마침내 그는 속내를 털어놓았다. 생업에 문제가 생겼고 그 압박감으로 결혼생활까지 힘들어졌다고 말했다. 표정을 꾸밀 수 없어서 교회에 나오지 못했다는 것이다.

나는 이 사람에게 마음이 쓰였다. 다른 문제 외에도 그는 진정한 기독교가 무엇인지 이해하지 못했다. 그는 교회에서는 '좋은' 모습만 보여야 한다고 생각했다. 교회를 진실하고 격려 받는 곳으로 보기보다는 완전해야 하는 곳 혹은 적어도 완전한 척하는 곳으로 보았다. 성숙한 그리스도인은 완벽해야 하며 그렇지 않으면 사람들의 비판을 받게 된다는 잘못된 생각에 빠져 있었다.

내 친구 중 한 사람도 직업을 잃은 적이 있다. 전 세계를 기준으로 보면 그는 가난하지 않았다. 그와 그의 아내는 여전히 거할 집이 있었고 하루 세 끼를 먹을 수 있었다. 하지만 그들은 상심했다. 앞으로 생활비를 어떻게 충당할지 불확실했기에 앞으로의 재정 상황에 대한 고민으로 스트레스를 받았다.

그는 오래도록 신앙생활을 한 자부심 강한 그리스도인이었고, 이제 결단에 직면했다. 교인들에게 알려야 할까? 그는 난처함을 느꼈다. 누군가가 그의 돈을 관리하는 능력이나 가족에게 필요한 것을 채워 주는 능력에 의문을 표할 것 같았다. 그는 힘든 수고, 청지기직 또는 게으름에 대한 설교를 많이 들었다. 따라서 사람들이 그를 영적으로 미성숙한 사람으로 볼 것이라고 생각했다.

젊었을 때 그는 "남자는 징징대지 않는다."라고 배웠다. 넘어지면 상처에 묻은 흙을 털고 다시 스스로 일어나야 한다는 것이다. 그는 기도가 상황을 변화시킬 수 있음을 알았다. 그래서 교회의 기도 지원을 진심으로 원했다. 하지만 기도 부탁이 험담으로 이어질까 두려웠다. 그는 한편으로 실제적인 곤경에 직면했지만, 다른 한편으로는 도움을 주기보다 받는 사람 중 한 명이 될까 우려했다.

신실한 종으로 알려진 한 여성은 그토록 신실하게 섬겨온 사역에서 자취를 감췄다. 여러 해 동안 그녀는 우리 교회에 찾아오는 사람들을 식사 봉사로 섬겼으며, 그들에게 재정적인 도움을 주는 일에도 협력했다. 그녀가 섬김을 중단하자 친구들이 나서서 무슨 일이 있는지 알아내려 했다. 마침내 그들이 그녀를 만났을 때 그녀는 남편과 자녀의 일로 가정형편이 어려워져 더는 베푸는 일을 할 수 없었노라고 말했다. 그녀는 다른 사람들을 돕는 것이 자신의 역할이며, 자신의 문제로 사람들에게 짐이 되어서는 안 된다고 생각했다.

당신도 위의 사례 중 하나에 해당하는가? 공통분모가 있다. 어려움에 처한 사람들이 도움 구하기를 원치 않는다. 그들은 도움 베푸는 것은 괜찮지만 구하는 것은 안 된다고 생각한다. 도움 구하는 상황을 못 견딘다. 이는 그들이 영적으로 미성숙하다는 뜻이다.

당신은 문제가 있을 때 사람들에게 말하는가?

이런 함정에 빠지는 자는 평신도로 섬기는 사람들만이 아니다. 내가 아는 많은 목사도 이 문제 때문에 고독하다. 그들은 다른 사람들을 부단히 돌보지만 자신의 불안이나 내적 갈등이나 물질적 결핍을 다른 이에게 토로하기를 거부한다. 많은 목사들이 돈을 많이 벌지 못하고, 그래서 종종 재정적인 문제에 직면하지만 내색하지 않는다. 영적으로 성숙한 그리스도인은 오직 다른 이들을 섬기는 일에만 관심을 기울여야 한다고 하는 거짓에 빠져 있다. 삶이 어떻게 진행되든, 그들은 아무 내색 없이 흡족한 듯이 행동한다.

그들의 인도를 받는 사람들은 무엇을 배우겠는가? 그들은 교회란 섬기고 베풀며 하나님과의 관계를 맺는 곳일 뿐이라고 가르친다. 하지만 교회는 우리가 다른 사람들의 격려와 지원을 받는 곳이기도 하다.

영적으로 성숙한 사람은 도움을 베풀고, 영적으로 미성숙한 사람은 도움을 받아야 한다고 생각하는 사람들이 많다. 그러나 성숙한 그리스도인은 둘 다를 행한다. 그들은 도울 수 있을 때 돕는다. 그들은 겸손한 자에게 하나님이 복 주심을 알기에 자신의 궁핍한 처지에 대해서도 솔직하다. 우리에게 도움이 필요할 때 하나님은 뒷마당에서 석유가 터져 나오게 하거나 로또에 당첨되게 하는 방식으로 우리의 기도에 응답하지 않으신다. 다른 신자들을 통해 기도에 응답하신다.

영적 가족 지원 시스템을 개발하지 않는 사람은 실제로 영적으로 미성숙한 사람이다. 왜냐하면 그는 너무 분주하거나 감정적인 벽을 쌓고 있기 때문이다. 미성숙한 사람은 다른 사람들과 소통하지 않으며, 다른 사람들이 그의 필요를 보살핌으로써 그를 사랑하기를 허용하지 않는다.

그렇다면 우리는 어떤 필요들을 나눌 수 있을까? 주거지, 음식, 의복과 같은 물질적인 필요들이 있으며 기도, 격려, 책임감, 용서, 지혜와 같은 영적인 필요들도 있다. 사람들과 참된 관계를 맺으려면 우리는 영적 공동체 구성원들이 실제적인 필요를 토로하도록 독려하는 대화를 시작해야 한다. 또한 우리 자신의 필요도 토로해야 한다. 우리는 사람들과 상호적이며 솔직하며 투명한 관계를 맺어야 한다. 곧 "내가 너를 알고, 너는 나를 알며, 네 필요를 내가 알고, 내 필요를 네가 아는" 관계 말이다.

이렇게 하려면 어떻게 해야 할까? 왜 그렇게 해야 할까?

위험을 감수하라

많은 그리스도인이 '친한 지인'을 두고 있지만 '진정한 관계'를 맺고 있지는 않다. 이들 둘은 차이가 있다. 우리는 지인과 함께 골프를 치거나 사냥을 하거나 미소 지으며 악수를 나눈다. 함께 성경공부를 하거나 서로를 위해 기도할 수도 있다. 하지만 과연 우리는 자신의 깊은 죄 문제를 토로할 정도로 솔직한 관계를 맺고 있는가? 자신의 필요를 다른 사람들에게 알려서 도움을 받으려 하는가? 힘든 결혼생활이나 생업 문제나 양육 문제가 있을 때 주님 안에서 실제로 서로를 독려하는가?

전도서 4장 9-11절을 다시 보라.

"두 사람이 한 사람보다 나음은 그들이 수고함으로 좋은 상을 얻을 것임이라 혹시 그들이 넘어지면 하나가 그 동무를 붙들어 일으키려니와 홀로 있어 넘어지고 붙들어 일으킬 자가 없는 자에게는 화가 있으리라 또 두 사람이 함께 누우면 따뜻하거니와 한 사람이면 어찌 따뜻하랴."

10절에 주목하라. "혹시 그들이 넘어지면 하나기 그 동무를 붙들어 일으키려니와." 이 구절은 함께하는 유익을 말한다. 도움과 이해는 쌍방향적이다.

만일 당신과 내가 참된 관계를 맺고 있다면, 당신이 낭떠러지 끝에서 떨어지기 전에 당신이 낭떠러지로 가까이 가고 있음을 내가 알 것이다. 당신의 집에서 이미 오래 된 문제가 터진다고 해서 내가 놀라지도 않을 것이다. 당신은 나의 약점을 알고, 그 문제로 나와 함께 기도한다. 당신은 내게 닥칠 위험에 대해 지혜로운 조언을 한다. 내가 넘어질 때 당신은 알고 있다. 왜냐하면 이미 우리는 계속 교류하고 있기 때문이다.

나는 다음과 같은 서글픈 상황을 거듭 마주한다. 한 부부가 상담하러 온다. 그들은 여러 해 전부터 그리스도인이다. 부부 싸움이 오래 지속되었지만, 그 짐을 둘이서만 져 왔고 이제 너무 지쳐서 포기하기 직전이었다. 그들은 그 문제를 성숙한 신자들과 함께 나누지 않았다. 비그리스도인이나 멀리 떨어진 TV상담가 또는 심지어 연속극에서 조언을 얻었다. 그 조언은 하나님의 계획에 부합한 것이 아니었다.

다른 모든 노력을 한 후 그들은 마지막 희망을 가지고 나를 찾아왔다. 만일 내게서 도움을 얻지 못한다면 그들은 끝장이라고 말했다. 오래 전부터 추락하기 시작한 그들은 이제 마음이 굳어지고 감정적으로 상처에 잠식당했다. 그들의 영적 삶은 얄팍했다. 둘 중 하나라도 문제를 해결할 영적 힘이나 의지가 있는지 불확실했다.

이 사람들은 불완전한 형태의 믿음을 위한 혼합 레시피를 만들어 왔다. 이런 음식을 꾸준히 섭취한 후에 그들은 강하고 굳건해지기보다 공허하며 망가졌다. 이 부부를 생각할 때 슬픈 사실은, 그들이 솔직했더라면 그들의 말에 귀 기울이며 경건한 조언을 했을 친구들이 주위에 있었다는 것이다. 하지만 그들은 삶이나 결혼생활에 대한 질문을 받을 때마다 "괜찮아요."라는 오래도록 준비된 대답을 했다. 이들의 영적 친구들은 이들 부부가 잘 지낸다고 생각했지만 사실은 그렇지 않았다.

왜 이런 일이 일어났을까? 제자화 결여가 자주 그 원인이 된다. 불행하게도 그들의 영적 공동체는 진실한 관계를 결여한 행사들에 집중했다. 소그룹과 공부 모임들은 정보 전달에만 주력했고, 실제적인 문제를 다루거나 시련을 이겨낼 실천적이며 강력한 방안을 제시하지 않았다. 사람들이 여러 방식으로 다른 이들을 도왔지만 자신의 실제 세계를 드러내지는 않았다. 리더들은 진실한 '영성의 본'을 보이지 못했고, 따라서 다른 사람들도 언제나 잘 지내는 척하는 법을 배웠다. '잘 지내지 못하는 것'은 연약함을 드러내는 영적 미성숙의 표시로 보였다.

불행하게도 많은 그리스도인이 줄곧 베푸는 자나 전문가의 역할만을 한다. 이것은 고상해 보이지만, 곤경이나 환멸로 안내하는 확실한 티켓이다. 또한 그 이면에는 교만이 자리 잡고 있다. 만일 내가 내게 결핍된 것을 결코 다른 사람에게 알리지 않는다면, 이는 내게 아무런 문제가 없음을 암시하려는 의도이다.

나는 하나님의 지원을 받으며 그래서 다른 사람에게 항상 베풀 수 있다고 말할 수도 있다. 그러나 이는 하나님이 내 삶에서 다른 사람들을 통해 일하시지 않음을 나타내는 것이다. 또한 이는 영적 발전 과정에서 내가 다른 신자들을 통해 말씀하시는 하나님의 음성을 더는 들을 필요가 없다고 말하는 것이다. 그러나 진실한 관계가 없는 기독교는 불완전하다.

다른 사람들을 알며 그들에게 자신을 알리는 관계를 맺으며 살아가지 않을 때 우리는 은혜를 베푸시는 하나님의 능력을 기피하는 셈이다. 내게 어떤 문제가 있을 경우 내가 그것을 알리지 않는다면 누가 도와주겠는가? 하나님이 이적을 행하실 수도 있지만, 그분은 우리의 필요를 다른 이들에게 알려서 도움을 받을 수 있도록 언어를 주셨다. 그분은 말씀을 통해 지시하시며, 이 말씀 앞에서 우리는 겸손히 교만을 내려놓고 자신에게 도움이 필요함을 시인할 수 있다.

　만일 우리에게 영적 문제가 있다면, 누군가가 이 문제를 해결하기 위한 여정을 함께해야 한다. 우리는 투명한 관계를 맺어야 한다. 그럴 때 서로 경계심을 내려놓는다.

서로의 짐을 지라

　갈라디아서 6장 2절은 "너희가 짐을 서로 지라 그리하여 그리스도의 법을 성취하라"라고 말한다. 그리스도의 법은 모두 관계에 대한 것이다. 서로의 짐을 지는 것은 무엇을 뜻하는가? 분명 우리가 더욱 그리스도를 닮아가면서 다른 사람들의 종이 되어야 한다는 뜻이다. 하지만 거기서 그치는 것이 아니다. 나의 곤경을 알 정도로 나를 잘 아는 사람들과 진실한 관계를 맺음으로써 그들로 내 짐을 지게 한다는 뜻도 된다.

　나의 곤경을 모르는 사람들에게 이를 알려 주기를 두려워하지 않는 것은 일관되며 의도적인 시간과 노력이 필요한 일이다. 내가 다른 사람들과 함께 가장 좋은 것을 가질 수 있도록, 나의 시간과 에너지를 뺏을 다른 여러 가지 일을 거부한다는 뜻이다.

우리 교회에서 사람들을 가정교회에 연결시키려고 그토록 애쓰는 이유도 바로 이 때문이다. 우리는 교회 일을 줄임으로써, 교인들로 하여금 매주 모여서 예배드리는 것 외에도 교회 밖에서 진실하게 서로 연결될 시간을 갖게 한다. 우리는 가정교회 리더들을 투명하며 솔직하게 인도하도록 훈련함으로써 사람들이 진실한 관계가 무엇인지 배우도록 한다. 우리는 교인들을 하나님 말씀이 지시하는 대로 주말 예배에 참석하도록 독려할 뿐 아니라, 깊은 관계를 맺는 소그룹 환경 속에서 만나도록 독려한다.

하지만 거기서 끝나지 않는다. 이 소그룹은 또 다른 함께하는 시간과 이웃들을 위한 사역 및 다른 개인적인 활동들로 나아가는 출발점이 된다. 성별로 식사 모임을 갖거나 주중에 다른 모임을 가짐으로써 개인적인 문제를 보다 자유롭게 토로할 수 있다. 종종 가정교회들은 함께 캠핑을 가거나 바자회를 연다. 함께 소풍을 가거나 함께 예배를 드린다. 심지어 함께 선교여행을 가거나 함께 노숙자들을 돌보기도 한다.

구성원들이 솔직하게 삶을 나눌 때 함께 기도하며 서로에게 격려 문자를 보내기 시작한다. 구성원이 병원에 가야 할 상황에서는 함께 간다. 필요를 채우기 위해 돈을 모을 수도 있다. 필요하면 서로 이사를 돕는다. 부부들이 밤중에 데이트를 할 수 있도록 아기들을 맡아 준다. 양육 문제가 생기면, 예전에 그 문제를 처리해 본 구성원이 지혜로운 조언을 제시한다. 요점은 스트레스 받는 일이 생길 때(누구나 스트레스를 받을 수 있다.) 다들 함께하려 한다는 것이다.

마태복음 13장에서 예수님은 장래의 수확을 위해 씨 뿌리러 나가는 농부에 대해 말씀하신다. 농부가 씨를 뿌리자 어떤 씨는 단단한 길바닥에 떨어져 흙 속에 심기지 못하고 새들에게 먹혔다. 어떤 씨는 돌이 많고 흙이 얕은 곳에 떨어졌다. 곧바로 싹은 났지만 뿌리를 깊이 내리지 못했고, 해가 나오자 말라 죽었다. 어떤 씨는 식물이 자랄 수 있는 땅에 떨어졌지만, 자라는 중에 가시떨기에 밀려 죽었다. 끝으로, 좋은 땅에 떨어진 씨는 큰 결실을 맺었다.

예수님은 복음 메시지를 듣고 반응을 보이는 사람이 많지만, 대다수가 결실을 맺고 참된 제자화로 나아가지 못한다고 강조하셨다. 땅은 우리를 나타낸다. 씨는 복음을 나타내는데, 놀라운 식물로 자라는 힘을 지닌다. 하지만 각 사람은 그 씨가 자라도록 허락할지 결정해야 한다. 씨는 그 속에 결실을 맺는 힘을 지니고 있지만, 이 비유에서 보듯이 동참할 책임이 땅에게 있다.

씨를 받는 사람은 모두 많은 결실을 맺는 좋은 땅이 될 수 있다. 그러나 모든 신자의 땅에는 바위와 잡초들이 있다. 우리의 삶에도 잡초와 바위들이 있을 것이다. 이에 직면하여 우리는 선택해야 한다. 하나님은 바위와 가시들을 옮길 힘을 우리에게 주시겠지만, 우리가 선택해야 한다. 우리는 장애 요소들을 어떻게 제거하는가? 나는 하나님의 능력(성령)으로, 그분의 말씀(성경)의 지시로, 그분의 백성(교회)의 도움으로 제거한다고 믿는다.

갈라디아서 6장 2절을 여기에 적용해 보자. 이 본문은 서로의 짐을 지라고 당부한다. 어떤 바위와 가시들은 너무 커서 혼자서는 제거하지 못한다. 사실, 혼자 제거하려 해서는 안 된다. 우리가 함께 장애 요소들을 제거하는 것이 하나님의 계획이다. 하나님께 이미 받은 은혜와 도움을 서로에게 베푸는 것이 성령 충만의 의미 중 하나이다.

제거해야 할 바위나 잡초가 새로 생길 때 우리는 사람들을 비판하거나 정죄하지 않는다. 도움을 솔직히 청하기 전에는 우리가 조언하거나 더 나은 방안을 알려 주지 못할 것이다. 관계를 통해 우리가 도울 권한을 얻을 때, 곤경에 처한 사람이 자신의 짐을 함께 져 주기를 부탁하게 된다.

그러면서 우리도 그들에게 우리 삶을 토로한다. 우리는 삶을 함께 나눈다. 공감은 다른 사람이 느끼는 책임을 우리 자신에게 지우는 능력이다. 우리는 그 사람의 입장에서 생각한다. 우리는 단지 바위를 주목하기만 하지 않는다. 어떻게 바위가 그곳에 놓였는지 이해하기 시작한다.

우리는 마귀가 바위나 잡초를 두기 위해 어떤 거짓말을 했는지, 우리 동료가 얼마나 오랫동안 그 짐을 졌는지 이해한다. 그 바위는 보호해 주는 것처럼 혹은 무언가로부터 피하도록 돕는 것처럼 느껴진다. 이 거짓은 강력하다. 혼자서는 제거할 엄두가 나지 않지만, 우리는 함께 제거할 수 있다.

최근에 나는 개인적인 곤경을 한 친구에게 털어놓았다. 내 말을 들은 후 그는 자신도 유사한 문제에 직면했음을 토로했다. 이를 통해 나는 곤경에 처한 사람이 나만이 아님을 깨닫게 되었다. 그는 나를 위해 기도했으며, 또한 자신을 위해 기도해 달라고 부탁했다.

그는 자신이 어떻게 나를 도울 수 있겠는지 물었다. 나는 단지 내 이야기를 경청해 주는 것만으로도 되었다고, 다음에 만날 때 이 문제에 대해 물어보아 달라고 했다. 그는 그 이상의 도움을 주었다. 나를 위해 기도한다는 문자를 매일 보냈다. 나를 격려하기 위해 성경 구절을 한 달 이상 매일 보내 주었다.

이것은 아름다운 삶의 방식이며, 예수님이 계획하신 삶의 방식이다.

신앙 공동체의 힘

야고보서 5장 14-15절은 이렇게 말한다. "너희 중에 병든 자가 있느냐 그는 교회의 장로들을 청할 것이요 그들은 주의 이름으로 기름을 바르며 그를 위하여 기도할지니라 믿음의 기도는 병든 자를 구원하리니 주께서 그를 일으키시리라 혹시 죄를 범하였을지라도 사하심을 받으리라."

'병든'에 해당하는 헬라어(astheneō)는 힘이 약하거나 모자람 또는 의심하거나 주저하거나 불안하거나 소심함을 뜻한다. 신체적인 질병보다 훨씬 더 포괄적인 개념이다. 이 말은 약한 믿음이나 약한 양심을 지닌 사람, 지친 사람, 도덕적으로나 영적으로 약한 사람을 가리킬 수도 있다. '병든' 자를 기름으로 바르고 그를 위해 기도하도록 장로들을 청하라는 야고보의 지시는 이 같은 넓은 의미로 이해된다.

이어서 야고보서 5장 16절은 이렇게 말한다. "그러므로 너희 죄를 서로 고백하며 병이 낫기를 위하여 서로 기도하라 의인의 간구는 역사하는 힘이 큼이니라."

참된 관계란 이런 것이다. 여러분은 어떨지 모르지만, 내 삶에는 죄를 짓고 그것을 하나님께 자백하는 때가 있다. 그러나 수치심과 죄책감이 여전히 나를 괴롭힌다. 하나님이 분명 죄를 용서하셨지만, 하나님과의 친교는 여전히 무너진 것 같다. 내가 신뢰하는 사람들에게 내 죄를 자백할 때 그들은 나를 돕는다. 하나님이 내 죄를 용서하사 동이 서에서 먼 것처럼 나를 내 죄로부터 분리시키심을 상기시킨다. 이것이 함께함의 힘이다.

성숙한 그리스도인으로서 우리는, 하나님이 주로 그분의 말씀을 통해 말씀하시지만 때로는 그분의 메시지가 다른 신자들을 통해 가장 잘 전달됨을 안다. 평행 구절인 데살로니가전서 5장 14절은 "마음이 약한 자들을 격려하고 힘이 없는 자들을 붙들어" 주라고 당부한다.

본서를 쓰는 요즘, 아내와 나는 집을 팔고 새로 사는 일을 진행 중이다. 이 일을 해 본 사람이라면 그것이 얼마나 스트레스를 주며 마음을 산란하게 하는지 안다. 게다가 교회에 골치 아픈 일이 생겨서 제대로 잠을 못 자고 있다. 어느 날 저녁, 아들 부부가 와서 우리와 함께 시간을 보냈다. 나는 피곤해서 일찍 잠자리에 들었다.

몇 분 후, 아들이 침실로 와서 말했다. "아버지, 잠시 저랑 이야기 좀 하실래요? 저는 아버지가 걱정이 돼요. 요즘 두 분께서 그다지 서로 잘 지내지 않으시는 것 같아요. 아버지가 어머니에게 자주 짜증을 내세요. 괜찮으세요? 너무 압박감을 받고 계시지는 않나요? 무슨 조치가 필요해요. 이야기 좀 나누고 싶지 않으세요?"

아들과 나는 살아가는 이야기를 서로 솔직히 나누는 편이다. 나는 과로하면서 예수님을 충분히 신뢰하지 못했음을 자백했다. 잠시 이야기를 나눈 후, 아들은 나를 위해 기도하겠다고 했다. 치유와 회복의 기도였다. 다음날 아침에 나는 아내에게 용서를 구했다.

아들은 내 문제점을 지적한 것이 아니라 나를 일으켜 세웠다. 누군가를 지적하는 것은 비판적일 수 있고 상대방의 기분을 상하게 할 수 있다. 하지만 그에게 그리스도 안에서 자신이 누구인지 겸손히 상기시킬 수 있고 곁에서 도우면서 그를 그리스도께로 안내할 수 있다.

야고보가 말하는 내용이 바로 이것이다. 아들은 나를 비판하거나 정죄하지 않았다. 그의 의도는 나와 아내를 돕는 것이었다. 나는 스트레스에 시달려 아내를 예민하게 대한 사실도 미처 인식하지 못했다. 성경은 "친구의 아픈 책망은 충직으로 말미암는 것"(잠 27:6)이라고 말한다. 진실한 영적 성숙은 우리가 다른 사람들을 알고 사랑하며 다른 사람들도 우리를 알고 사랑하는 것이다.

화목하게 하는 자 되기

우리가 자신을 다른 이들에게 알리지 못하도록 방해하는 것은 무엇일까? 잠언 18장 1절은 다른 사람과의 거리를 두는 사람과 그로 인한 혼란을 묘사한다. "무리에게서 스스로 갈라지는 자는 자기 소욕을 따르는 자라 온갖 참 지혜를 배척하느니라." 중요한 사실은, 하나님이 부서진 관계를 화목하게 하는 임무를 우리에게 맡기셨다는 것이다.

이는 그리스도를 통해 하나님과의 관계를 세우도록 사람들을 돕는 것으로 시작된다. 그러나 화해 과정은 우리가 다른 사람들과 화해하면서 계속된다. 우리가 자신보다 다른 사람들을 더 많이 배려할 때 화해는 우리 자신의 삶에서 시작된다. 우리의 관계망 속에 자리 잡은 이기심에서 비롯되는 여러 다툼을 끝낼 수 있는 것은 이 같은 생활 방식뿐이다.

우리는 관계 문제로 어려움을 겪는 사람들을 보고는 낙심의 불에 연료를 넣기보다 그것을 끄려 한다. 우리는 싸움 구경을 하러 운동장으로 달려가는 어린아이와 다르다. 우리는 사람들이 진실한 관계를 경험하기를 바라며, 그래서 무너진 관계를 볼 때마다 용서와 화평을 이야기하려 한다.

어떤 사람이 우리를 실망시키면, 우리는 마음이 상하지만 모두가 상처를 지니고 있음을 알기에 놀라지 않는다. 오해와 혼란이 있음을 우리는 안다. 자기 중심적인 우리의 죄성을, 그리고 다른 사람들도 같은 문제로 씨름하고 있음을 우리는 안다. 우리의 영적 대적이 우리를 분열시키려 함을 우리는 인식한다. 마귀는 우리의 삶과 관계의 밭에 불만과 분열의 씨앗을 부단히 섞으려 한다. 우리의 하늘 아버지께서 화해자이신 반면, 마귀는 분열자이다.

다른 사람들이 우리에게 상처를 입히거나 우리가 그들에게 상처를 입힐 때, 마귀는 우리가 홀로 있는 편이 더 낫다며 속삭인다. 혹은 다른 사람들과 관계를 맺는 편이 더 낫다며 속삭인다. 우리가 맺은 관계들은 유지하려고 애쓸 가치가 없으며, 따라서 다른 관계들, 완벽한 관계들 또는 유지가 힘들지 않은 관계들을 늘 찾아 나서야 한다고 속삭인다. 마귀는 분열의 씨에 물을 주어 결국 쓴 뿌리를 내리게 할 것이다.

혼자 있으려 하는 사람이 종종 다른 사람에게 가장 많은 상처를 준다. 왜냐하면 자신과 관계 맺기를 원하는 사람을 멀리하기 때문이다. 만일 우리가 성령님과 하나님의 말씀과 하나님의 사람들이 우리를 도와 부서진 것을 회복하도록 허락한다면, 우리는 지으심 받은 목적에 부합한 삶을 살 수 있다. 부서진 사람들로 가득한 세상에서, 우리가 지으심 받은 목적을 이루는 유일한 소망은 많이 용서하며 많이 화해하는 것이다. 용서가 있는 곳에서 우리는 다른 사람들을 도울 수 있다. 혼자서 발버둥 치기보다 도움을 받을 수 있다.

전도서 4장 9절의 핵심은 스스로 격리되는 삶은 무기력하다는 것이다. 전도서는 늘 혼자인 사람을 보여 준다. 그는 세상이 약속하는 것에서 만족을 얻으려고 애쓴다. 그는 할 일이 있고 그 일을 통해 재물을 얻었지만, 그의 영혼을 만족시키는 것은 얻지 못했다. 지속적인 평안과 의의와 목적을 부여하는 것에 시간과 에너지와 노력을 쓰지 않았다.

이것은 오늘날 미국 문화에 대한 완벽한 묘사이다. 우리는 일이 우리에게 가치를 부여하고 우리의 존재를 규정하며 또한 일을 통해 얻는 것으로써 궁극적인 만족을 얻는다고 생각하기에 열심히 일한다.

삶이란 누가 가장 많이 차지하는지 보이려는 경쟁이기 때문에 우리는 앞서려고 발버둥 친다.

많은 사람에게 있어 삶이란 자신에게 그리고 세상에게 자신의 가치를 입증하는 것이다. 자신을 입증하려는 노력이 대부분 외톨이가 되게 한다는 것은 서글픈 사실이다. 왜 혼자일까? 관계를 세우는 데 쓸 시간을, 자신을 세상에 입증하는 데 할애하기 때문이다.

종종 우리가 더 많은 것을 원하는 이유는, 더 많이 지니면 우리 마음속 구멍이 메워질 거라고 기대하기 때문이다. 하지만 사실은 그렇지 않다. 우리는 진정으로 필요한 것(관계)을 잃은 후에야 이것이 사실임을 발견한다. 이 모든 노력을 기울인 결과, 우리는 불만족스럽고 지치고 상처받고 낙심에 빠진다.

새로운 관계들로 들어감

'리더십'이라고 하면, 많은 이들이 목사와 교회 리더들에 관한 것으로 생각한다. 교회에는 리더십이 필요하며, 그것이 교회를 위한 하나님의 계획의 일부인 것은 사실이다. 그러나 성경은 구원받은 모든 이는 예수님의 제자로서 다른 사람들이 제자가 되도록 돕는 법을 배워야 한다고 분명히 밝힌다.

모든 신자에게 주어지는 리더십 임무는 다른 사람들과의 관계를 맺는 데서 시작된다. 이 관계를 통해 우리는 자신과 다른 사람들로 하여금 그리스도를 닮아가도록 도울 수 있다.

어떤 이들에게는, 하나님이 우리를 사람들과의 관계를 위해 지으셨음을 인정하는 것이 첫걸음일 수 있다. 우리는 이런저런 핑계를 대지 말고 믿음의 걸음을 내딛어야 한다. 우리는 관계에서 비롯되는 문제들을 감수해야 한다.

'친분 관계'만 맺고 있는 사람들에게는, 우애를 다지기 위해 더욱 의도적인 노력을 기울이는 것이 첫걸음이다. 우리는 관계에 대한 성경적인 관점을 그들과 함께 나누어야 하며, 더 나은 그 무엇으로 그들을 초청해야 한다.

이미 소그룹을 인도하는 사람들에게는, '정보만을 위한' 성경 공부를 넘어 서로를 알고 돕는 관계 공동체 안에서 성경의 가르침대로 실제로 살도록 인도하는 것이 첫걸음이다. 우리는 자신의 기대를 구성원들과 나눔으로써 시작한다.

우리 교회는 여름에 리더들에게 휴식을 줌과 아울러 그들을 훈련시킨다. 매주 갖는 그룹 모임 대신에 우리는 캠핑을 가서 바비큐를 하거나 한적한 시간을 보낸다. 여름이 끝나갈 때 우리는 그룹들을 재조정하기 시작한다. 이때 준비된 리더가 생기면 새 그룹을 분리시킨다.

이 글을 쓰는 오늘 밤에도 나는 새로운 가정교회를 시작한다. 지난해부터 리더 훈련을 받은 구성원이 올해 두 가정을 인도했고 추가로 두 가정을 맡게 되었다. 나는 지난해에 세 가정을 인도했고 이번에 세 가정을 새로 맡았다. 두 그룹 모두 오늘밤 새로 시작하면서 함께 하는 여정을 위한 올해의 비전을 나눌 것이다. 그들은 어떤 방향으로 나아갈지 알아야 하며, 그것을 종종 상기할 필요가 있다.

모임에서 나는 우리가 성경을 함께 공부할 거라고 말한다. 또한 영적 가족이 되도록 서로 노력해야 한다고 말한다. 모임에 꾸준히 참석하며 주일에는 교회에서 만날 것을 독려한다. 가정교회가 예배와 봉사를 위한 공동 모임을 대체하는 것은 아니다.

결석하게 되면 내가 전화할 것이니 놀라지 말라고 말해 둔다. 내가 전화하는 이유는 목자로서 책임을 지기 때문이다. 나는 우리 모임이 단지 일주일에 한 번 만나는 것에 국한되지 않고 함께 삶을 나누는 모임이기를 원한다. 나는 구성원들에게 우리가 제자화 과정에 있음을 분명히 알린다. 리더로서 나의 목표는 모두가 그리스도 안에서 성장하여 다른 이들을 제자 삼는 제자가 되게 하는 것이다.

매주 가정교회 모임에서 나는 모두가 토의에 참여하기를 원한다. 수줍어하는 이들도 있지만, 그들이 자신의 생각을 조금씩 나누도록 계속 독려할 것이다. 다른 사람 앞에서 이야기하는 것이 쉬운 사람도 있고 힘든 사람도 있다. 따라서 나는 모두가 참여하도록 친절하게 도울 것이다. 결석자가 있으면, 한 주간 서로 전화해 줄 것을 당부한다. 몸이 아픈 구성원을 위해서는 성경 이야기를 들려주거나 식사 준비를 돕도록 누군가에게 부탁한다.

새로 리더 훈련을 받는 구성원에게 이따금 모임을 인도하게 하고, 나는 다른 구성원들을 보살필 것이다. 모임에서 나눈 이야기를 다른 데 옮겨서는 안 됨을 설명할 것이다. 어떻게 험담이 관계를 해칠 수 있는지 설명할 것이다. 내가 경계를 허물었을 때 그들에게 부드럽게 그 사실을 상기시키면서 그들도 그렇게 하도록 권면할 것이다.

나는 성장하는 그리스도인의 한 가지 특성은 용기라고 말할 것이다. 우리와 어떤 사람 간에 우리가 이해할 수 없거나 우리를 괴롭히는 일이 일어날 때, 우리는 성경이 말하는 대로 해야 하며 온화하고 겸손하게 그 사람에게 다가가야 한다. 모임에서 누군가가 이야기하면 모두 경청해야 한다. 구성원의 말을 중간에 잘라서는 안 된다. 누구나 하고 싶은 말을 할 수 있어야 한다. 다른 사람을 곧바로 고치려 해서는 안 된다. 우리는 서로를 신뢰하며 점점 더 알아갈 수 있는 안전한 모임을 만들려고 노력할 것이다.

나는 성경을 공부할 때 성경이 우리를 어떻게 진실한 관계로 안내하는지 찾아야 한다고 구성원들에게 말할 것이다. 모든 율법과 선지서는 하나님과 다른 사람들을 사랑하는 일에 초점이 맞추어져 있다. 그러므로 성경의 모든 부분은 진실한 관계로 더 가까이 나아가도록 우리를 가르친다. 리더로서 우리는 모든 구성원이 공동체 안에서 성경의 가르침대로 살 수 있도록 유도하는 갖가지 질문들을 제시할 것이다.

예컨대 바울은 갈라디아서 6장 1-2절에서 이렇게 말했다.

"형제들아 사람이 만일 무슨 범죄한 일이 드러나거든 신령한 너희는 온유한 심령으로 그러한 자를 바로잡고 너 자신을 살펴보아 너도 시험을 받을까 두려워하라 너희가 짐을 서로 지라 그리하여 그리스도의 법을 성취하라."

바울이 자신의 편지를 받는 사람들을 '형제자매들'(개역개정에서는 "형제들"로 번역함. - 역자주)이라고 지칭한 것에 주목하라. 이 구절을 공부할 때 나는 이런 식으로 질문할 것이다. "바울이 무슨 의미로 그들을 이렇게 지칭했을까요?" "여러분은 이 세상에서 어떤 종류의 형제자매들을 두고 있나요?" 이 질문은 구성원들이 자신의 가정 이야기를 솔직하게 털어놓게 한다.

또한 나는 이렇게 물을 것이다. "범죄했다는 것은 무슨 뜻일까요? 아내 몰래 바람을 피웠다는 뜻일까요? 아니면 덫에 걸린 새와 같은 처지라는 뜻일까요?"("범죄한"은 헬라어 원문상으로 '죄에 붙들린'을 뜻한다.) 나는 덫(죄의 덫)에 걸린 사람을 아는지 혹은 자신이 덫에 걸린 사람인지 물어볼 것이다. 내가 먼저 과거에 죄에 붙들렸던 이야기를 시작할 것이다. 그 덫에서 벗어나도록 도와준 사람에 대해 그리고 그에게 얼마나 감사한지 나눌 것이다. 나는 내게 상처를 준 사람에 대해 이야기할 수 있다.

이어서 나는 "어떤 사람의 짐을 진다는 것은 무엇일까요?"라고 물을 것이다. 갈라디아서 본문의 문맥에서는 덫에 걸린 사람이 있었다. 그리고 누군가가 교만하지 않고 온유하게, 그의 유익을 위해 그의 상태를 지적했다. 이 같은 상황에서 어떻게 우리가 짐을 서로 질 수 있는지 물을 수 있다. 성경 공부는 정보를 아는 측면도 있지만, 개방적인 태도와 진실한 관계와 삶의 변화로 이끄는 것이기도 하다.

모임을 마치면서 우리는 항상 기도 제목을 나눌 것이다. 나는 개인적인 곤경을 토로함으로써 분위기를 조성하려 한다. 나는 기도를 부탁한 다음에 자신의 삶을 나눌 다른 사람을 초청한다. 언제나 처음에는 잠잠하지만, 시간이 지나면서 사람들이 말하기 시작한다. 또한 우리는 승리를 나눌 것이다. 종종 사람들은 다른 구성원을 통해 하나님의 복을 경험한다.

주의 사항

우리는 관계를 맺으려 하는 사람에 대해 주의해야 한다. 성경은 나쁜 친구를 사귀면 도덕적으로 부패해진다고 분명히 밝힌다. 예수님은 진주를 돼지 앞에 던지지 말라고 경고하셨고, 바울은 비신자들과 함께 멍에를 매지 말라고 경고했다. 우리는 누구에게 마음을 줄 것인지 주의해야 한다.

우리는 잃어버린 자들에게 다가가기 원하며, 교인들이 성숙한 그리스도인으로 자라기를 원한다. 하지만 성경은 관계의 소중함을 그리고 우리가 주의하지 않으면 관계가 부정적인 영향을 미칠 수 있음을 분명히 경고한다.

우리가 관계를 맺어야 하는 사람이 있고, 주의해서 다가가야 하는 사람이 있다. 어떤 이들은 예수님을 따를 마음이 전혀 없고 심지어 우리를 주님으로부터 멀어지게 하기를 원한다. 따라서 우리는 그들과 안전거리를 유지해야 한다. 어떤 이들은 불신자이지만 예수님에 대해 마음을 연다. 이 경우에 우리는 예수님과 연결되는 다리를 놓을 방법을 모색한다.

각각의 관계가 어떠해야 하는지 아는 데는 지혜가 필요하다. 어떤 이들은 관계 개념을 좋아하면서도 자기 입으로 관계를 훼방한다. 때로는 자신도 의식하지 못하는 상태에서 그렇게 한다. 험담이 그들 삶의 일부가 된 경우, 변할 마음이 있다 해도 변하기까지는 시간이 걸린다. 건강한 환경을 조장하며 지킬 수 있도록 분별력 있는 영적 리더가 필요한 것도 바로 이 때문이다.

완벽한 사람은 아무도 없지만, 우리는 하나님의 지시에 온전히 순종하기를 원하는 사람들과만 투명한 관계를 맺어야 한다. 우리는 성경 말씀에 기꺼이 순종해야 한다. 진실한 관계를 맺기란 쉽지 않다. 우리는 이 관계를 위해 기꺼이 힘든 수고를 감수해야 한다. 이 관계는 양방통행이어야 한다. 어떤 이들은 힘든 수고를 기꺼이 하려 하지 않는다.

새로운 관계를 맺을 때 처음부터 온 마음을 쏟아붓지는 말라. 상대방이 신뢰할 만한지(완벽하지는 않더라도 - 완벽한 사람을 찾으려 하면 언제나 혼자로 남을 것이다.) 확신하기까지는 시간이 걸린다. 처음에는 비교적 작은 것들을 주고서 상대방의 행동을 보라. 그가 실수를 범한다 해서 곧바로 그를 단념하지는 말라. 사랑으로 지적하고 그의 반응을 보라. 그는 자신도 모르는 사이에 그릇된 길에 빠져 있을 수 있다. 사랑으로 지적해 주는 용기 있는 형제자매가 없어서 그가 그런 식으로 살아갈 수도 있다. 그가 심각한 사각지대에 있는 경우처럼 말이다.

투명한 관계를 형성하는 과정은 우리를 실망시키는 이들을 계속 섬기는 것을 포함한다. 관계라는 여정은 발견 과정을 수반한다. 모든 사람은 나름대로 관계에 대한 규칙을 지니는데, 관계의 여정 일부는 그 규칙들을 발견하는 것이다.

나는 아내와의 관계에 있어, 여러 해에 걸쳐 극복해야 할 문제들이 있었다. 나는 지각하는 것은 상대방에 대한 실례라고 가르치는 집에서 자랐다. 그래서 나의 규칙 중 하나는 약속 시간을 지키는 것이다. 하지만 아내의 규칙은 '가급적' 시간을 지키면 된다는 것이다. 이로 인해 다툼이 생겼고, 우리는 상대방의 관점을 존중하는 방안을 찾아야 했다..

핵심은 우리가 서로의 성장과 번영을 돕는 진실한 관계를 형성하기 시작할 때 갈등이 불가피하다는 사실이다. 자신을 불편하게 하는 일을 기피하는 그리스도인이 많다. 그러나 이것은 믿음에 배치되는 모습이다. 믿음은 그 특성상 미지의 불편한 상황 속으로 우리를 계속 들어서게 할 것이다. 우리는 바로 그러한 여정을 위해 택하심 받았다.

이 여정을 시작하면서, 우리는 진정으로 헌신할 경우 연결될 수 있는 사람들을 하나님이 만나게 하심을 발견할 것이다. 그러나 하나님은 너무 이질적이거나 마음의 상처가 심해서 관계를 맺기 힘들어 보이는 사람들도 만나게 하신다. 나는 첫인상과 전혀 다르게 진전되는 상황에 놀랄 때가 많다. 나와 가장 가까운 친구 중에는 관계 면에서 구제불능처럼 보였던 이들도 있었다. 그러나 하나님은 상황을 놀랍게 변화시킬 수 있으시다.

사랑은 어렵다

때로 우리는 항상 우리에게 부탁만 하고 되돌려 줄 줄 모르는 만성적으로 결핍된 사람을 만난다. 이 경우 어떻게 해야 할까? 다음 몇 가지가 도움이 될 것이다.

첫째, 우리가 다른 사람들을 도와야 하는 것은 그들이 우리의 도움을 받을 자격이 있어서가 아니다. 그리스도께서 우리에게 명하시며 또한 우리가 그리스도를 따르기 원하기 때문이다. 우리가 마음으로 내키지 않아도 기꺼이 그렇게 하는 것은 우리 속에서 성령님이 일하시기 때문이다. 어떤 사람이 우리의 도움을 받을 자격이 없을지 모르지만, 그렇다고 해서 우리가 그들을 돕지 않아도 된다는 것은 아니다. 예수님이 우리를 위해 오셨을 때 우리에게 도움받을 자격이 있었는지 자문할 필요가 있다.

둘째, 어떤 사람을 위해 우리가 할 수 있는 가장 자애로운 일이 무엇인지 줄곧 자문해야 한다. 때로 우리가 베풀 수 있는 최선의 도움은 (특히 상대방이 신뢰할 만하지 못하거나 친절하지 않은 모습을 자주 보일 때) 힘든 처지에 놓인 그를 가만히 두는 것이다. 우리가 항상 서둘러 그를 도우면, 그는 나쁜 방향으로 계속 나아갈 가능성이 있다. 이 상황에서는 신중한 분별이 필요하다.

이미 언급했듯이, 나의 아들은 한때 마약 중독으로 노숙자 보호소에서 살았다. 선택의 여지가 없었다. 그 전에 내가 부단히 도우려 했지만 아들은 번번이 좋지 않은 선택을 했고, 그래서 잠시 노숙자 보호소에서 지내는 편이 최선이라고 나는 판단했다. 쉽지 않은 결정이었다. 어떤 이들은 의견을 달리했다. 나의 의도는 아들을 비판하거나 그의 삶을 더 힘들게 하려는 것이 아니었다. 그 상황에서는 그렇게 하는 것이 필요했기에, 아들을 사랑하는 마음에서 그에게 힘든 처지를 허용한 것이다.

아들이 위로 솟구치려면 바닥에 닿을 필요가 있었다. 알코올 중독자가 술을 달라고 부르짖을 때 그에게 술을 준다면 돕는 것이 아니다. 아들이 보호소에서 지내는 동안 아내와 나는 고통의 나날을 보냈다. 아들보다 우리 부부가 더 고통스러웠을 것이다. 하지만 아들을 진정으로 사랑한다면 따로 떨어지는 고통과 두려움을 견뎌야 함을 알았다. 우리는 아들이 그곳에 있어야 함을, 하나님의 도우심을 가장 적절하게 받을 수 있는 곳이 바로 그곳임을 알았다.

다른 사람들을 진정으로 돕는다는 것은 무엇일까? 참된 사랑과 친교와 우애도 필요하다. 우리는 하나님 말씀의 진리 안에서 사람들을 도와야 한다. "예수님이라면 어떻게 하실까?"라는 유명한 질문을 자신에게 계속 던져야 한다. "예수님은 내가 어떻게 하기를 원하실까?"라는 보다 난해하고 미묘한 질문도 생각해야 한다.

다른 사람들을 도울 때 필요한 지혜와 힘을 얻으려면 우리 자신이 먼저 그리스도 안에 거해야 한다. 까다로운 사람을 도울 때에는 특히 그렇다. '단지 나와 예수님뿐' 이상의 문화를 조성하려면 우리가 먼저 예수님과의 관계에 지속적으로 시간을 투자해야 한다. 이것은 직관에 반하는 말로 들리겠지만 사실이다. 비행기 객실에 산소마스크가 내려오면, 부모가 자녀의 마스크 착용을 돕기 전에 자신이 먼저 착용해야 한다.

우리는 그리스도 안에 거할 때(수직적 측면의 관계) 자신이 불완전하며 하나님이 우리를 구원하셨음을 상기한다. 하나님이 우리에게 계속 베푸시는 은혜를 기억할 때 우리는 겸손해진다. 예수님과 함께 시간을 보내면서, 우리는 예수님의 관심사에 관심을 기울이기 시작하며, 따라서 다른 사람들과 함께하려는 마음을 갖게 된다(수평적 측면의 관계).

우리가 그리스도 안에 거하면, 그리스도의 눈으로 볼 것이다. 사람들이 자신의 곤경을 말할 때 우리는 이렇게 반응할 것이다. "제게도 문제들이 있어요. 저는 저의 구속주가 살아 계심을 알아요. 우리가 함께 예수님께 나아갈 수 있는 것도 바로 이 때문입니다. 우리 모두가 은혜를 필요로 하기 때문이죠." 우리는 비난하는 자가 아니라 돕는 자이다. 우리는 공동 상속자이다(롬 8:17).

그리스도와 동행하는 것이 고난이라면, 진정으로 다른 사람들을 돕는 것은 훨씬 더 힘든 일이다. 그리스도를 가까이하지 않을 때 나는 다른 사람들을 거의 보살피지 않는다. 예수님으로부터 멀리 있을 때 나는 무언가가 잘못되었음을 분별할 능력이 없다. 나는 문제를 오진하기 쉬우며, 성령님의 안내보다 나의 경험을 의존하게 된다. 이는 마치 물에 빠져 허우적거리는 사람이 물에 빠진 다른 사람을 도우려는 것과 같다. 그 결과가 좋을 가능성이 거의 없다.

예수님과 함께하는 시간을 보낼 때 우리는 자신의 망가진 상태를 인식하며 우리 자신의 눈에 있는 들보를 처리하게 된다. 우리는 다른 사람들을 비난하기보다 도와준다. 우리에게 그리고 우리를 통해 은혜가 흐름에 따라, 우리는 상처 입은 사람들을 도울 시각을 갖게 된다.

불의 온기

전도서 말씀은 친밀성도 암시한다. 부부관계에서의 성적 친밀감만이 아니라, 서로 진실하고 솔직한 친구들 간의 친밀한 관계도 암시한다.

전도서 4장 11절을 보자. "또 두 사람이 함께 누우면 따뜻하거니와 한 사람이면 어찌 따뜻하랴." 불을 피울 때에는 나뭇가지 여러 개가 필요하다. 불을 지피고 거기서 나뭇가지 하나를 빼내면 불길이 꺼지기 쉽다. 그러나 나뭇가지 여러 개와 장작들을 뭉쳐 두면, 오래도록 열기가 보존된다. 우리의 영적 삶도 마찬가지이다. 고립된 사람은 영적인 불을 계속 타오르게 하기 어렵다. 그러나 불을 지닌 다른 신자들에게 둘러싸여 있으면, 오래도록 영적 열기가 지속된다.

요한일서 1장 5-7절은 우리가 다른 신자들과 더불어 가지는 깊은 친교에 대해 말한다.

"우리가 그에게서 듣고 너희에게 전하는 소식은 이것이니 곧 하나님은 빛이시라 그에게는 어둠이 조금도 없으시다는 것이니라 만일 우리가 하나님과 사귐이 있다 하고 어둠에 행하면 거짓말을 하고 진리를 행하지 아니함이거니와 그가 빛 가운데 계신 것 같이 우리도 빛 가운데 행하면 우리가 서로 사귐이 있고 그 아들 예수의 피가 우리를 모든 죄에서 깨끗하게 하실 것이요."

만일 우리가 그리스도 안에 거한다면, 만일 우리가 빛 가운데 행한다면, 예수님이 우리가 열매를 맺는 힘의 근원이 되신다. 그리스도 안에 거한다는 것은 단지 예수님과만 친교를 나눈다는 뜻이 아니다. 예수님 그리고 다른 신자들과 함께 친교를 나눈다는 뜻이다. 거기서 우리는 친밀감, 폭풍을 견디는 힘 그리고 하나님으로부터 받은 임무를 행할 능력을 발견한다. 우리는 좋을 때나 힘들 때나 함께 나아간다.

과연 당신은 이러한 관계를 맺고 있는가? 그렇지 않다면 당신은 하나님이 계획하신 것과는 다른 신앙으로 살고 있다. 중요한 재료가 레시피에서 빠졌으므로, 당신은 필요한 힘을 얻지 못할 것이다.

●

전투는 있다
시민군
하늘에 있는 영적 세력들
이빨 빠진 사자와 고립된 가젤
어떻게 잘 해낼 수 있을까?

chapter 9

함께하지 않으면
혼자 싸워야 한다

앞에서 언급했듯 나는 고등학교 때와 대학교 때 레슬링을 열심히 했으며, 그 운동을 통해 삶에 접근하는 방식을 배웠다. 여러 해 동안 레슬링을 하면서 내 속에는 전사(戰士)적인 사고방식이 형성되었다. 신체적, 정신적 호전성과 끈기가 그런 심적 상태의 일부이다. 이기려면 전투를 생활 방식으로 삼는 자들과 싸워야 했다. 미치기 직전까지 극한의 훈련을 했다. 뒤돌아보면 무엇이 그토록 치열한 훈련을 기꺼이 하게 했을까 하는 생각이 든다.

운동선수는 상대 선수와 대진할 뿐 아니라 줄곧 내적인 전투를 이어간다. 다른 사람들이 음식 먹는 것을 보고도 삼가야 하며, 다른 사람들이 쉬는 것을 보면서 자신은 달리고 기구를 들며 연습해야 한다.

농구나 축구 시합에는 응원단이 많지만, 레슬링 시합을 응원하는 사람은 거의 없다. 연습 때든 시합 때든, 레슬링을 잘 모르는 사람들은 그것이 단지 힘 싸움이라고만 생각한다. 하지만 전혀 그렇지 않다. 전략적인 면이 훨씬 더 크다. 레슬러는 정신적인 시합에서 이겨야 하는데, 기진맥진해지고 나서야 그렇게 된다. 뛰어난 레슬러가 되려면, 레슬링을 생활화해야 한다. '어느 정도' 해서는 이길 수 없다.

이제는 경쟁적으로 레슬링을 하지 않지만, 나는 여전히 레슬링의 여러 원칙들을 다른 그리스도인들을 훈련하며 그리스도의 몸으로서 협력하는 데 적용한다. 그리스도인이 되고 나면 전투는 끝이라고 생각하는 그리스도인이 많다. 하지만 사실은 전혀 그렇지 않다. 성경은 우리가 거듭날 때 전쟁 중에 태어난다고 말한다.

우리는 평화로운 시기에 살고 있지 않다. 우리는 사람들의 영혼을 얻기 위한 전투를 지속하며 산다. 성경에는 이 싸움을 묘사하는 구절이 많다. 전투를 위해 우리가 어떤 훈련을 받아야 하는지, 진리를 위해 어떻게 싸워야 하는지, 하나님이 우리를 위해 그리고 우리와 함께 싸우시기에 우리가 이 싸움을 두려워할 필요가 없음을, 이 전투가 주께 속한 것임을, 그리고 우리가 예수님을 위해 인내하여 결국 승리함으로써 궁극적 승리를 거두게 됨을 묘사하는 구절들이 말이다.

레슬러로서 나는 성경의 이러한 표현들과 이미지를 아주 쉽게 이해했다. 또한 나는 그것이 혼자서는 싸울 수 없는 전투임을 알아차렸다. 레슬링을 개인적인 스포츠라고 생각하는 사람은 내 말을 듣고 놀랄 수도 있다. 하지만 실은 그렇지 않다.

레슬러에게는 코치가 절대적으로 필요하다. 그에게 동작들을 보여주며 꾸준히 지도해 줄 멘토가 필요하다. 훈련과 기량 발전을 위해 동료 레슬러들(파트너들)이 필요하다. 레슬러가 열렬히 저항하는 사람에게 동작을 걸어 성공하기까지는 거의 저항하지 않는 사람을 상대로 한 반복 연습을 천 번은 해야 한다. 우리는 이를 '드릴링'(drilling)이라 하는데, 점점 속도를 높이면서 동작을 반복하는 것이다. 힘든 훈련이지만 근육의 기억을 강화시켜 실제 시합에서 성공률을 높인다.

레슬링에서는 파트너가 중요하다. 좋은 파트너 없이는 뛰어난 레슬러가 될 수 없기 때문이다. 코치도 매우 중요하다. 선수가 한껏 속도를 올릴 때는 자신이 범하는 실수를 보지 못하기 때문이다. 훈련 모습을 보고 개선하도록 도와주는 사람이 필요하다. 또한 정서적, 신체적 지원도 필요하다. 격투기 선수는 상대 선수와 맞서기 위해 매트 위로(혹은 케이지나 링 안에) 혼자 들어가야 할 때가 온다. 그러나 거기 들어서기 전에 준비를 갖추도록 돕는 팀이 그를 둘러싸고 있다. 시합이 끝난 후에도, 잘했든 못했든, 시합 후처리를 도와줄 팀이 함께한다. 트레이너들이 선수가 입은 타박상이나 접질림으로 인한 고통을 완화시켜서 다음 시합에 준비하도록 돕는다.

그럼에도 침울해지기 쉽다. 매번 성공하는 사람은 없기 때문이다. 너무 자주 실패해 포기해야 하는지 생각하게 된다. 그럴 때 큰 도움이 되는 것이 바로 지원과 격려이다. 때로는 너무 피곤해서 계속 해나갈 수 없다는 생각이 들지만, 코치들과 팀 동료들의 적극적인 독려로 다시 일어난다. 고통을 극복하는 다른 사람들을 보는 것도 그 자신의 고통을 이겨내는 데 도움이 된다. 이겼을 때 다른 사람들의 축하를 받으면 그 승리가 더욱 의미심장해진다. 시합이 끝났을 때 기다리던 사람들의 포옹을 받으면, 마음이 무척 뿌듯하다. 공동의 경험은 우리를 마음 깊이 결속시킨다. 레슬링은 정말 팀 스포츠이다.

영적인 삶에서도 마찬가지이다. 많은 그리스도인이 '결전의 날'에 실패하는 것은 매일 함께하는 팀이 없었기 때문이다. 은혜와 진리로 불의에 대항해야 하는 때가 오면, 그들은 아무 말도 못 하거나 그리스도를 닮지 않은 미성숙한 말을 한다. 증언할 기회가 왔는데 무슨 말을 해야 할지 모른다. 혼자 있을 때 인터넷을 그만하기로 결심해야 하지만, 그들은 그렇게 하지 않는다. 결혼생활이 힘들어져도 계속 서로에게 헌신해야 하지만, 그들은 그렇게 하지 않는다.

많은 그리스도인이 영적인 행보에서 팀워크를 경험하지 못한다. 그들은 기독교란 이른바 개인 스포츠라고 잘못 믿어 왔다. 그들은 많은 사람들과 함께 많은 일을 한다. 하지만 그들의 실제 생활에서 무슨 일이 일어나는지 아는 사람이 아무도 없을 때, 그들은 자신의 혼란스러운 상황을 어떻게 처리해야 할지 모르며, 그런데도 여전히 혼자다.

우리는 좋은 파트너나 코치와 함께 영적 훈련을 하지 않으면 더 나아지지 않는다. 우리는 같은 실수를 계속 반복하는 경향이 있다. 그 결과 시작했던 경기를 자주 끝내지 못한다.

우리의 영적 전투는 개인적인 전투일지라도, 다른 신자들과의 관계 속에서 치러질 수 있고 그렇게 치러져야 한다. 우리는 함께 싸운다. 그리스도 안에서 형제자매들은 우리의 동료 팀원들이다. 우리는 우리 아버지의 다른 자녀들과 함께 협력하며, 그리스도께서는 우리를 개인으로서가 아니라 한 몸으로서 승리하도록 부르신다.

당신은 이 싸움에서 혼자가 아님을 알고 있는가?

전투는 있다

이스라엘을 여행하다 보면 특이한 점이 발견된다. 어디에나 무장한 병사들이 있다. 미국에서는 병사를 이따금 볼 수 있고, 군용 수송 차량이 간선도로를 달리거나 뉴스에서 병사들에 대한 소식을 듣기도 한다. 그러나 이스라엘에는 어디에나 병사들이 있다. 커피를 마시러 가면 커피숍에 병사들이 있다. 버스를 타면 거기에도 병사들이 있다. 학생들이 현장학습을 가면, 학생들을 보호하는 병사들이 동행한다.

이스라엘 어디에나 병사들이 있는 이유는 적어도 두 가지이다. 첫째, 이스라엘은 전투가 끊이지 않는 나라이기 때문이다. 이스라엘은 대적들로 둘러싸인 나라이다. 이스라엘의 어떤 주변국은 '이스라엘을 바다로 밀어 넣기로' 맹세했다. 따라서 이스라엘은 항상 경계한다.

둘째, 이스라엘에서는 남녀 모두가 의무적으로 군복무를 하기 때문이다. 이스라엘의 모든 국민은 18세부터 20세까지 군복무를 해야 한다. 모든 국민이 앞으로 군인이 되거나 현재 군인이거나 과거에 군인이었으며, 전투 전략에 친숙하다. 2년간 복무한 후에는 55세까지 예비군이 된다. 매년 한 달간 예비군 훈련을 받음으로써 유사시를 대비한다. 이스라엘 사람들 대부분은 비상 신호가 울릴 때를 대비해 군

장비 꾸러미와 무기들을 현관문 곁에 둔다. 그들은 스스로를 항시 전투대기 중인 시민 병사로 여긴다. 매일의 삶에서 그들은 자신이 평화로운 세상에 살고 있지 않음을 결코 잊지 않는다.

그리스도인으로 부르심을 받은 우리의 존재가 바로 그와 같다. 부단한 경계와 전투. 현대 모든 이스라엘인이 자신을 병사로 보듯이, 모든 그리스도인은 자신을 전투 중으로 여겨야 한다. 그리스도인이 수행하는 전투는 이스라엘의 전투처럼 물리적인 것이 아니다. 우리의 전투는 "혈과 육을 상대하는 것이 아니요 통치자들과 권세들과 이 어둠의 세상 주관자들과 하늘에 있는 악의 영들을 상대"(엡 6:12)하는 영적 전투이다.

좋은 소식은, 우리가 그 전투를 혼자 수행하지 않아도 된다는 것이다. 사실, 그래서는 안 된다. 전도서 4장 12절로 다시 돌아가 보자. "한 사람이면 패하겠거니와 두 사람이면 맞설 수 있나니 세 겹 줄은 쉽게 끊어지지 아니하느니라." 전도서 기자는 전투가 진행 중임을 상기시킨다. 전투는 있다. 혼자 싸우는 사람은 패한다. 그러나 둘이서 한 팀을 이루어 싸우면 이길 수 있다. 둘보다는 셋이 훨씬 낫다.

시민군

앞서 말했듯 우리는 이 세상에서 평화로운 시기에 살고 있지 않다. 우리는 교전 지역에 살고 있다. 그러나 많은 그리스도인이 그 점을 잊고 있다. 소위 영적 리더라 불리는 사람들이 신자들에게 믿음이 충분하면 개인적인 안락함을 방해하는 장애물이나 문제들이 사라질 것이라 확신시킬 때 그러기 쉽다.

안락함이 가장 큰 목표이며, 가장 좋고 유일한 안락이 이 세상에 있다고 거짓된 신념을 부추기는 세상에서는 자기만족에 빠지기 쉽다. 우리는 그리스도인의 삶이란 문제없는 가족, 신형 자동차 두 대와 근사한 근교 주택을 소유할 만큼의 충분한 돈 또는 '이생에서의 최선의 삶'에 대한 것이라고 잘못 생각한다.

우리는 전투 중이지만 예수님은 우리에게 내적 평안을 주신다(요 14:27). 그러나 주님은 성경 어디에서도 문제없는 삶을 약속하지 않으셨다. 오히려 성경은 환난과 시련과 핍박이 불가피한 현실을 자주 언급한다. 그리스도인에게 '만일 전투가 벌어진다면'은 바른 표현이 아니다. 전투는 이미 벌어졌다. 우리에게는 지금 바로 수행해야 할 전투가 있다. 우리가 구원받는 순간이 곧 싸움의 근원을 자각하는 순간이다.

부단한 영적 전투라는 현실은 신자들이 반드시 이해해야 할 사항이다. 일이 순조롭게 풀리지 않을 때 실망하는 그리스도인이 많다. 우리의 기대가 채워지지 않는 데서 문제가 발생한다. 그리스도인이 되면 전투가 종료된다는 것은 잘못된 믿음이다. 그리스도인의 삶에는 문제가 없어야 한다고 믿기에, 싸움이 일어나면 우리는 무엇이 잘못되었는지 생각한다. 하나님의 은총에서 멀어졌다고 느낀다. 왜 하나님은 이 전투를 제거하지 않으시고, 우리가 원하는 것을 무엇이든 주지 않으실까? 참된 제자화가 매우 중요한 것도 바로 이 때문이다.

새신자는 우리가 어떻게 역사의 현시점에 이르게 되었는지 알아야 한다. 왜 세상은 이런 상태일까? 하나님은 역사의 현시점에서 우리에게 어떤 일을 맡기기 원하실까? 우리는 무엇을 기대해야 할까? 우리는 어떻게 살아야 할까? 이 모든 질문에 대한 대답을 하나님이 당신의 교회에 배치시키신 영적 코치와 팀 동료에게서 들어야 한다. 제자화 없는 복음전도가 성경적이지 않으며 심지어 위험한 것이 바로 이 때문이다.

모든 종류의 갈등과 불편한 상황을, 싸우라는 신호가 아닌 기피해야 할 무엇으로 보는 그리스도인이 너무나 많다. 슬프게도 이런 생각은 망가진 세상에서 교회가 할 수 있는 일에 악영향을 미친다. 마귀가 신자들로 하여금 들은 메시지를 의심하게 하려면 그들의 기대를 무너뜨리기만 하면 된다.

그러나 마귀는 불신자들에 대해서는 다른 방법을 쓴다. 그들이 파멸로 향하는 세속적인 경로를 따라 나아갈 때 마귀는 단지 그들을 대충 관리해 주기만 하면 된다. 그들이 구원으로 이끄는 좁은 길로만 들어서지 않는 한 어떤 세상적인 길을 택하든 그는 신경 쓰지 않는다. 그들이 세상이 말하는 행복을 찾아도 그는 신경 쓰지 않는다. 그것이 계속 그들을 미혹할 것이기 때문이다. 하지만 그의 거짓은 결국 사망으로 이끈다. 왜냐하면 사망은 타락한 세상의 일부이며, 마귀는 본성상 살인자요 도둑이기 때문이다(요 10:10).

불신자들은 문화적 풍조에 이미 휩쓸려 떠내려가고 있다. 진정한 가치와 영생으로부터 그들을 차단시키고자 마귀가 조작해 놓은 풍조이다. 신자는 그 흐름에 자신을 편안히 맡기기보다 그 흐름을 거슬러 올라가며 싸워야 한다. 마귀는 자신을 방해하려는 자들을 대적하고 자신이 사로잡은 자들을 데려가기 위해 전투를 벌인다.

성경은 신자들이 두 전선에서 전투를 전개한다고 분명히 밝힌다.

첫 번째 전투는 우리 마음속에서 일어난다. 곧 의로운 생각을 품기 위한 전투로, 신자들의 내면에서 싸움이 진행된다. 성경에 의하면, 우리는 한때 자신의 죄악 된 성품과 욕구의 지배를 받았지만, 이제는 성령님이 우리 마음속에 들어오셔서 우리의 생각을 성령님이 바라시는 것에 고정하신다(롬 8:6-8). 우리는 세상의 방식을 따르지 말고 마음을 새롭게 하여 변화를 받아야 한다(롬 12:2). 이 변화는 우리가 모든 생각을 그리스도께 복종시킬 때 일어난다.

고린도후서 10장 3-5절은 우리가 쓰는 무기는 세상의 무기와 같지 않으며 하나님을 아는 지식에 대항하는 모든 이론을 멸하는 힘을 지녔다고 한다. 우리가 자신을 부인하며 자기 십자가를 지고 예수님을 따를 때 이 싸움은 매일 전개된다. 빌립보서에서 바울은, 많은 이들이 자신의 욕구를 신(god)으로 삼을 것이며 그로 인해 그들의 관계는 물론이고 영혼까지 파괴될 것이라고 말했다. 우리는 성령님과 다른 영적 레슬링 팀원들의 도움으로 말씀을 붙들 때에만 이 첫 번째 전투에서 승리할 수 있다.

두 번째 전투는 첫 번째 전투와 연관이 있지만 약간 다르다. 이것은 마귀와의 전면전이다. 마귀가 도모하는 모든 일에 '대적하는' 전투이며, 하나님이 도모하시는 모든 일을 '위한' 전투이다. 베드로전서 5장

8절은 "근신하라 깨어라 너희 대적 마귀가 우는 사자 같이 두루 다니며 삼킬 자를 찾나니"라고 말한다. 우리 그리스도인은 빛의 병사들이다. 비록 세상이 대적 마귀에게 사로잡혀 있으나 "너는 그리스도 예수의 좋은 병사로 나와 함께 고난을 받으라"라고 바울은 당부한다(딤후 2:3).

좋은 소식은, 궁극적으로 이미 그리스도께서 십자가에서 이 전투들을 치르고 승리하셨다는 사실이다. 히브리서 2장 14-15절은 이렇게 말한다. "자녀들은 혈과 육에 속하였으매 그도 또한 같은 모양으로 혈과 육을 함께 지니심은 죽음을 통하여 죽음의 세력을 잡은 자 곧 마귀를 멸하시며 또 죽기를 무서워하므로 한평생 매여 종 노릇 하는 모든 자들을 놓아 주려 하심이니."

예수님이 승리하셨다. 그리스도인으로서 우리도 하나님의 말씀과 성령님과 하나님의 사람들의 도움으로 승리한다. 우리는 이 싸움을 결코 무시해서는 안 되지만, 이 싸움을 두려워해서도 안 된다. 영적 전투와 관련해 내가 가장 좋아하는 구절 중 하나는 요한일서 4장 4절이다. "자녀들아 너희는 하나님께 속하였고 또 그들을 이기었나니 이는 너희 안에 계신 이가 세상에 있는 자보다 크심이라."

예수님이 사탄보다 크시지만, 마귀가 여전히 살아서 이 땅에서 활동하기에 우리의 영적 전투는 계속된다. 요한일서 5장 19절은 "또 아는 것은 우리는 하나님께 속하고 온 세상은 악한 자 안에 처한 것이며"라고 말한다. 이 구절은 사탄이 온 세상과 그 미래를 주관한다고 말하는 것이 아니다. 오히려 반대로, 항상 하나님이 궁극적으로 주관하신다. 하나님은 자신의 주권으로 그 결과를 항상 통치하셨고 앞으로도 그러실 것이다. "여호와의 계획은 영원히 서고 그의 생각은 대대에 이르리로다"(시 33:11).

요한일서 5장 19절은 온 세상이 악한 자의 힘 안에 붙들려 있다는 뜻이다. 비록 사탄이 패배했고 그의 머리가 궁극적으로 부서졌지만, 그는 여전히 독으로 가득한 이빨을 가졌다(창 3:15). 사탄의 임무는 도적질하고 죽이며 멸망시키는 것이다(요 10:10). 우리는 오늘날 도처에 있는 사람들의 마음과 삶 속에서 이 악한 사역에 대한 증거들을 볼 수 있다. 많은 사람이 어둠을 사랑하며 그들의 행위가 악하다(요 3:19).

로마서 6장 23절은 "죄의 삯은 사망"이라고 말한다. 사탄은 세상 문화가 제공하는 것을 얻는 데 에너지를 소진하도록 그리스도인을 부단히 유혹한다. 사탄은 모든 사람의 마음속에 있는 죄성을 부추기는 문화를 기획했다. 그는 우리 내면의 망가진 부분을 바로잡아 주겠다는 약속을 하며 우리의 약점을 이용한다.

또한 사탄은 우리가 기만적인 문화라는 꼭두각시를 움직이는 자가 있음을 잊도록 최선을 다한다. 그는 신자들이 세상 문화에 빠져 잃어버린 자들을 구원하는 임무를 감당하지 못하게 되기를 바란다. 대적이 실제로 존재함을 우리가 잊는 순간이 바로 복병이 가장 기민하게 움직이는 때이다. 사람이 사자의 존재를 잊고 있을 때 사자는 갑자기 달려든다.

우리는 전투 중인가? 절대적으로 그러하다. 그리스도인은 믿음으로 유유히 항해할 수가 없다. 세속 문화라는 강이 그들을 하류로 끌어당기기 때문이다. 하나님이 의도하신 곳에서 멀어지기 원하는가? 그저 느슨해지기만 하면 된다. 우리는 예수님을 따르는 자로서 어떤 도전이든 예상하지 않을 수 없다. 그러나 좋은 소식은 영적 전투를 혼자서 전개하지 않아도 된다는 것이다. 예수님 안에서 승리는 우리의 것이다.

하늘에 있는 영적 세력들

영적 전투에 승리하는 비결은 무엇일까? 전도서 기자는 수효의 힘을 상기시킨다. 혼자서 싸우는 사람은 상대방에게 제압당할 수 있다. 그러나 그를 도울 사람이 있으면(많을수록 좋다.) 승리할 것이다. 이것이 교회이다. 그리스도의 몸이 지닌 힘이다. 모두가 같은 편이 되어 함께 싸운다.

에베소서 6장 10-20절은 전투에서 어떻게 해야 할지에 대해 가장 잘 알려진 본문이다.

"끝으로 너희가 주 안에서와 그 힘의 능력으로 강건하여지고 마귀의 간계를 능히 대적하기 위하여 하나님의 전신 갑주를 입으라 우리의 씨름은 혈과 육을 상대하는 것이 아니요 통치자들과 권세들과 이 어둠의 세상 주관자들과 하늘에 있는 악의 영들을 상대함이라 그러므로 하나님의 전신 갑주를 취하라 이는 악한 날에 너희가 능히 대적하고 모든 일을 행한 후에 서기 위함이라 그런즉 서서 진리로 너희 허리 띠를 띠고 의의 호심경을 붙이고 평안의 복음이 준비한 것으로 신을 신고 모든 것 위에 믿음의 방패를 가지고 이로써 능히 악한 자의 모든 불화살을 소멸하고 구원의 투구와 성령의 검 곧 하나님의 말씀을 가지라 모든 기도와 간구를 하되 항상 성령 안에서 기도하고 이를 위하여 깨어 구하기를 항상 힘쓰며 여러 성도를 위하여 구하라 또 나를 위하여 구할 것은 내게 말씀을 주사 나로 입을 열어 복음의 비밀을 담대히 알리게 하옵소서 할 것이니 이 일을 위하여 내가 쇠사슬에 매인 사신이 된 것은 나로 이 일에 당연히 할 말을 담대히 하게 하려 하심이라."

이 말씀에는 좋은 지침이 많이 들어 있다. 앞에서 언급했듯 에베소서 6장의 전반적인 문맥은(그리고 에베소서 전체는) 전체 교회를 수신자로 본다. 에베소서 1장 1-2절에 나오는 서두의 인사말에 주목하라. "하나님의 뜻으로 말미암아 그리스도 예수의 사도 된 바울은 에베소에 있는 성도들과 그리스도 예수 안에 있는 신실한 자들에게 편지하노니 하나님 우리 아버지와 주 예수 그리스도로부터 은혜와 평강이 너희에게 있을지어다."

우리에게 쓴 내용이다. 우리는 그리스도 예수 안에 있는 신실한 자들이다. 하나님의 가족이다. 하나님의 가정이다. 그리스도의 몸이나. 에베소서 6장의 문맥을 고려할 때 이 본문은 우리가 개인적인 갑주를 입는다는 뜻이다.

하지만 핵심은 이렇다. 바울이 언급한 로마식 갑주는 동료 병사의 도움이 없이는 착용할 수 없었다. 뒤에서 묶어야 하는 것도 있어서 병사 스스로 입지 못했다. 각자가 갑주를 착용하면, 병사들은 함께 전투하러 나갔다. 로마군이 막강했던 이유는 그들의 전략과 팀워크 때문이었다. 바울은 강한 전사들을 언급하면서 무슨 말을 하려고 했을까?

그들이 그랬듯 우리도 등을 맞대고 어깨를 나란히 해야 한다. 우리는 영적 군대이기 때문이다. 바울은 여러 병사에게 쓰고 있다. 만일 우리가 혼자서 싸우면 패배하기 십상이다. 그러나 함께 영적 대적을 맞서 싸우면 승리할 수 있다. 고린도전서 13장이 교회에게 보내진 내용임에도 결혼생활에 관련된 본문으로 사용하기 좋아하는 사람이 많듯, 에베소서 6장도 교회적 차원의 영적 전투를 위한 계획보다는 개인적인 전투 계획으로 활용하기를 좋아한다.

신자들의 몸인 우리에게 이 본문은 무엇을 의미할까? 함께함의 힘을 상기시킨다. 교회로서 우리는 주 안에서 단결하여 견고히 서야 한다. 교회로서 우리는 하나님의 말씀과 진리와 의 안에서 강건해야 한다. 교회로서 우리는 평안의 복음을 준비해야 한다. 교회로서 우리는 믿음의 방패로 자신과 서로를 방어해야 한다. 교회로서 우리는 구원과 기도와 하나님 말씀이 필요하다.

유사하게, 베드로는 우리를 이렇게 독려한다. "너희는 믿음을 굳건하게 하여 그를 대적하라 이는 세상에 있는 너희 형제들도 동일한 고난을 당하는 줄을 앎이라"(벧전 5:9). 이는 하나님의 가족 전체가 함께 마귀를 대적하라고 당부하는 말씀이다. 우리가 관계에서 얻는 기쁨과 힘은 마귀를 대적하도록 도와준다.

나는 느헤미야서를 좋아한다. 거기에 수록된 이야기에 따르면, 느부갓네살왕 때에 바벨론으로 사로잡혀 갔던 히브리인들이 아닥사스다왕 때 유다로 돌아와서 예루살렘 성벽을 재건하도록 허락을 받았다. 새 왕의 승인을 받았지만, 그것은 여전히 힘든 과제였다. 엄청난 양의 고된 일이었다. 할 일은 많았으나 일꾼은 너무 적었고, 그래서 길게 두른 성벽을 따라 일꾼들이 띄엄띄엄 배치되었다. 재건 과정 내내 방해자들이 일어났다.

재건 사역을 이끌었던 느헤미야는 위협에 대처하기 위해 주야로 파수꾼들을 세웠다. 그는 백성들에게 두려워하지 말라고 독려했고, 마침내 모든 일꾼들로 하여금 병사 역할을 하게 했다. 느헤미야 4장 16-20절을 보자.

"그 때로부터 내 수하 사람들의 절반은 일하고 절반은 갑옷을 입고 창과 방패와 활을 가졌고 민장은 유다 온 족속의 뒤에 있었으며 성을 건축하는 자와 짐을 나르는 자는 다 각각 한 손으로 일을 하며 한 손에는 병기를 잡았는데 건축하는 자는 각각 허리에 칼을 차고 건축하며 나팔 부는 자는 내 곁에 섰었느니라 내가 귀족들과 민장들과 남은 백성에게 이르기를 이 공사는 크고 넓으므로 우리가 성에서 떨어져 거리가 먼즉 너희는 어디서든지 나팔 소리를 듣거든 그리로 모여서 우리에게로 나아오라 우리 하나님이 우리를 위하여 싸우시리라 하였느니라."

본문의 이미지를 마음속에 떠올려 보자.

첫째, 일꾼들마다 한 손에는 연장을 다른 손에는 칼을 들었다. 무슨 교훈인가? 우리는 일하는 동안 항상 무기를 지녀야 한다. 사역 중에 늘 경계해야 한다. 영적 행보에서 늘 주의해야 한다. 이것이 그리스도인의 소명이다. 고린도전서 16장 13-14절에서 바울은 "깨어 믿음에 굳게 서서 남자답게 강건하라 너희 모든 일을 사랑으로 행하라"라고 당부한다.

둘째, 만일 대적이 공격해 오면, 우리는 나팔을 불어야 한다. 그리하면 다른 이들이 모두 도우러 올 것이다. 우리는 가장 도움을 필요로 하는 사람 주위로 모일 것이다. 무슨 교훈인가? 우리는 자신의 은사와 재능을 활용해 서로를 위해 싸우며, 다른 사람들도 우리를 위해 싸우게 한다. 이런 의미에서 각 사람은 자신의 집에 가까운 성벽만이 아니라 하나님의 일 전체를 지키고 있다.

우리 각자는 나팔 든 자에게 자신이 공격받고 있음을 알려서 군대의 도움을 받아야 한다. 또한 대적이 다른 어떤 사람을 공격할 경우를 대비해 나팔 소리에 귀 기울여야 한다. 나팔 소리는 도움을 요청하는 신호이다. 만일 우리가 나팔을 불지 않고 우리의 필요를 알리지 않는다면 누가 우리에게 달려오겠는가?

이것은 교만한 자들에게 매우 중요한 교훈이다. 교만한 사람은 다른 사람들이 곤경에 처하면 그를 도우러 가겠다고 결심할 수 있지만, 자신은 다른 사람의 조언이나 지원을 필요로 할 정도로 약한 모습을 보이기를 원치 않는다. 앞서 말했듯 영적으로 성숙한 사람은 다른 사람을 지원할 뿐 아니라 지원을 받기도 한다.

느헤미야서가 기록되던 시기에 대적은 성벽의 약한 부분을 찾고 있었다. 그 약한 부분을 통해 성 전체를 손에 넣기 위해서였다. 어떤 사람이 공격을 당하는데도 나팔을 불지 못하면, 성 안의 모든 이들에게 위기가 닥친다. 대적은 작은 틈을 이용해 전체를 장악하기를 원한다.

교만은 혈육의 가족과 영적 가족을 아우르는 모든 구성원에게 영향을 미쳐 마귀에게 쉽게 넘어가게 한다. 우리가 자신에게 영향을 미치는 결정을 내릴 때 그것이 자신에게만 영향을 미치는 선에서 끝나는 경우는 거의 없다.

다윗이 경고를 들었음에도 인구조사를 하기로 미련한 결정을 내렸을 때 얼마나 많은 백성이 죽임을 당했는가? 바벨론 사신에게 자신의 모든 보화를 내보인 히스기야의 교만은 얼마나 많은 백성에게 영향을 미쳤는가? 아간이 자신의 장막 아래에 전리품을 숨겼을 때 얼마나 많은 사람이 죽었는가? 담임 목사나 리더가 혼자서 일하다가 지쳐서 포기하거나 죄를 지을 때 얼마나 많은 교인들이 악영향을 받는가? 부모가 스트레스에 시달리면서도 도움을 구하지 않거나 도움을 구할 영적 팀원이 없을 때 악영향을 받는 아이들이 얼마나 많은가?

이빨 빠진 사자와 고립된 가젤

팀으로서 싸우는 것은 무엇일까? 나는 교회에 출석하지 않은 성도들에게 정기적으로 심방 전화를 하는데, 지난밤에는 약 열 개 가정과 통화했다.

한 사람은 몇 주째 교회에 나오지 않았는데, 그러기 조금 전부터 예전과는 달리 신실한 모습을 거의 보이지 않았다. 나는 무슨 일이 있구나 생각했다. 알고 보니 그는 풀타임 직장을 잃어 이제 두 개의 파트타임 일을 하고 있었다. 한 직장은 인근에 있고 다른 하나는 시애틀에 있었다. 그래서 2주마다 먼 거리를 오갔다. 게다가 딸이 심각한 건강 문제로 수술을 받아야 했다. 그가 스트레스를 받은 건 말할 것도 없다. 하지만 내가 전화하기까지 아무도 그의 문제를 몰랐다.

그는 새 직장을 위해 믿음으로 기도했지만, 그때까지 응답받지 못했다. 결혼생활에 어려움이 닥쳤고 그는 아이를 걱정했다. 마귀가 이 사람을 공격해 화살을 날리고 있었으며, 그의 믿음은 점점 약해져 갔다. 그는 가정교회 리더로 섬겼지만, 시간이 없어 내려놓아야 했다. 그는 더는 여러 사람들과 관계를 맺거나 교회 일에 참여하지 않았다. 그는 절실하게 도움이 필요했다.

무엇이 해결책일까? 책임의 일부는 분명 이 사람에게 있다. 그는 대체로 다른 사람을 돕고는 했으나 다른 사람의 도움을 받기를 꺼려했다. 그는 자신의 나팔을 불고 대적의 공격을 알려야 했다. 그래야만 다른 사람들이 모여 그를 위해 싸울 수 있다. 우리가 함께 그를 격려하고 그를 위해 기도하고 그의 삶에 연루되며 또한 풀타임 직장을 찾도록 그를 도울 수 있다. 그래야만 우리가 믿음의 방패로 그를 도울 수 있다.

그런가 하면, 책임의 일부는 몸 된 교회에도 있다. 만일 우리가 관계를 맺고 있었다면, 누군가가 보이지 않을 때 바로 알아챈다. 우리는 다만 알아챌 뿐 아니라 방황하거나 숨거나 상처 입은 사람들에게 다가가는 문화를 조성해야 한다.

나랑 통화했던 또 다른 사람은 결혼생활에 문제가 있었다. 그와 아내는 둘 다 여러 해 신앙생활을 해 왔지만, 그리스도인이 되기 전에는 둘 다 성적으로 문란했다. 아내가 예전에 사귀었던 남자친구 중 하나가 다시 나타났고, 이로 인해 남편의 마음에 분노의 불길이 일었다.

다행히도 이들 부부는 소그룹에 적극적으로 참여했다. 그들을 비판하지 않는 사람들과 함께 삶을 나누고 있었다. 그들은 이 힘든 과정을 이겨낼 안전한 환경 속에 있었다. 그들은 자신의 비밀을 어두움에서 끄집어내고 빛의 갑주를 입을 수 있었다. 압박감이 줄어들었다. 사람들이 그들을 위해 기도하며 그들을 격려했다.

항상 이렇지는 않다. 많은 사람들은 자신이 힘들어지기 시작하면 이를 다른 사람에게 알리지 않는다. 그들은 무엇인가가 잘못될 때(혹은 회복하기 힘들 정도로 상황이 악화되기 전에는) 나팔을 불어야 한다고 생각하지 않는다. 어떤 사람이 죄 문제로 목사의 도움을 청하러 올 때에는 이미 문제가 너무 심각해진 경우가 많다. 포르노에 깊이 빠져 있거나 예전 남자친구와 페이스북에서 계속 대화하는 것처럼 말이다. 이런 경우 극단적인 상황이 벌어지거나 결혼생활에 큰 문제가 생긴다.

심각한 결과에 이르기 전에 솔직한 대화를 나눌 사람이 없다는 것은 매우 슬픈 사실이다. 마찬가지로 종종 나는 유혹이나 영적 공격을 혼자서 이겨 내려는 그리스도인을 본다. 그들은 지은 죄로 인해 큰 고통을 당했기에 그것을 합리화할 수 있다. 또는 자신의 곤경을 아무도 이해하지 못할 거라고 생각할 수 있다. 이런 식으로 생각하는 사람은 하나님이 자신을 버리셨다고 믿을 정도로 심한 죄책감에 빠져들 수 있다. 압박감으로 계속 죄를 짓거나 연관되는 사람들 모두에게 해를 입히기도 한다.

마귀는 우리를 유혹한다. 우리가 그 유혹에 넘어가면, 그는 용서받을 길이 없다고 우리에게 확신시키려 한다. 혹은 특정한 죄를 심각하게 문제시할 필요는 없고 다들 그렇게 하니 신경 쓰지 않아도 된다고 말한다. 더욱이 마귀는 이르기를, 우리는 은혜로 덮여 있으므로 나중에 죄송하다고 말하면 된다고 한다. 혹은 하나님이 죄를 그토록 엄중히 여기신다면 애당초 유혹을 허락하지도 않으셨을 거라고 한다. 우리가 기도했음에도 하나님이 죄를 방치하셨으니 우리의 죄에 대해 신경 쓰지 않으실 거라고 마귀는 말한다. 하나님은 우리가 비참해지지 않고 행복해지기를 원하신다고도 말한다.

이 모든 교묘한 메시지는 우리를 빛에서 어둠으로 빠트리기 위한 것이다. 마귀는 어둠 속에서 은밀하게 활동하기를 좋아한다. 그는 우리를 유혹하기를 좋아하며, 우리가 그를 대적할 때 "너는 유혹을 느끼고 있으니 여전히 악해."라고 말하기를 좋아한다. 죄의 유혹을 받는 것 자체가 죄를 범하는 것만큼 나쁜 것이니 포기하는 편이 좋다고 마귀는 말한다. 우리가 진정으로 예수님을 따르는 자라면 아예 유혹을 느끼지도 않는다는 것이다.

마귀의 이런 계책에 넘어간 사람들은 용서를 구하러 아버지께로 나아갈 수 없거나 나아갈 필요가 없다고 생각하게 된다. 그들은 죄책감에 억눌리거나, 돌이키기를 촉구하시는 성령님의 음성에 둔감해진다. 아예 돌이킬 수 없다고 생각할 수도 있다.

그러나 하나님은 우리에게 더 나은 방법을 알려 주신다. 앞 장에서 우리는 야고보서 5장 16절을 언급했다. 우리는 자신의 죄를 서로에게 고백해야 한다. 이럴 때 영적 치유가 이루어질 수 있다. 하지만 이 구절은 여기서도 적용된다. 마귀는 거짓으로 우리를 혼란스럽게 하기를 좋아한다. 죄로 인한 발버둥을 하나님 말씀의 빛과 진실한 관계의 빛에 드러낼 때, 마귀는 이제 우리를 장악하지 못한다.

마귀는 어둠의 주인이다. 그는 왜곡하고 속이며 죽일 수 있는 은밀한 곳에서 활동하기를 좋아한다. 우리가 마귀의 안개 속에서 나와 죄악과의 싸움을 공개적으로 그리고 정기적으로 함께 토로할 때 자신이 혼자가 아니며 다른 사람들도 싸우고 있음을 알게 된다. 고린도전서 10장 13절은 "사람이 감당할 시험 밖에는 너희가 당한 것이 없나니"라고 말한다.

우리가 서로 관계를 맺을 때 과거의 실패에 대한 이야기를 나누며 그래서 그 길로 다시 들어서지 않도록 서로 경고할 수 있다. 마귀는 그 결과가 별것 아니라고 말하지만, 빛 가운데서 우리는 자신의 죄가 어떻게 자신과 다른 사람들을 해치는지 볼 수 있다. 그리고 죄가 그다지 영향을 미치지 않는다는 것은 마귀의 거짓말임을 토로할 수 있다.

우리가 항상 예수님 그리고 다른 사람들과의 영적 관계의 빛 가운데 살아간다면, 마귀의 거짓말에 미혹되지 않을 것이다. 우리의 삶 속에 마귀가 세우려는 요새도 크거나 치명적이지 않을 것이다. 주님께 돌아가기에는 너무 늦었다는 거짓말을 마귀가 속삭일 때 우리는 하나님이 탕자가 돌아오기를 언제나 기다리고 계신다는 진리를 서로에게 말할 수 있다. 하나님은 우리에게 무관심하시며 사람은 혼자 사는 거라고 마귀가 설득할 때 우리는 예수님이 결코 우리를 떠나지 않으신다는 진리를 말할 수 있다. 죄악 된 생각이 떠오를 때 우리가 서로를 도울 수 있다면, 그 죄가 큰 문제로 자라서 끔찍한 결과를 낳는 일이 없을 것이다.

얼마 전 나는 우는 사자처럼 삼킬 자를 찾아다니는 마귀에 대해 쓴 베드로전서 본문을 읽고 있었다. 그 말씀은 몇 해 전 보았던 내셔널 지오그래픽 특집을 상기시켰다. 늙은 수사자들이 젊고 건강한 사자들과 협력해 먹이를 사냥하는 장면이었다.

늙은 사자들은 이빨이 거의 다 빠지고 지구력도 별로였지만 여전히 중요한 역할을 했다. 그들은 으르렁거릴 수 있었다. 사자들이 가젤 떼를 발견하면, 젊은 사자들이 주변 숲속에 몸을 숨긴다. 늙은 사자들은 가젤 떼를 둘러싸고 으르렁거리면서 숨은 사자들 쪽으로 가젤 떼를 몰아간다. 겁에 질린 가젤들이 흩어져 숨은 사자들에게 달려가게 한다. 놀란 가젤들은 젊은 사자들 쪽으로 곧바로 달려가기도 한다.

역설적이게도 가젤들은 으르렁거리는 사자들과 함께 머무는 편이 가장 안전하다. 늙은 사자들은 위협적인 존재가 아니기 때문이다. 우리 신자들의 경우도 마찬가지이다. 우리는 공포에 질린 나머지 가장 요란하지만 가장 약한 대적을 정면으로 맞서기보다는 도리어 문제 속으로 달려든다.

마귀는 그리스도께 패했지만, 여전히 으르렁거릴 수 있다. 마귀는 우리를 다른 신자들과 함께하는 안전한 곳에서 분리시키기 좋아한다. 우리는 무리 밖에 있을 때 공격을 받기가 훨씬 더 쉽다. 우리는 지레 공포에 질리는 경향이 있다. 우리는 사방으로 달리며, 때로는 영적 포식자들의 열린 입 속으로 뛰어든다. 고립될 때 공격에 노출된다.

이것은 분명한 사실이다. 적군에 대항해 혼자 싸우고 싶은 병사는 하나도 없다. 병사는 부대원들과 함께 싸울 때 자신만만하다. 부대원 전체는 고립된 병사 한 사람보다 훨씬 더 강하다.

당신은 고립된 가젤인가?

당신은 줄곧 혼자서 싸우려는 병사인가?

우리는 관계를 우선시해야 한다. 다른 사람들과 관계를 맺지 않는 다면, 우리는 영적 전투를 혼자 수행해야 한다. 그럴 경우 불리한 입장에 처하기 마련이다. 우리는 위험에 직면한다. 우리가 다른 신자들에게서 분리되면, 마귀는 우선 우리를 혼란스럽게 할 것이다. 외관상 좋아 보이는 것들로 우리를 유혹하고 균형을 잃게 할 것이다. 그리고 오래 지나지 않아 우리는 죄와 사망의 길을 가게 된다.

우리는 모두 가족과 몸과 부대의 일원으로 지음 받았다.

어떻게 잘 해낼 수 있을까?

작년에 한 싱글맘이 우리 가정교회에 참석하기 시작했다. 그 자매의 젊은 남편이 자살하는 바람에 가족이 큰 충격을 받았다. 우리 가정교회에서 그 집으로 함께 가서 식사를 제공하고 남편의 물건을 안 보이는 곳으로 치웠다. 우리는 그 가족이 새 거처를 찾도록 도와주었다. 그 집을 떠나고 싶어 했기 때문이다. 후에도 우리는 그 가족에게 식료품을 가져다주고 장작을 패 주기도 했다.

우리 구성원들의 섬기는 모습은 놀라왔다. 그녀는 가장 힘든 시기를 헤쳐 나가도록 도와줄 친구들이 있음을 알게 되었다. 가정교회의 다른 자매들이 찾아가 함께 상황을 의논했다. 그녀는 마침내 자신의 삶을 예수님께 드렸고, 열세 살인 딸도 그렇게 되었다.

지난주부터 그녀는 다시 학교에 가기 시작했다. 가족을 부양하기 위한 직업을 구해야 했기 때문이다. 그녀는 몇 가지 대학 수업을 들었는데, 기독교 신앙에 곧바로 공격이 가해졌다. 윤리학 교수가 기독교에 대해 경멸을 표했으며, 그녀는 어떻게 대처해야 할지 알 수 없었다. 마귀는 삼킬 자를 찾아 두루 다녔고 대학을 활용했다. 그녀는 자신을 괴롭힌 몇 가지 질문을 가정교회에서 토로했다. 영적 가족이 그녀를 둘러싸고 있다는 사실은 참으로 귀한 일이다.

마귀가 심어놓은 의심들을 우리가 풀어 주기 시작하자, 그녀는 그토록 난해하고 복잡하게 보였던 의문들이 쉽게 답변되는 것을 보았다. 그녀는 구성원들이 이야기하는 내용을 전부 적어 두었다가 수업 시간에 활용하고 싶다고 무척 들떴다. 우리는 마귀가 어떻게 개입하며 어떤 거짓말을 하는지에 대해 이야기했다.

가정교회에 참석한 한 사람이 (작년에 주님을 영접한 사람이다.) 이렇게 말했다. "영적 가족이 없다면 사람들이 어떻게 그리스도인의 삶을 살아갈 수 있을까 하는 생각이 들어요. 마귀는 매스컴이나 대학을 이용해 우리의 믿음을 파괴하려 하는데, 이 난관을 함께 타개할 사람이 주변에 없다면 어떻게 잘 해낼 수 있을까요?"

불행하게도, 영적 가족이 없는 그리스도인이 너무나 많다. 그들은 압박을 당할 때 견디지 못한다. 하나님은 생명과 경건을 위해 필요한 모든 것을 우리에게 주셨다(벧후 1:3). 그러나 하나님이 제공하신 도구들을 사용하지 않는 사람이 너무나 많다. 완벽한 영적 레시피를 사용하지 않는다면 우리를 존속시킬 영적 음식을 만들지 못한다. 빠뜨린 그 요소가 바로 관계임을 기억하자.

빛과 동네

망가진 세상에서

친교가 사실은 예배이다

당신은 어떻게 해서든 나를 사랑했어요

하나님의 레시피를 따라 살아감

chapter 10

빛은 모일수록
더욱 밝게 빛난다

그리스도인은 예수님의 제자로서 영적 성숙을 이루어 '다른 이들을 제자 삼는 제자'가 되어야 한다. 그러나 많은 그리스도인이 이를 배우지 못한다. 성숙해져야 한다고는 배우지만, 영적 성숙이 영적 가족 안에서 이루어져야 한다는 사실은 모른다.

성경적으로 표현하면, 그리스도인은 그리스도를 믿어 거듭남으로써 영적으로 죽은 상태에서 영적인 유아로 바뀐다. 그들이 영적 가족을 통해 영적 음식을 공급받지 못하면 계속 영적 유아 상태로 남을 것이다. 슬프게도 이런 일은 예외적이라기보다 일반적이다. 마침내 성숙해지는 사람들은 대개 긴 여정을 지나면서 거의 우발적으로 그렇게 된다. 다른 이들의 도움을 받았다면 훨씬 덜 고통스러웠을 것이다.

영적 가족과 제자화의 결여로 인해, 많은 신자들이 그들이 바로 제자를 만드는 하나님의 제1안(plan A)임을 모른다. 불행하게도 대부분의 목사들은 더 많은 제자들에게 자신의 방식을 가르치는(관계를 배제한 채 정보만을 전달하는) 것만을 배웠다. 그들은 예수님을 제대로 대변하지 못하고 있다. 공동체에서 활동하지 않고 영적 유아로 전락한 잠재적 영적 병사들이 교회에 가득하다는 것은 참으로 슬픈 사실이다. 그들은 기껏해야 이론만 무성한 방관자들이다.

몇몇 교회 리더들은 모든 그리스도인이 개인적인 복음전도자가 되어야 한다고 올바르게 가르침으로써 이 같은 잘못에 대처해 왔다. 그들은 그리스도인이 어떻게 관계를 통해 복음 전할 기회를 얻어서 사람들로 하나님의 가족에 합류하도록 돕는지 가르친다. 이들 교회에서 사람들은 종종 '일대일 복음전도반'에서 훈련을 받는다. 그리스도인은 예수님, 십자가, 회개, 용서 그리고 구원에 관한 대화는 관계라는 자연스러운 경로 안에서 가장 잘 이루어짐을 배워야 한다. 사람들이 예수님께 인도되는 것은 큰 행사를 통해서라기보다 개인들을 통해서이다.

오해하지 않기를 바란다. 나는 행사 일체를 부정하는 것이 아니다. 개인적인 복음전도를 가르치며 사람들로 그리스도께 나아가도록 돕는 목사들은 공동체로서 함께하는 삶을 가르칠 수 있다. 둘 다 우리가 취해야 할 시나리오이다. 더 온전한 진리는 혼자서는 할 수 없지만 함께할 때 가능한 일이 있다는 사실이다. 우리는 공동의 자원을 활용해 잃어버린 사람들에게 다가갈 기회를 모두 활용해야 한다. 그러나 행사로는 가장 잘 해낼 수 없는 일도 있다. 그 차이를 아는 것이 지혜이다.

두 상황 모두에서 진실한 관계 수립이 중요하다. 우리는 관계를 통해 믿음을 서로 나눌 권한을 얻을 뿐 아니라, 이 관계가 우리로 하여금 새신자들과 함께 성숙의 단계를 밟아 가도록 한다. 우리 교회는 종종 우리가 "병든 자들을 위한 병원"이라고 말한다. 하지만 우리는 산부인과 병동의 분만실과도 같다. 거기서는 영적 아기들이 관계를 통해 태어난다.

만일 당신이 새신자의 탄생을 돕는다면, 그의 성장도 도와야 한다. 이것은 매우 중요한 개념이다. 왜냐하면 오늘날의 교회는 자주 단지 행선지, 곧 '가는 곳'에 그치기 때문이다. 교회는 관계를 세우고 제자들을 키우며 섬기는 곳이어야 한다.

건강한 교회에서는 공동의 관계들이 맺어져야 한다. 우리 모두는 임무 완성을 도모하는 조직화된 관계 공동체에 합류하도록 부르심을 받았다. 예수님은 우리가 숨겨질 수 없는 빛이며 산 위에 있는 동네라고 말씀하시며 이 점을 분명히 밝히셨다.

빛과 동네

그렇다면 개인들이 교회로서 서로 관계를 맺을 때 무엇이 밖으로 드러나는가? 마태복음 5장 14-16절에서 예수님은 공동 복음전도라는 개념을 알려 주신다.

"너희는 세상의 빛이라 산 위에 있는 동네가 숨겨지지 못할 것이요 사람이 등불을 켜서 말 아래에 두지 아니하고 등경 위에 두나니 이러므로 집 안 모든 사람에게 비치느니라 이같이 너희 빛이 사람 앞에 비치게 하여 그들로 너희 착한 행실을 보고 하늘에 계신 너희 아버지께 영광을 돌리게 하라."

예수님이 "세상의 빛"이라는 개념으로 말씀을 시작하신 것을 주목하라. 여기서 예수님은 그분의 말을 직접 듣던 개인들만이 아니라 우리를 포함한 제자들 모두에게 말씀하신다. 세상의 빛이 되는 것은 무엇일까? 전등의 빛은 전력 근원에 연결될 때에만 작용한다. 신자의 능력 근원은 회심 때 임하는 성령님이시다. 예수님은 우리가 그 안에 거하지 않으면 부르심 받은 존재일 수 없다고 분명히 밝히셨다.

또한 예수님은 빛이 주어진 데에는 목적이 있음을 계시하신다. 빛은 어두운 곳에서 비쳐서 사람들이 안전하게 걸을 수 있게 한다. 우리를 상하게 할 수 있는 숨겨진 것을 드러내는 일이 빛의 역할이다. 빛은 진리를 나타내며 혼란과 악을 몰아낸다. 빛은 마귀가 우리를 해치기 위해 우리의 길에 설치한 덫과 장애물을 드러낸다.

전적인 어둠 속에 있던 사람에게 빛은 큰 위안을 준다. 빛은 우리가 주목해야 할 것을 제시하여 올바른 방향으로 나아가게 한다. 예수님은 우리가 그분 안에 거하며 그분을 위해 살 때 절망과 어둠 속에 있는 세상에 밝은 빛과 같은 그분의 사랑과 은혜를 비추게 된다고 말씀하셨다.

예수님은 빛을 덮어서는 안 되며 방 전체를 훤히 비추게 해야 한다고 말씀하셨다. 이어서 비유를 살짝 바꾸어 우리는 산 위에 있어서 숨겨지지 않는 동네와 같다고 말씀하셨다. 이 동네는 영향력이 있으며, 숨겨지지 않고 훤히 보인다.

'동네'라는 단어는 주목할 만하다. 동네는 여러 사람이 모인 곳이기 때문이다. 동네는 그룹이다. 예수님은 그분의 제자들이 빛의 결집이어야 한다고 말씀하신다. 손전등 1개와 손전등 50개를 하나로 묶은 것은 밝기가 다르다. 더 많은 빛이 모일수록 더 밝게 비춘다. 우리는 어두워진 세상에 빛을 비추는 산 위의 동네이다.

우리는 이 이미지를 사도행전 2장에서 볼 수 있다. 거기서 우리는 초대교회가 집단적으로 형성된 것을 본다. 또한 집단적인 복음전도의 힘을 본다. (베드로는 3천 명에게 설교했다. 여기서 우리는 대그룹을 위한 역할이 있음을 알 수 있다.) 그때 3천 명 이상이 구원받았다. 후에 신자들은 대그룹을 위한 추가적인 가르침과 훈련과 친교를 위해 성전 뜰에 모이기 시작했다.

또한 그들은 더 깊은 친교를 위해 가정에서 소그룹으로 모였다. 그런 관계들에서 어떤 일이 일어났는지 주목하라.

"또 재산과 소유를 팔아 각 사람의 필요를 따라 나눠 주며 날마다 마음을 같이하여 성전에 모이기를 힘쓰고 집에서 떡을 떼며 기쁨과 순전한 마음으로 음식을 먹고 하나님을 찬미하며 또 온 백성에게 칭송을 받으니 주께서 구원 받는 사람을 날마다 더하게 하시니라"(행 2:45-47).

마지막 구절이 특히 중요하다. "주께서 구원 받는 사람을 날마다 더하게 하시니라." 그리스도인 개인이 진실한 관계로 다른 그리스도인들과 함께하자 이 같은 흡인력이 생겼다. 이것은 예루살렘에 사는 그리스도인 무리가 하나님을 그리고 서로를 진실하게 사랑하는 모습이다. 그들에게는 목적이 있었다. 성령님이 그들을 하나로 묶어 망가지고 외로운 세상에 드러내 보이셨다. 그들은 산 위의 동네와 빛의 결집으로서의 역할을 했다.

바울은 고린도의 초대교회에게 이처럼 연합된 삶을 당부했다. "형제들아 내가 우리 주 예수 그리스도의 이름으로 너희를 권하노니 모두가 같은 말을 하고 너희 가운데 분쟁이 없이 같은 마음과 같은 뜻으로 온전히 합하라"(고전 1:10).

"온전히 합하라"라는 말은 문자적으로 '함께 엮어 짜다'라는 뜻이다. 고린도전서 말씀을 읽어 보면 우리는 한 마음과 한 생각이어야 함을 배운다. 우리는 모든 일에 온전히 의견 일치를 보일 수는 없지만, 우리 신앙의 가장 중요한 요소들에 대해서는 함께 지켜낼 수 있다. 이는 우리가 서로에게 헌신적이라는 뜻이다. 우리는 공동의 목적을 우리의 생각과 행동의 중심에 둔다.

요한복음 13장 35절에서 예수님은 진실한 관계에서 비롯되는 유익을 묘사하신다. "너희가 서로 사랑하면 이로써 모든 사람이 너희가 내 제자인 줄 알리라." 이 말씀은 신앙에 대해 점점 더 적대적인 세상에서 어떻게 그리스도인이 성공하며 번성할 수 있는지 알려 준다. 관계는 이 적대적인 환경에 직면해 우리를 더 강하게 할 뿐 아니라, 관계를 필요로 하되 그것을 찾지 못하는 다른 사람들을 끌어당기는 힘을 발휘할 것이다.

망가진 세상에서

걱정스러운 통계에 따르면, 한때 교회의 중진이었던 사람들 중에 교회를 떠난 이들이 많다. 교회에서 자란 청소년들이 점점 교회에 모습을 보이지 않는다. 이렇게 된 데에는 많은 이유가 있다.

먼저 문화와 매스컴과 대학이 기독교 신앙을 공격한다. 그리스도인 부모들이 너무 많은 과외 활동을 지원하느라, 말씀을 가르치는 청소년 모임과 교회 예배를 희생시켰다. 그래서 청소년들이 이 공격에 대항할 준비를 갖추지 못했다. 또한 그리스도인 부모 대부분이 제자훈련을 받지 못해 자녀를 관계적으로 제자화 하는 법을 모른다. 그들 다수가 생각할 수 있는 최선은, 과외 활동이나 단체들을 지원해 아이들을 문제에 빠질 수 없을 만큼 분주하게 하는 것이다. 물론 이 경우 아이들은 너무 바빠서 교회 모임에 정기적으로 참석할 수 없다.

그러나 사람들이 교회를 떠나는 이유는 거기서 그치지 않는다. 관계는 우리를 단단히 붙드는 줄과 같다. 배를 선착장에 붙들어 매는 계류용 밧줄처럼, 관계는 우리를 진리로부터 떨어져 떠내려가지 않게 할 것이다.

많은 시간을 교회에서 보내는 사람들도 진실한 관계를 맺지 않는 경우가 너무나 많다. 부모를 따라 이 교회 저 교회로 옮겨 다닌 아이들은 성장한 후에도 진실한 관계를 맺은 모(母) 교회를 갖지 못한다. 많은 청소년 사역자들이 한 교회에 오래 머무르지 않기에, 한 교회에 계속 다니는 아이들마저 성장기 동안 여러 리더들을 거친다.

많은 교회들이 관계에 비중을 두지 않는 대그룹 경험에 초점을 맞추기 때문에, 많은 사람들이 우애를 쌓기보다는 안면을 익히는 정도에 그친다. 이것이 문제의 큰 부분을 차지한다. 우리 아이들을 다른 견고한 신자들과 묶어 주는 강한 끈이 없으면, 아이들은 문화적인 공격에 대항하는 데 필요한 요소를 갖추지 못하게 된다.

우리는 구원의 이적을 넘어 예수님이 공급하기 원하시는 생명을 주는 관계를 맺을 수 있다. 서로에게 이해, 공감, 자상함, 친절함, 자비 그리고 용서를 베풀며 살아갈 수 있다. 우리의 큰 이적 중 하나는 우리가 하나님과 그리고 다른 사람들과 관계를 맺는 것이다. 말씀으로 이를 지시하신 하나님은 성령님을 통해 이렇게 살 힘을 주신다. 하나님의 지시를 따르며 그분의 힘을 의지하여 걸을 때에만, 우리는 그리스도인의 풍성한 삶을 경험할 것이다.

슬프게도 진실한 관계를 맺거나 이를 보여 주는 그리스도인이 거의 없는 탓에, 놀랍고 풍성한 삶을 약속받은 새신자 대부분이 그것을 경험하지 못한다. 그들은 교회를 떠나면서 "예수님을 믿으려고 노력했지만 예수님이 실제로 도와주시지 않았다."라고 말한다. 이는 그들이 애당초 온전히 연결되지 않았기 때문이다. 이 책에서 계속 쓰는 은유로써 말하자면, 그들은 우리가 요리하는 것을 먹으려 했지만, 우리가 올바른 레시피를 사용하지 않았기에 우리의 요리가 그들의 입에 별로 맛이 없었다. 예수님이 신자들의 공동체 안에서 하실 수 있는 일을 그들은 보지 못했다. 관계가 없이 우리는 세 겹 줄을 경험하지 못한다.

우리가 삶의 폭풍을 헤치고 나아가며 장애물들을 극복할 때 우리를 함께 묶어 주는 줄의 역할을 기독교적인 관계들이 해야 한다. 우리의 의견이 항상 일치하지는 않으며 갈등도 있겠지만, 관계에 전념할 때 우리는 부단히 화해로 나아갈 것이고 이로 인해 더 굳건해질 것이다. 때로 우리는 선호도의 문제에서 의견 차이를 인정하거나, 또 지혜로운 조언을 경청하며 거기에 복종해야 할 것이다.

삶은 전투이다. 하지만 종종 우리는 올바른 전투를 기피하고 그릇된 전투에 뛰어든다. 갈등이 생길 때 우리는 시일이 지나 그것이 해소되거나 감소하기를 바라면서 회피하려 한다. 하지만 성경은 우리가 협력하여 갈등을 극복해야 한다고 말한다. 우리는 우리를 위한 하나님의 선하신 계획을 파괴하려는 대적(관계의 대적)의 시도를 꺾어야 한다. 우리가 친구들 간의 문제를 처리하기를 미룰 때 대적은 발판을 마련해 우리를 고립시킴으로써 우리를 묶는 줄을 끊으려 한다.

나는 게리 토마스가 쓴 『사랑과 행복 그 이상의 결혼 이야기』(Sacred Marriage)라는 책을 좋아한다. 그는 결혼이란 그들을 '행복하게' 해 주는 것이라 생각하는 사람이 많지만, 실제로 결혼은 그들을 '거룩하게' 하기 위한 것이라고 주장한다. 나의 결혼생활만 보아도 그렇다. 행복한 일들도 많았지만, 하나님이 아내를 통해 나를 더 성결하게 하신 것도 분명한 사실이다.

성화의 과정은 토기장이와 진흙의 이야기와 같다. 하나님은 그분의 선하신 목적을 위한 그릇으로 우리를 다시 빚도록 우리를 가루로 만들 권한을 가지신다. 혹은 요한복음 15장에 나오는 농부처럼, 하나님은 열매 맺지 않는 가지들을 전지할 권한을 가지신다. 하나님이 이렇게 하시는 것은 우리로 더 많은 열매를 맺게 하려는 것이다. 이처럼 빻거나 전지하는 과정을 성화라 부른다. 하나님은 관계 속에서 우리의 이기심을 드러내신 다음에, 관계를 통해 더욱 그를 닮아가도록 우리를 도우신다.

사람들이 우리를 알며 사랑하기를 허락할 때 진실한 우정이 우리가 그리스도 안에서 성장하도록 돕는다. 예수님의 가르침대로 사랑할 때(그들이 원하는 것보다 그들에게 필요한 것을 주며, 그들 역시 우리에게 그리하도록 허락할 때) 관계를 통해 우리는 주님의 선하신 일과 영광을 위해 더 쓸모 있는 존재가 될 수 있다.

친교가 사실은 예배이다

음식점에서 일했던 그리스도인 친구가 있다. 그곳에 개인적인 곤경에 처한 요리사가 있었는데, 그 친구가 그에게 다가가 "하나님에 대해 어떻게 생각해요? 혹시 교회에 다니시나요?" 하고 물었다.

요리사가 말했다. "아니요. 다니려고 했죠. 언젠가 교회에 나갔지만, 교회가 내 문제를 해결해 주지 못했어요. 그 후로 한 번도 안 갔어요."

친구가 말했다. "교회에 다시 나가 볼 생각은 없나요? 이번에는 저랑 같이요."

요리사가 잠시 생각을 하고는 "좋아요. 그럴 수 있을 것 같네요."라고 대답했다.

다음 주일에 요리사는 내 친구와 함께 교회에 갔다. 첫 주일에는 아무 일도 일어나지 않는 듯했다. 두 사람은 목사님의 설교 내용에 대해 간략한 대화를 나누고는 헤어졌다. 그 후로 내 친구는 매주 토요일 밤에 요리사에게 전화해서 주일에 교회에서 만나자고 말했다. 요리사는 그렇게 했다. 여러 주가 지났고, 교회와 하나님에 대한 대화가 점점 더 편해졌다.

친구는 자신의 가정교회에 요리사를 초청했는데, 그는 "나는 당신을 좋아하지만, 교회 사람들 중에는 짜증나는 이들이 더러 있어요."라고 말하며 거부했다. 여러 달이 지나도록 요리사는 계속 교회에 나갔다. 마침내 그는 내 친구와 함께 가정교회에 참석하기로 했다. 그 교회의 목사가 자신의 가정교회에서 스포츠 경기를 함께 시청할 거라고 말한 후였다. 요리사는 아직 신자가 아니었으나 사람들을 사귀고 싶었고, 그래서 가정교회에 참석하기로 했다.

요리사는 가정교회의 구성원들이 몹시 친절하다고 느꼈다. 그들은 열린 마음으로 서로를 반기고 그를 환영했다. 예상했던 것과는 다른 모습이었다. 가정교회 구성원들이 서로 자신의 삶을 나누었다. 그들은 야구광인 요리사를 위해 자기 집에서 월드시리즈를 함께 보자며 그를 초청했다. 차츰 영적인 대화들이 오갔다.

요리사는 서로를 대하는 가정교회 구성원들의 모습에 강한 인상을 받았다. 그들은 진심으로 서로를 배려하고 그를 배려하는 것 같았다. 쇼가 아니었다. 한번은 요리사가 자신을 차로 공항까지 태워다 줄 수 있는지 한 구성원에게 부탁했다. 다른 한번은 요리사가 차고를 청소하는데, 두 사람이 찾아와 그를 도와주었다.

요리사는 자신도 그들의 삶과 연결되어 있음 알게 되었다. 정기적인 가정교회 모임에서 그들은 자신에게 닥친 일들을 토로했다. 그들의 삶은 완벽하지 않았지만 그들은 부단히 기도로 주님께 그리고 서로에게 도움을 구했다. 1년이 지나고, 월드시리즈 결승전이 치뤄지는 날 요리사는 자신의 집에서 큰 파티를 열었다. 그의 가정교회 사람들이 모두 참석했다.

요리사가 복음을 들을 준비를 갖추자 가정교회 리더는 거듭해 그에게 복음을 전했고, 얼마 후에 그는 마침내 자신의 삶을 주님께 드리기로 결심했다.

초대교회가 상심하고 외로운 사람들의 마음을 관계로써 끌어당겼듯이, 오늘날 우리도 그렇게 할 수 있다. 하나님은 사람을 영적 의미와 관계적인 연결을 필요로 하고 바라도록 지으셨다. 세상 사람들은 진실한 사랑을 볼 때 관심을 기울인다. 라디오에서 들리는 노래의 거의 전부가 사랑, 곧 진실한 관계가 얼마나 절실히 필요한지에 대한 내용이다. 문제는 많은 비그리스도인이 교회에서 진실한 관계를 찾으려 하지 않는다는 것이다. 요리사가 처음에 그랬듯이 그들은 이미 교회에 가서 시도해 보았지만 별 소용이 없었다.

비그리스도인들도 서로 관계를(심지어 친밀한 관계를) 맺을 수 있지만, 목표가 우리와 다르다. 이 관계들은 종종 사람을 더 안전하게 또는 더 나아지게 하지 못한다. 중심에 예수님이 계시지 않은 관계는 조건적이다. 그 관계는 '내가 필요하다고 생각하는 것을 네가 주는지'의 여부에 근거한다. 만일 당신이 실수를 저지르고서 그것을 알리면 관계가 깨진다. 만일 당신이 상대방을 지지하지 않으면(그의 생각이나 결정이 옳은지의 여부에 상관없이) 당신은 좋은 친구가 아니며 그래서 서로의 관계가 끝난다.

물론 이 원칙에는 예외가 있으며, 비그리스도인들도 관계 안에서 용서와 화해를 이해할 수 있다. 하지만 그리스도를 중심에 모실 때와는 다르다. 나는 이제껏 살아오면서 그리스도 안에 있을 때와 밖에 있을 때 둘 다를 경험했다. 내가 주님과 동행하지 않았던 시기가 있었는데, 그때 나는 관계를 절실히 갈망하는 사람들을 보았다. 진실한 관계를 위해서라면 모든 것을 바치려는 사람들이었다. 나도 그들 중 하나였다.

그때 외관상으로 나는 혼자가 아니었다. 삶을 즐기는 듯하는 많은 사람들이 주변에 있었다. 하지만 나의 내면은 너무나 외로웠다. 내 속에서 일어나는 일을 진정으로 아는 사람은 아무도 없었다. 만일 내가 그들에게 솔직하게 말했다면 그들은 함께 술을 마시자고 했을 것이다. 혹은 아무 말 없이 나를 멍하니 보았을 것이다. 그들도 같은 문제를 지니고 있었다. 우리는 그리스도를 관계의 중심에 모실 때 은혜와 도우심과 지혜와 통찰력과 헌신의 새로운 깊이를 얻게 된다.

그리스도인이 되는 순간에 자동적으로 근사한 친구가 되는 것은 아니다. 진실하고 깊은 관계를 맺는 능력은 성화 과정의 일부이다. 슬프게도 많은 그리스도인이 진정한 성화는 깊은 관계로 이끈다는 사실을 알지 못한다. 그래서 기독교의 형식은 지녔으나 그들이 지음 받은 목적을 향해 나아가지 못한다.

그 과정이 요한일서 4장 19절에 언급되어 있다. "우리가 사랑함은 그가 먼저 우리를 사랑하셨음이라." 그리스도를 만나기 전에 우리는 죄 때문에 사랑을 잘못 이해했다. 그러나 이제 예수님이 진정한 사랑을 우리에게 계시하셨다. 사랑이 무엇인지 알고 싶다면 예수님을 보기만 하면 된다.

만일 예수님이 성령님을 보내지 않으셨다면, 우리는 예수님을 보고서도 사랑을 단순히 근사한 개념 정도로만 생각했을 것이다. 우리가 예수 그리스도를 영접할 때 성령님이 우리 속에서 역사하신다. 성령님은 우리가 그리스도의 본보기를 따르도록 하신다. 비록 우리는 죄성을 지녔지만, 성령님의 능력으로 죄를 거부하고 예수님께 순종할 수 있다.

사랑에는 수고가 요구된다. 사랑에는 이타심이 요구된다. 사랑은 우리 자신의 필요를 제치고 다른 사람들을 먼저 생각하는 마음을 수반한다. 요한일서 4장 7절은 사랑은 하나님께 속한 것이므로 우리가 서로 사랑해야 한다고 분명히 밝힌다. 요한일서 4장 11절은 "사랑하는 자들아 하나님이 이같이 우리를 사랑하셨은즉 우리도 서로 사랑하는 것이 마땅하도다"라고 덧붙인다.

이 구절들은 초청인 동시에 명령이기도 하다. 하나님이 사랑을 계획하셨고 사랑으로 말씀하시기에 우리는 하나님을 본받아 사랑으로 살며 우리를 통해 이 사랑이 흘러 나가게 해야 한다. 우리가 하나님이 명하시는 방식으로 하나님을 사랑하며 다른 사람들을 사랑할 때, 우리는 사실상 하나님을 예배하는 셈이다. 또한 우리는 하나님이 우리를 위해 준비하신 모든 것을 받게 된다.

당신은 어떻게 해서든 나를 사랑했어요

잃어버린 사람들에게 다가가는 최선의 방법은, 쇼나 고비용 사역 프로그램이 아니라 사랑의 관계를 북돋우는 분위기를 교회 안에 조성하는 것이다. 이를 통해 한 번에 한 명씩 사람들의 삶을 변화시키는 것이다.

작년에 우리는 한 여성(데니스라고 부르기로 하자.)이 보낸 편지를 받았다. 우리 교회 자매 중 한 명이(수잔이라고 부르기로 하자.) 여러 해 동안 데니스를 보살폈다. 데니스는 더 일찍부터 수잔과 알고 지냈으며, 수잔이 그리스도인인 것도 알았다. 그러나 데니스는 신앙에 전혀 관심이 없었다.

데니스는 수잔이 진실하며 바람직한 삶을 산다고 인정했다. 하지만 자신의 삶을 예수님께 맡길 준비가 되지 않았으며, 자신에게 일어난 모든 일에도 불구하고 예수님이 자신을 기다리신다는 사실을 받아들일 수 없었다. 데니스는 그릇된 선택을 했고 몇몇 가족에게 많은 학대를 받았다. 결국 그릇된 선택으로 교도소에 수감되었다. 그녀의 삶은 완전히 흐트러졌다.

데니스가 출감했을 때 그녀의 마음은 여전히 완고했다. 하지만 수잔은 가정교회 사람들과 함께 데니스와 그녀의 어린 딸을 어떻게 해서든 돕기로 결심했다. 이 관계적인 도움을 시작한 수잔은 영적 관계를 맺은 구성원들의 도움이 필요했다. 왜냐하면 처음에 수잔은 데니스에게 쏟은 정성에도 불구하고 의미 있는 결과를 얻지 못했기 때문이다.

데니스에게 필요한 것을 수잔 혼자서는 감당할 수 없을 때도 많았다. 그래서 수잔과 관계를 맺고 있던 그리스도인들이 데니스에게 필요한 물리적 도움을 베풀었다. 또한 성령님이 그들을 통해 수잔을 영적으로 독려하셔서 수잔은 데니스의 영혼을 위해 치르는 긴 전투에 필요한 힘을 얻었다.

안타깝게도 데니스는 계속 하나님의 사랑을 받아들이려 하지 않았다. 그녀는 계속 추락 중이었다. 하지만 이 구성원들을 통한 예수님의 사랑도 지속되었다. 데니스를 위한 그들의 노력이 즉각적인 결과로 나타나지는 않았다. 그것은 많은 시간과 희생을 요구했다.

그러나 마침내 결실이 맺혔다. 데니스가 감사하지 않고 퉁명스럽게 굴 때에도 그들은 데니스의 물리적인 필요와 그녀의 딸에게 필요한 것들을 보살폈다. 마침내 데니스의 마음이 부드러워졌고, 그녀는 예수님께 돌이켰다. 데니스는 수잔에게 그리고 우리 교회에 편지를 썼다. 이 편지는 간증이자 한 편의 시이다.

10년 전, 내가 감옥에서 걸어 나올 때
처음 본 얼굴이 당신의 얼굴이었어요.
당신은 나의 어린 딸은 알았지만,
나를 알지는 못했죠.
어떻게 그렇게 할 수 있나요?
나는 당신 같은 사람을 본 적이 없어요.
당신은 나를 초청해 당신의 가족과 함께 지내게 했어요.
나는 달아났지요.
누구도 나를 사랑하지 않았고
나는 그 사실을 증명하려 했어요.
하지만 당신은 어떻게 해서든 나를 사랑했어요.
당신의 교회도 당신과 같았어요.
그들은 나를 환영하고 사랑했죠.
나는 그들로부터 달아났어요.
누구도 나를 사랑할 수 없었고,
나는 그 사실을 증명하려 했어요.
하지만 당신은 어떻게 해서든 나를 사랑했어요.
나는 내게 위안이 되는 곳으로 돌아갔어요.
내가 알고 좋아하고 편안해했던 곳이죠.
당신은 항상 내 곁에 있었죠. 심지어 나의 혼돈 속에도.
거짓의 힘은 참으로 강해요.
하지만 당신은 언제나 어떻게 해서든 나를 사랑했어요.

나는 교도소로 돌아갔어요. 거기서 발견했죠.

개념이 아닌 영원한 사랑을, 종교가 아닌 관계를.

당신은 그곳까지 찾아왔어요.

당신은 언제나 어떻게 해서든 나를 사랑해요.

솔직히 나는 내일 일을 알지 못해요.

하지만 오늘 일어나는 일은 알아요.

나는 깔끔하고, 맑은 정신이며, 취직했고, 자녀들과 화목해졌어요.

교회의 신앙 공동체에 속해 있지요.

이 모두는 당신과 교회와 구성원들이

내 생각이 거짓이었음을 증명한 덕분이죠.

나는 사랑받을 수 있어요.

감히 교회에 부탁하고픈 말이 있다면,

"사람들을 계속 사랑하며 포기하지 마세요!"

나는 어떻게 해서든 사랑받은 사람입니다.

이것은 진실한 관계가 무엇을 할 수 있는지 보여 준다. 사랑은 비록 힘든 과정에 직면하더라도 상대방 주변을 떠나지 않게 한다. 사랑은 우리를 다른 사람들과 함께 묶는다. 우리를 단단히 묶는 줄처럼 사랑은 물에 빠져 허우적거리는 사람들에게 다가가게 한다.

 물속에서 허우적거리는 사람은 물에 빠진 다른 사람을 구할 수 없다. 둘 다 가라앉는다. 그러나 만일 여러 개의 줄에 단단히 매인 어떤 사람이 구명 장비를 가지고 들어간다면, 물에 빠진 사람을 안전하게 구할 수 있다. 물 밖에 있는 다른 사람들은 방금 물에서 나와 추위에 떠는 사람을 위해 담요와 따뜻한 커피를 준비할 수 있다.

우리도 다른 그리스도인들과의 관계가 절실히 필요하다. 함께 삶의 여정을 지나면서, 우리 인격의 거친 부분들이 다듬어진다. 그리스도의 제자로서 함께 우리의 삶을 예수님께 드릴 때 그분이 우리를 그분의 형상으로 변화시키신다. 우리의 변화 과정에는 다른 사람들의 역할이 중요하다. 우리는 진실한 관계의 도움으로 그리스도께서 원하시는 모습으로 변해 간다.

교회에서 이 원칙을 파악하는 것은 매우 중요하다. 진실한 관계는 불신자들이 그리스도를 영접하기까지 그들을 도울 기회를 제공한다. 또한 신자들이 그리스도 안에서 성숙해지기를 돕는 데에도 필수적이다. 교회는 가족과 같다. 하나님이 궁극적인 아버지이시며, 우리의 멘토들도 영적 아버지의 역할을 한다. 그리고 서기에는 영적 형제자매도 있다.

하나님의 가족으로서 우리는 하늘 아버지께서 자신의 자녀들을 매우 사랑하심을 기억해야 한다. 우리가 하나님의 자녀를 무시하거나 학대한다면 하나님이 절대 기뻐하실 리 없다.

하나님의 가족 안에서 관계는 삼각형을 형성한다. 하나님이 머리에 계시고, 우리와 다른 사람들은 나머지 두 꼭짓점에 있다. 우리가 다른 사람들을 사랑할 때 우리는 하나님을 사랑하는 것이다. 배고픈 사람, 의복이나 동행이 필요한 사람 또는 병들거나 교도소에 갇힌 사람을 우리가 도울 때 그것은 예수님을 도운 것과 같다고 그분은 말씀하셨다. 마태복음 25장 40절에서 예수님은 "내가 진실로 너희에게 이르노니 너희가 여기 내 형제 중에 지극히 작은 자 하나에게 한 것이 곧 내게 한 것이니라"라고 말씀하셨다.

약물 중독으로 밑바닥에 처한 나의 아들 크리스천은 중독치유센터에서 지낼 필요가 있었다. 그는 그곳에서 사흘을 견디지 못했다. 그래서 노숙자 보호소로 보내졌다. 아내와 내게는 가장 힘든 일이었지만, 우리는 아들을 그곳에 두었다. 크리스천은 보호소에서 내게 전화해 그곳에서 나가게 해 달라고 부탁했지만, 나는 그가 거기서 지낼 필요가 있음을 알았다. 나는 아들을 구할 수 없었고, 아들 역시 집에 있으면서 계속 예전의 악습을 반복해서는 안 되었다.

다행히도 크리스천은 회복을 위한 진지한 결의를 보였다. 그는 매일 알코올중독 방지모임에 나갔는데 하루에 두 번 가는 때도 있었다. 내가 쓴 책을 읽은 한 목사가 노숙자 보호소에서 예배를 인도하다가 나의 아들을 발견했다. 그 후로 그는 일주일에 한 번씩 크리스천을 방문했다. 단순히 그를 위해 기도하며 보살피기 위해서였다.

때로 그는 크리스천을 데리고 나가 점심을 대접했다. 그는 아들이 자전거를 갖도록 도와주었고, 덕분에 아들은 자전거를 타고 십여 킬로미터 떨어진 곳에 있는 알코올중독 방지모임에 참석할 수 있었다. 그 목사는 자신이 하는 일을 한 번도 내게 말하지 않았다. 나중에 아들에게서 그 목사에 대한 이야기를 들었을 때 나는 너무나 감사했다. 이 목사는 나를 위해 할 수 있는 가장 큰 일을 해 주었다. 그는 나의 아들을 사랑해 주었다!

우리가 다른 사람들을 돌볼 때 하나님은 이와 같이 여기신다. 하나님을 영접해 그분의 영적 가족의 일원이 된 자들을 돌볼 때는 특히 그렇게 여기신다. 그것은 우리가 하나님을 위해 할 수 있는 가장 귀한 일 중 하나이다. 우리가 주님께 드릴 수 있는 가장 귀한 예배는 주님이 사랑하시는 사람들을 사랑하는 것이다. 우리는 하나님의 자녀들을 사랑한다. 우리가 다른 사람들을 섬길 때 주님을 섬기는 것이다.

다른 많은 사람들도 나의 아들을 도왔다. 아들이 자신의 삶을 회복한 후 사역자가 되려고 했던 데에는 이유가 있다. 그는 그를 위해 싸우는 사람들을 보았다. 그가 넘어졌을 때 사람들은 그를 일으켜 세우고자 도왔다. 하나님과 하나님의 사람들이 우리가 힘든 상황을 극복하게 해 주었다. 우리와 함께했다. 그들은 우리가 완벽하기를 요구하지 않았다. 우리에게 은혜를 베풀었다.

죄 때문에 관계적으로 냉담한 세상에서 나의 아들은 온화함과 힘과 진실한 사랑을 보았다. 그가 부모를 떠나면서까지 즐겁게 어울렸던 친구들은 정작 도움을 필요로 한 때에는 아무도 보이지 않았다. 반면 그가 거듭해 실망시켰던 사람들은 곁에 있었다. 이는 그가 가장 원했던 것을 찾을 수 있는 곳은 오직 영적 가족뿐임을 입증했다.

하나님의 레시피를 따라 살아감

모든 이야기가 성공적인 것은 아니다. 앞에서 언급했듯 나는 기독교 가정에서 자랐다. 나의 아버지는 목사셨고, 나는 두 부류의 그리스도인들을 보았다. 어떤 그리스도인은 진실한 관계에 헌신했으나, 그렇게 하지 않는 그리스도인도 있었다. 때로는 헌신한 사람들이 다른 사람들을 억누르려 했다. 교회에서 싸움이 일어나기도 했다. 사람들이 서로 화를 내고 싸움을 그치지 않았다.

그 무렵 나는 교회의 효율성에 의문을 품었다. 아버지는 다른 사람들을 위해 자신의 삶을 쏟아부었지만 그 결실을 보이는 사람이 거의 없었기 때문이다. 한때 나는 아버지가 바보라고 생각했다. 너무나 많은 사람이 아버지에게 상처를 주었다. 예수님의 일에 헌신하지 않는 사람이 너무나 많았다. 이 모든 일을 중단하지 않는 아버지가 나의 눈에는 바보처럼 보였다. 나의 생각에 아버지는 이용당하고 있었다.

대학에 들어가서도 이 상처는 여전히 나의 안에 남아 있었다. 나는 주님을 위해 살지 않았고, 때로는 그리스도인들을 당황스럽게 할 주제를 토론하기도 했다. 자신의 신앙을 옹호하려는 사람들이 나를 집단으로 몰아붙이기도 했다. 나는 그런 사람들을 논쟁 속으로 끌어들이는 것이 재미있었다. 내게는 그들을 논쟁 속으로 끌어들이기에 충분한 성경 지식이 있었다. 나는 방언이나 영원한 보장과 같은 신학적 주제들을 놓고 그들이 분열되게 하려 했다. 교회들도 그런 주제들을 놓고 분열 양상을 보였으므로, 그들 역시 분열되기를 나는 바랐다. 슬프게도 내 작전은 종종 성공했다.

오랜 시일이 걸렸지만, 마침내 나는 다른 그리스도인에 대한 나의 고정관념이 그릇되었음을 깨달았다. 사람들이 예수님을 제대로 대변하지 못한다고 해서 예수님께 문제가 있는 것은 아니다. 많은 그리스도인이 핵심을 놓치고, 어떤 그리스도인은 바람직하게 살지 못하지만, 제대로 사랑하는 이들도 많다.

마침내 나는 아버지를 존경하게 되었다. 왜냐하면 사랑받을 자격이 없는 사람들마저 하나님을 위해 사랑했기 때문이다. 또한 아버지를 강하게 한 것은 다른 사람들과 맺은 관계였음을 나는 깨닫기 시작했다. 아버지는 관계 속에 깊이 연결되어 있었지만, 나는 그것을 알지 못했다.

많은 사람이 교회로 가지만 진정으로 교회의 한 부분이 되는 사람은 거의 없다. 이 극소수의 그리스도인들은 잃어버린 자들을 찾으시는 하나님의 일을 수행할 능력을 지닌다. 하나님이 주신 신앙 레시피를 따라 살아가는, 어떤 상황에서도 예수님을 위해 그렇게 하는 사람들이 진정한 교회이다.

교회가 불을 붙여야 할 때가 있다. 불을 댕기기 원치 않는 가지들이 있기 때문이다. 교회에 불이 붙을 때 산 위의 동네가 된다. 우리는 임무를 위해 연합한다. 우리는 하나님을 사랑하기 때문에 서로 사랑하며, 그럴 때 다른 사람들이 이 사랑을 보고 그것에 이끌린다.

하나님이 계획하신 교회의 모습이 바로 이것이다.

성숙으로 나아가기
리더들을 위한 조언
반석 위에 지은 집처럼
그리스도의 겸손과 사랑을 본받으라
오늘의 선택

chapter 11

나부터
하나님의 레시피 따르기

본서에 담긴 개념을 하나로 요약하자면 이렇다. 우리 믿음이 계속 성장하려면, 그렇게 하도록 도와줄 영적 관계가 필요하다. 동시에 우리가 맺고 있는 관계는 영적 성숙의 수준을 나타낸다. 그리스도 안에서 성숙한 사람은 그 성숙함을 유지하거나 더 성장하도록 도와주는 깊은 관계를 맺고 있다. 진실한 관계의 필요성을 외면할 만한 근거는 없다. 성경은 이를 거듭해 가르친다. 경험이 이것이 옳다고 입증한다. 우리는 다른 신자들과의 친밀한 관계를 개발하고 유지하며 발전시켜야 한다. 이것이 성숙을 위한 방편이며 성숙 그 자체이다.

그렇다면 우리는 이제 어떻게 해야 할까? 어디로 가야 할까? 무엇을 해야 할까? 어떻게 시작할까?

이렇게 말하고 싶을지 모르겠다. "그래요. 하지만 우리 교회에서는 그렇게 하지 않아요. 우리에게는 소그룹이 없어요." "우리 교회에는 소그룹이 있어요. 하지만 소그룹에서 하는 일은 주일 설교에 대한 대화뿐이며 그것을 우리 삶에 적용하지는 않아요." "우리 교회에서는 아무도 진실하지 않아요." "나는 진실하게 나의 곤경을 토로했지만, 결국 험담거리만 되었을 뿐이에요."

바뀔 필요가 있는 문화를 바꾸는 것은 쉽지 않다. 어떻게 해야 할까? 나는 교회를 바꾸라고 당부하는 것이 아니다. 나는 단지 한 사람, 곧 여러분 자신을 바꾸라고 당부하고 있다. 자신의 두려움에 직면하고 올바른 기대를 갖고서 당신으로부터 시작하라. 그것은 쉽지 않고 때로는 상처도 받을 것이다. 하지만 당신의 가족으로부터 그리고 당신과 함께 가려는 사람들로부터 시작하라.

아무도 당신과 함께 가려 하지 않는다면, 그것은 아마 당신이 인식하지 못하는 관계적인 문제가 당신에게 있을지도 모른다는 뜻이다. 교회가 제 역할을 하지 못할 때 종종 사람들은 비판적인 시각으로 점검하려 한다. 예전에 나도 그랬다. 나 자신이 그리스도께 순종하지 못하는 데 대한 비난을 다른 그리스도인에게 돌렸다. 관계를 맺기 힘든 원인이 내게 있는 것은 아닌지 묻기보다 다른 사람들이 나와 함께 시간을 보내기 싫어한다며 비난했다.

얼마 전 나는 어떤 사람과 이런 대화를 나누었다. 그는 예수님을 사랑하지만 교회에 대해서는 부정적이라고 말했다. 그와 그의 아내는 어디에도 연결되지 않았다. 그는 자신이 하나님의 뜻대로 행한다고 하는 자기 의에 빠져 있었다. 그래서 나는 그에게 이런 이야기를 들려주었다.

나는 그에게 교회로 가는 내 아내의 모습을 상상해 보라고 했다. 아내가 주차하고 차에서 내릴 때 드레스가 문에 걸려 찢어진다. 그러나 아내는 그 사실을 모른 채 교회에 들어간다. 내의 일부가 보인다. 어떤 사람은 내 아내가 바보 같다며 킬킬거릴 뿐 아무 말도 하지 않는다. 어떤 사람은 지나가는 내 아내를 손가락질하며 자신의 친구나 가족에게 수군거린다. 이런 상황에서는 '정말 교회를 옮겨야지. 다시는 돌아오지 않을 거야!'라고 생각할 만하다. 그런데 한 사람이 아내에게 가만히 다가와서는 드레스가 찢어졌다고 조용히 알려 준다. 동시에 옷핀으로 찢어진 부분을 수선해 준다.

이들 중 나를 가장 존중해 준 사람은 누구인가? 당연히 내 아내를 배려해 도와준 사람이다. 그리스도의 사랑받는 신부인 교회에 내해서도 마찬가지이다. 우리는 교회의 문제를 지적하며 비판하기보다는 상황을 개선하기 위해 우리의 삶을 헌신해야 한다. 그리스도의 신부의 찢어진 드레스를 못 본 체하고 지나가거나 수군거려서는 안 된다. 우리는 교회가 신부다운 모습이 되도록 헌신적으로 도와야 한다. 교회는 그리스도의 신부이기 때문이다.

내 아내의 남편으로서 나는 아내를 위한 해결책을 모색하는 사람에게 너무나 감사할 수밖에 없다. 교회의 망가진 상황을 보고서 교만하게 멸시하는 태도로 외면하기보다는 그 상황을 바로잡으려 하는 자들에게 교회의 신랑이신 예수님이 느끼시는 감정도 이와 같다. 화평하게 하는 자는 복이 있다고 예수님은 말씀하셨다. 종종 우리는 화평을 원하지만 미성숙한 사람들로 인한 고난이나 자기희생을 감수하면서까지 화평을 조성하려고 하지는 않는다.

그러므로 문제들이 있더라도 교회에 계속 헌신하라. 떠나야 할 때가 아예 없다는 말은 아니다. 떠나야 할 때도 있다. 그러나 구원 문제와 취향 문제의 차이를 아는 것이 지혜이다. 교회에는 사람들이 있기에 문제도 있기 마련이다. 그 문제를 올바로 직시하고 가능한 해결책을 모색하는 것이 성숙한 모습이다. 떠나는 것은 첫 번째나 두 번째로 할 일이 아니라 마지막으로 할 일이다. 교회가 모든 사람의 모든 취향을 만족시킬 수는 없다.

성숙으로 나아가기

종종 사람들이 다른 교회에서 우리 교회로 온다. 그들은 한동안 우리 교회에 출석하고는 설교가 좋다고 말한다. 이는 그들이 예전 교회를 떠난 이유가 설교가 좋지 않아서임을 시사한다. 그들은 나를 칭찬한다고 생각하겠지만, 나는 자동적으로 경계하게 된다. 우리 교회를 떠난 사람 중에도 같은 이유를 댄 이들이 많기 때문이다. 그들은 자신이 영적이라고 생각하겠지만, 내가 보기에는 자신의 미성숙을 드러낼 뿐이다.

성숙한 사람은 영적 자양분을 스스로 섭취한다. 관계로 말하자면, 어떤 목사도 모든 교인들과 친밀한 관계를 맺을 수는 없다. 교회에 관계적인 문화가 형성되려면, 교인들이 그것을 조성하려고 노력해야 한다. 모든 사람에게는 영적 관계가 필요하다. 그렇다고 관계를 조장하는 프로그램을 만들라는 말이 아니다. 우리 각자는 자신의 영적 성장에 대해 개인적인 책임을 지도록 부르심 받았다. 우리 각자가 성경 말씀을 읽을 수 있고 그 속에서 우리를 위한 하나님의 계획을 알 수 있다.

우리가 그리스도인의 삶을 살도록 도우시는 성령님이 우리와 함께 하신다. 우리 각자는 목사나 리더들의 허락 없이도 다른 신자들과 관계를 맺을 역량을 지닌다. 우리가 출석하는 교회의 전체 문화를 바꾸지는 못해도 자신의 삶에서 제자화를 위한 관계적인 문화를 조성할 수 있다. 한 사람이 자기 자리에서 변화를 시작할 때 자주 하나님이 개입하셔서 그 한 사람의 마음속에 생겨난 작은 불꽃으로 전체 문화가 변화되게 하신다. 교회를 떠나는 것은 출발점이 아니다. 오히려 우리는 교회를 위해 기도해야 하며, 교회 안에 있는 주변 사람들을 보살펴야 한다.

순서는 이렇다. 자신이 먼저 성숙을 향한 여정을 시작한 다음에 그리스도의 몸이 성숙해지도록 도와야 한다. 이것이 모든 성숙한 그리스도인의 목표여야 한다. 어떤 이들은 자신이 바라거나 기대했던 것을 얻지 못해서 교회를 떠날 것이다. 그들은 자신을 '희생자'로 여기며 결국 교회의 종보다는 비판자가 될 것이다. 그들이 필요하다고 생각하거나 원하는 것을 교회가 제공하지 않기에, 그들은 독선적인 태도로 교회가 미성숙하다고 말할 것이다.

내게 특정한 주제로 설교해 달라고 요청하는 사람이 너무나 많았다. 자신의 상황에 직결되는 주제의 설교를 듣고자 하기 때문이다. 그들은 교회가 자신에게 말씀을 제대로 공급하지 못한다고 생각하며, 그래서 다른 교회로 옮겨야 한다고 주장한다. 한동안 다른 교회들을 전전한 후에, 어떤 교회도 말씀을 제대로 공급해 주지 않는다고 결론짓고서 아예 교회를 떠나는 사람도 있다.

이런 사람들에게 나는 교회에는 그들만 있는 것이 아니며, 그들이 제시한 주제에 관심이 없는 사람도 있다고 설명한다. 일주일에 한 번 먹는 영적 음식에 모든 재료가 다 들어가야 하는 것은 아니라고 설명한다. 또한 나는 모두의 영적 성장 단계가 다르며 각자의 관심 분야가 다르다고 설명한다. 그리고 그들 자신이 음식을 만들어 먹는 법을 배울 책임이 있다고 설명한다. 그들은 특정 주제에 대해 공부할 수 있고, 관심 분야에 대한 좋은 책을 읽을 수 있다. 다른 목사들의 설교를 다운로드하여 매일 들을 수 있다. 그들은 더 성숙한 사람의 도움을 받도록 관계를 맺을 책임이 있다.

종종 우리는 일주일에 한 차례만 근사한 영적 음식을 먹기 원한다. 그 한 번의 식사를 위한 시간만 내기 원한다. 그러나 일주일에 한 끼 근사한 식사를 섭취하는 것으로는 지탱할 수 없다. 육체적으로도 그렇고 영적으로도 그렇다. 물론 목사는 전체 교인들의 영적 식사를 도울 책임이 있다. 그러나 이 일은 주일 설교만이 아니라 소그룹 안에서 이루어지는 관계들을 통해서도 행해진다. 자신에게 필요한 영적 자양분을 섭취하려면 모두가 매일 스스로 음식을 먹어야 한다.

많은 사람들이 그리스도의 몸을 떠나는 이유는, 자신은 성숙하지만 교회는 미성숙하다고 생각하기 때문이다. 그러나 교회를 떠나는 사람은 자신의 영적 미성숙을 보여 줄 뿐이다. 교회는 하나님이 고안하신 것이다. 하나님은 교회를 매우 사랑하신다.

우리는 오순절 이후의 모든 신자들로 구성된 보편 교회의 일원이다. 하지만 어떤 사람들은 이 신학적 사실을, 지역 교회의 일원이 되기를 거부하는 핑계로 사용한다. 영적 감독과 책임에서 벗어날 수 있기 때문이다. 그들의 의도가 무엇이든, 그들은 위험하고 비생산적인 자리에 놓여 있다. 우리에게는 보편 교회와 지역 교회 둘 다가 필요하다.

하나님은 성경에서 진실한 관계에 대해 많은 말씀을 하신다. 따라서 다른 사람이 어떻게 하든, 우리는 그 말씀에 귀 기울여야 한다. 출석하는 교회에 진실한 관계가 없다면 따로 분리되어 자신의 교회를 시작해야 한다는 말이 아니다. 성숙한 신자들은 우리 모두가 권위 아래에 있어야 한다고 이해한다. 우리는 개인적으로 할 수 없는 일을 집단적으로 하도록 부르심 받았다. 또한 각 개인은 그리스도의 몸 안에서 개인적인 책임도 져야 한다.

변화는 나로부터 시작된다. 만일 내가 하나님의 부르심에 합당한 존재가 된다면, 나는 진실한 관계를 세우기 시작할 것이다. 나는 마음을 열고 솔직할 것이다. 위험을 감수할 것이다. 그리스도의 제자로서 나는 진실한 관계를 통해 제자를 만드시는 하나님의 도구로 사용될 것이다.

우리의 영향력 안에 있는 사람들은 우리와 합류하거나 우리를 기피할 것이다. 모든 사람이 관계 안에 들어가기를 원하지는 않는다. 격리되고 미성숙한 영적 생활에 만족하는 그리스도인이 많다. 그들은 자신의 삶을 다른 사람들과 나누는 것은 위험하다고 느낀다. 그들은 방법을 모르거나 혹은 그 유익을 모를 수도 있다. 그래서 자신의 삶을 누구와도 나누고 싶어 하지 않는다. 많은 경우, 좋은 것들이 가장 좋은 것을 대체하고 있다. 그들은 너무 바빠서 진실한 관계에 몰두하지 못한다.

그러나 우리는 달라야 한다. 설령 우리 교회에 전반적으로 진실한 관계가 부재하더라도, 우리 자신부터 진실한 관계를 시작할 수 있다. 주변 사람들이 8달러짜리 싸구려 튜브를 타고 급류로 향한다면, 우리가 그들을 안전한 튜브로 옮길 수 있어야 한다.

리더들을 위한 조언

여러 교회의 목사들이 우리의 훈련 세미나에 정기적으로 참석한다. 그들은 사흘간 교육 과정을 거치는데, 이 과정에서 나누는 대화 대부분은 관계와 관계적인 제자화에 대한 것이다. 이 과정을 마칠 때면 그들은 대개 동기 부여를 받으며, 자신의 교회로 돌아가서 변화를 경험한다. 어떤 목사들은 충격을 받는다. 왜냐하면 자신의 교회에서 진실한 관계가 이루어지지 않았음을 이제야 깨닫기 때문이다. 함께하는 시간을 통해 이 사실이 드러난다.

이 세미나의 시작에서 모든 참석자에게 좋은 친구가 있는지 묻는다. 대부분이 손을 든다. 그다음에 우리는 성경적인 관점에서 친밀한 우정이 무엇인지 규정하도록 그들을 돕는다. 친한 친구란 꾸준히 함께 시간을 보내는 사람이다. 이 친구에게 자신의 두려움을 말할 수 있고, 자신의 죄와 갈등을 자백할 수 있다. 그와 함께하는 시간은 상담 시간과 같지 않다. 가식이나 숨김이나 비밀이 없다. 우리는 함께 기도한다. 제기되는 문제들을 놓고 함께 성경을 찾아본다. 나의 결함이 어떠하든, 나의 직업이 무엇이든, 내가 돈을 얼마나 벌든, 그 친구는 나에게 마음을 쓴다.

친밀한 우정은 쌍방향이다. 그 친구도 자신의 삶을 솔직하게 나와 함께 나눈다.

우리가 이런 식으로 정의를 내리면 종종 목사들은 다음과 같이 말한다. "내 아내가 그런 사람이에요." "30년 전에 그런 친구가 있었지만, 우리 교회에는 없네요." 때로 그들은 골프 친구나 목회자 컨퍼런스에서 만난 동료를 언급한다. 그때 우리는 친구가 '되는 것'과 친구를 '갖는 것'의 차이에 대해 말한다. 이 리더들 중 대다수는 주변 사람들을 보살피지만, 정작 자신이 상처를 입으면 아무에게도 알리지 않는다. 그들은 쏟아붓기만 하고 도움을 받지는 않는다.

외로운 목사들이 우리 세미나에 많이 참석한다는 뜻이다. 외로운 목사는 외로운 교회를 만드는 경향이 있다. 외로운 목사는 자신이 진실한 관계를 떠나 있을 뿐 아니라, 성숙한 제자들이 만들어질 수 없는 문화를 조성한다. 성숙한 제자는 외롭지 않기 때문이다.

나는 이 사실을 전 세계에서 목격했다. 북미 전역과 아프리카와 아시아에서 보았다. 한 집에 20명이 사는 지역에서도 마찬가지였다. 물리적으로 밀착된다 해서 반드시 삶을 함께하거나 갈등과 승리를 함께 나누거나 서로를 위해 기도하거나 여정을 함께하는 것은 아니다.

작년에 인도로 목회 리더들을 위한 여행을 떠났다. 수백 명의 목사들과 며칠에 걸쳐 관계적인 제자화에 대한 이야기를 나눈 후, 우리는 소그룹 모임을 통해 핵심 리더들을 만났다. 서로를 안다고 생각했던 사람들끼리 진실해질 수 있는 기회였다. 내가 먼저 나의 과거와 현재의 갈등을 토로한 다음, 솔직해질 기회를 그들에게도 주었다.

첫날에는 입을 여는 사람이 거의 없었다. 그들은 마음을 열려고 하지 않았다. 그런 식의 대화를 나누는 데 익숙하지 않았다. 상대적으로 연로한 리더들이 가장 폐쇄적이었다. 그들은 성경에 대해 이야기했고, 자기 교회 교인들의 곤경이 어떻게 해소되었는지 예로 들었다. 그러나 자신의 개인적인 삶을 말하려 하지는 않았다. 나는 여러 날에 걸쳐 다양한 각도로 여러 차례 질문했다. 마침내 한 젊은 리더가 말했다. "우리의 개인적 형편이 어떤지 물으시는군요? 그렇지요?"

"바로 그렇습니다." 내가 말했다.

"알겠어요. 우리 문화에서는 여자들이 공개적으로 강에서 목욕을 합니다. 그 광경을 볼 때 나는 음욕을 느낍니다. 기도가 필요해요."

방 안이 조용해졌다.

그때 한두 명의 연로한 목사들이 말을 시작했다. 분위기가 바뀌었고, 갑자기 우리는 현실적인 문제들에 대한 이야기를 나누게 되었다.

한 사람은 자신의 아내에 대해 분노했다. 또 다른 사람은 신앙을 떠난 아들 때문에 죄책감에 사로잡혔고 목회마저 중단할까 고민하고 있었다. 다른 사람들의 발버둥 치는 모습을 보고 충격을 받은 이도 있었다. 왜냐하면 그들의 삶은 항상 완벽해 보였기 때문이다. 우리는 실제적인 성화와 실제적인 영적 성숙에 들어서고 있었다.

함께 나누는 자유와 그로 인한 위안을 경험하면서 그들은 이렇게 묻기 시작했다. "어떻게 하면 이 부분에서 우리 교회가 변할 수 있을까요? 어떻게 하면 교인들이 서로 진실한 관계를 맺을 수 있을까요?"

나는 이렇게 대답했다. "저는 여러분의 교회를 어떻게 변화시킬지 묻는 것이 아닙니다. 어떻게 하면 여러분 자신을 변화시킬 수 있는지 묻고 있어요. 그것은 여러분으로부터 시작됩니다. 여러분은 우리가 서로 관계를 맺도록 부르심 받았음을 하나님의 말씀에서 보아야 해요. 영적 성숙은 관계 속에서 이루어집니다. 이것이 진리라면, 그런데 내가 관계 밖에 있다면, 마음의 변화와 회개가 있어야 합니다."

이는 리더든 아니든, 모든 그리스도인에게 해당하는 사실이다. 만일 영적 성숙의 길에 들어서기를 원한다면, 성경에 규정된 것과 같은 진실한 관계의 필요성을 인식해야 한다.

반석 위에 지은 집처럼

관계를 맺기 가장 힘든 사람은 교회를 오래 다닌 사람인 경우가 종종 있다. 개인적인 질문을 던지면 그들은 말하기를 꺼린다. 그들은 자주 성경을 가리키며 "영적 성장을 위해 우리에게 필요한 것은 이것이 전부에요. 성경을 읽고 공부하세요."라고 말한다.

나는 그 말에 동의하지만, 중요한 한 가지를 덧붙인다. "관계 속에서 말씀대로 사세요."

우리는 성경에 깊이 몰입해야 한다. 성경을 읽고 공부하고 암송하며 또한 마음에 깊이 새겨야 한다. 베드로전서 2장 2절은 "갓난 아기들 같이 순전하고 신령한 젖을 사모하라 이는 그로 말미암아 너희로 구원에 이르도록 자라게 하려 함이라"라고 말한다. 여기서 우리는 하나님의 말씀이 구원에 이르도록 자라는 것과 직접적인 연관이 있음을 본다.

하지만 베드로는 단지 말씀을 아는 것만이 우리를 자라게 한다고 말하는 것이 아니다. 적용 없는 성경 지식으로는 아무것도 할 수 없다. 우리는 성경 본문을 공부하고 헬라어와 히브리어를 배우며 심지어 성경 구절을 암송할 수도 있다. 그러나 성경은 말씀이 실행되어야 한다고 강조한다. 야고보서 1장 22절은 "너희는 말씀을 행하는 자가 되고 듣기만 하여 자신을 속이는 자가 되지 말라"라고 말한다.

마태복음 7장에서 예수님은 말씀을 듣는 자와 행하는 자에 대한 교훈을 베푸셨다. 반석 위의 집 비유에 담긴 가르침에 주목해 보자.

"그러므로 누구든지 나의 이 말을 듣고 행하는 자는 그 집을 반석 위에 지은 지혜로운 사람 같으리니 비가 내리고 창수가 나고 바람이 불어 그 집에 부딪치되 무너지지 아니하나니 이는 주추를 반석 위에 놓은 까닭이요 나의 이 말을 듣고 행하지 아니하는 자는 그 집을 모래 위에 지은 어리석은 사람 같으리니 비가 내리고 창수가 나고 바람이 불어 그 집에 부딪치매 무너져 그 무너짐이 심하니라"(24-27절).

이것은 분명한 사실이다. 만일 우리가 하나님의 말씀을 듣고 실행하면, 우리의 삶은 반석 위에 집 지은 사람의 것과 같을 것이다. 그러나 하나님의 말씀을 듣고서 실행하지 않으면, 우리의 삶은 모래 위에 집 지은 사람의 것과 같을 것이다. 지혜가 어리석음과 대조된다. 영적 성숙이 영적 미성숙과 대조된다. 큰 유익이 파멸과 대조된다.

문제는 너무 많은 그리스도인이 모래나 모래와 바위가 섞인 땅 위에 집을 짓는다는 것이다. 그들은 영적 삶에 중요한 요소 한 가지를 놓치고 있다. 진실한 관계, 즉 그들을 단단히 묶는 줄이 없다. 모래 위에 지은 집은 거센 비바람을 견디지 못한다. 비바람이, 문화와 육신의 정욕과 교만과 중독의 유혹이 몰아치면, 모래 위의 집은 산산이 무너진다.

그리스도의 겸손과 사랑을 본받으라

어떻게 하면 우리가 성장할 수 있을까?

결국 진정으로 성장하는 유일한 길은 그리스도 안에 거하며 그분의 명령에 순종하는 것이다. 예수님과의 연결이 우선이다. 하나님의 은혜로 우리는 계속해서 주님께 가까이 나아가야 한다. 요한복음 15장

4-5절은 이를 가르치는 핵심 본문이다. 예수님은 제자들에게 다음과 같이 말씀하셨다.

"내 안에 거하라 나도 너희 안에 거하리라 가지가 포도나무에 붙어 있지 아니하면 스스로 열매를 맺을 수 없음 같이 너희도 내 안에 있지 아니하면 그러하리라 나는 포도나무요 너희는 가지라 그가 내 안에, 내가 그 안에 거하면 사람이 열매를 많이 맺나니 나를 떠나서는 너희가 아무 것도 할 수 없음이라."

"거하라"에 해당하는 헬라어(*menō*)는 살다, 지속하다, 견디다, 머무르다, 하나로서 남아 있다 혹은 계속 위치를 지킨다는 뜻이다. 그리스도와 함께 거할 때 우리는 그리스도 안에 산다. 그리스도 가까이 머무른다. 성령님이 우리의 마음과 생각을 그리스도의 마음과 생각에 더 가까워지게 하신다.

바울은 갈라디아서 2장 20절에서 유사한 개념을 가르친다. "내가 그리스도와 함께 십자가에 못 박혔나니 그런즉 이제는 내가 사는 것이 아니요 오직 내 안에 그리스도께서 사시는 것이라 이제 내가 육체 가운데 사는 것은 나를 사랑하사 나를 위하여 자기 자신을 버리신 하나님의 아들을 믿는 믿음 안에서 사는 것이라." 이것은 그리스도 안에 '거하는' 사람에 대한 묘사이다. 바울은 자신의 개인적인 의지를 포기했다고 고백한다. 그의 개인적인 견해는 이제 중요하지 않다. 유일하게 중요한 것은 그리스도이시다.

이 구절은 예수님이 실제로 신자 안에 살며 일하심을 알려 준다. 그러나 우리는 매일 예수님을 따를 것을 선택해야 한다. 단 한 번의 결정이 아니다. 예수님은 우리가 매일 자신의 십자가를 지고 그분을 따라야 한다고 말씀하셨다. 우리의 육신(옛 자아)은 매일 우리와 함께 있다. 우리는 매일 그것을 거부하고 예수님을 따라야 한다. 육신이 우리를 한 시간 지배하면 여러 해 동안의 삶을 손상시킬 수도 있다. 거한다는 개념은 예수님의 말씀을 통해 계속 그분의 음성에 귀를 기울이며 그분께 복종한다는 뜻이다.

요한일서 3장 24절도 유사한 개념을 가르친다. "그의 계명을 지키는 자는 주 안에 거하고 주는 그의 안에 거하시나니 우리에게 주신 성령으로 말미암아 그가 우리 안에 거하시는 줄을 우리가 아느니라." 예수님의 계명은 무엇인가? 가장 중요한 계명은 하나님을 사랑하며 다른 사람들을 사랑하라는 것이다. 다른 모든 계명은 이 계명에 근거한다. 달리 말해 계명들은 관계를 증진시키며 보호한다. 그러므로 이 구절에 따르면, 우리가 그렇게 할 때 예수님이 우리 안에 거하시며 우리는 예수님 안에 거함을 확신할 수 있다.

어떻게 하면 우리가 성장할 수 있을까?

그리스도 안에 거하면 된다. 그를 떠나서는 아무것도 할 수 없기 때문이다. 우리는 영적 음식을 섭취하는 법을 배워야 한다. 무엇을 먹을 것인가? 성경에 묘사된 영적 음식을 먹는다. 우리 자신의 레시피가 아닌 하나님의 레시피를 따라야 한다. 하나님의 레시피에는 다른 신자들과의 영적 관계가 포함되어 있다.

마지막 만찬을 기억하는가? 그것은 예수님이 제자들의 발을 씻기시는 장면으로 시작된다. 요한복음 13장 1-17절은 이렇게 전한다.

"유월절 전에 예수께서 자기가 세상을 떠나 아버지께로 돌아가실 때가 이른 줄 아시고 세상에 있는 자기 사람들을 사랑하시되 끝까지 사랑하시니라 마귀가 벌써 시몬의 아들 가룟 유다의 마음에 예수를 팔려는 생각을 넣었더라 저녁 먹는 중 예수는 아버지께서 모든 것을 자기 손에 맡기신 것과 또 자기가 하나님께로부터 오셨다가 하나님께로 돌아가실 것을 아시고 저녁 잡수시던 자리에서 일어나 겉옷을 벗고 수건을 가져다가 허리에 두르시고 이에 대야에 물을 떠서 제자들의 발을 씻으시고 그 두르신 수건으로 닦기를 시작하여 시몬 베드로에게 이르시니 베드로가 이르되 주여 주께서 내 발을 씻으시나이까 예수께서 대답하여 이르시되 내가 하는 것을 네가 지금은 알지 못하나 이 후에는 알리라 베드로가 이르되 내 발을 절대로 씻지 못하시리이다 예수께서 대답하시되 내가 너를 씻어 주지 아니하면 네가 나와 상관이 없느니라 시몬 베드로가 이르되 주여 내 발뿐 아니라 손과 머리도 씻어 주옵소서 예수께서 이르시되 이미 목욕한 자는 발밖에 씻을 필요가 없느니라 온 몸이 깨끗하니라 너희가 깨끗하나 다는 아니니라 하시니 이는 자기를 팔 자가 누구인지 아심이라 그러므로 다는 깨끗하지 아니하다 하시니라 그들의 발을 씻으신 후에 옷을 입으시고 다시 앉아 그들에게 이르시되 내가 너희에게 행한 것을 너희가 아느냐 너희가 나를 선생이라 또는 주라 하니 너희 말이 옳도다 내가 그러하다

내가 주와 또는 선생이 되어 너희 발을 씻었으니 너희도 서로 발을 씻어 주는 것이 옳으니라 내가 너희에게 행한 것 같이 너희도 행하게 하려 하여 본을 보였노라 내가 진실로 진실로 너희에게 이르노니 종이 주인보다 크지 못하고 보냄을 받은 자가 보낸 자보다 크지 못하나니 너희가 이것을 알고 행하면 복이 있으리라."

예수님은 종의 위치를 취하는 본을 보이셨다. 이것은 사랑의 태도이다. 예수님이 겉옷을 벗고 수건을 허리에 감고서 대야에 물을 붓고는 제자들의 발을 씻기기 시작하셨다. 이 사건은 그리스도 안에 거하는 것에 대한 아름다운 묘사이다. 우리는 우리를 (우리의 가장 더러운 것마저) 씻기시는 주님의 손길이 계속 필요하다. 당시에는 어디에나 먼지가 많았다. 사람들은 발가락 부분이 트인 샌들을 신었기에 외출할 때마다 발이 더러워졌다. 손님의 발을 씻기는 일은 종의 책임이었다. 이 일은 존경과 환대의 표시일 뿐 아니라 위생적인 목적도 있었다.

예수님은 영적 실재를 계시하고자 물리적인 예를 보이셨다. 그분은 우리 삶의 가장 더러운 부분마저 씻기기 위해 오셨다. 발은 물리적인 세계에 가장 가까이 닿은 부분이다. 우리는 예수님이 그렇게 하시도록 해야 한다. 거부한다면 구원을 받을 수 없다. 이 본문은 하나님의 놀라운 마음을 계시한다. 그분은 기꺼이 내려오셔서 우리의 더러운 것들을 정결케 하신다.

그뿐 아니다. 예수님이 우리를 위해 하신 것처럼 우리도 서로의 발을 씻겨야 한다고 그분은 말씀하셨다. 예수님은 영적 진리를 계시하기 위해 물리적인 예를 사용하셨다. 우리는 영적 관계를 맺는 사람들에게 자신의 발(우리의 가장 더러운 부분)을 드러내야 한다. 우리의 더러움을 숨기지 말고 다른 사람들에게 보여서 그것을 깨끗이 하는 일에 도움을 받아야 한다. 우리도 다른 사람들을 위해 그렇게 해야 한다.

발을 씻기는 일은 단 한 번만 행하는 것이 아니다. 이 망가진 세상에서 다니면 더러운 것이 거듭해서 우리 발에 달라붙는다. 예수님이 죽으신 것은 우리의 과거 죄악들 때문만이 아니다. 우리가 일평생 사는 동안 그분은 계속 우리를 정결하게 하신다. 우리의 삶 속에 계속 은혜를 부으신다. 예수님의 은혜와 용서는 한 번으로 끝나는 일이 아니라 우리의 삶 속에 계속 부어지는 것이다. 우리는 계속 갈등에 직면하며 계속 은혜를 필요로 한다.

요한일서 1장 8-9절은 만일 우리에게 죄가 없다고 말한다면 우리는 거짓말쟁이지만 만일 우리의 죄를 자백한다면 신실하신 하나님이 모든 불의로부터 우리를 용서해 주신다고 말한다. 예수님은 우리의 죄를 씻고자 오셨고, 우리는 그분이 그렇게 하시도록 해야 한다.

이 본문은 우리 모두가 서로의 발을 씻도록 도울 책임이 있다고 계시한다. 많은 사람들은, 바리새인들처럼, 하나님이 그분의 말씀과 또 예수 그리스도의 행동을 통해 하시는 말씀의 핵심을 완전히 놓치고 있다. 많은 교회들이 세족식을 행하면서도 그것을 더 깊은 의미와 연결시키지 않는다. 발은 우리 몸의 가장 추한 부분 중 하나일 수 있다. 그것은 부단히 세상과 접촉하는 신체 부위이며 가장 손상되기 쉽다. 우리는 자신의 개인적인 갈등과 실패를 서로에게 드러내야 한다.

야고보는 우리가 자신의 죄를 서로에게 자백하며 기도할 때 치유받을 수 있다고 말했다. 우리는 솔직하게 자신의 내적 갈등을 서로에게 드러내야 한다. 영적인 발 냄새에 코를 막기보다 그 더러움을 깨끗이 하는 일을 돕는 종의 역할을 담당해야 한다. 그리고 다른 사람들도 우리를 위해 그렇게 하도록 해야 한다.

우리는 예수님의 사역을 통해 정결하게 되며 솔직하게 자신을 드러냄으로써 계속 도움을 받을 수 있다.

오늘의 선택

지난주에 나는 한 친구로 인해 몹시 마음이 아팠다. 그는 불륜을 저질렀다고 자백했다. 그가 자백할 수밖에 없었던 것은 현장에서 붙들렸기 때문이다. 현재 그의 아내는 심한 충격을 받은 상태이고, 그의 자녀들도 상처를 입고 혼란스러워하고 있다.

그는 우리 지역사회에서 유명한 사람이며 그리스도인으로 잘 알려져 있다. 지난 여러 해 동안, 나는 그에게 단지 주일에 교회에 나가는 것 이상이 필요하다는 사실에 대해 많은 대화를 나누었다. 그때마다 그는 하나님과 함께하는 삶을 잘 살고 있다 말하며, 어린 자녀들과 시간을 보내야 해서 너무 바쁘다고 했다. 그는 사업 때문에도 워낙 분주했다. 진실한 관계를 맺을 시간이 전혀 없었다.

그를 돕고 보호할 사람들과의 진실한 관계를 맺지 못하게 막은 요인들 대부분이 이제는 그의 삶에서 사라졌다. 이제 그는 진실한 관계를 맺을 시간이 있지만, 결혼생활을 회복하기에는 너무 늦었을 수 있다. 그의 명성은 손상되었고, 주님의 명성 또한 그로 인해 손상되었다. 다행히도 그는 현재 자신의 삶을 위한 하나님의 계획을 찾고 있다. 그러나 과거에 어떻게 했으면 좋았겠느냐는 질문에 그는 무엇이라 대답하겠는가?

그리스도 안에 거하는 것과 다른 사람들과 깊은 관계를 맺는 것을 우선하기로 결심한 사람들은 그 많은 고통을 지혜롭게 피할 것이다. 불행하게도 그리스도 안에 거하지 않는 사람들은, 영적 삶을 위한 하나님의 레시피에서 분리됨으로써 조만간 그들의 영적 행보에 심각한 악영향을 드러낼 것이다. 그들이 모두 외도 따위의 탈선을 할 것이라고 말하는 것은 아니다. 그러나 많은 사람이 지음 받은 목적에 훨씬 미치지 못하는 삶을 살 것이다.

하나님이 주시고자 하는 최선의 것과 다른 것을 선택하면 부정적인 결과가 초래되기 마련이다. 하나님의 계획을 이해하지 못하는 것은 참으로 슬픈 일이다.

그러나 이것이 영적 삶을 위한 하나님의 위대한 레시피를 따라 살면 아무 문제가 발생하지 않는다는 뜻은 아니다. 반석 위의 집에도 비바람이 들이닥칠 것이라고 예수님은 분명히 말씀하셨다. 그러나 하나님은 그분의 계획에 따라 건축된 집은 폭풍우를 능히 견딜 것이라고 약속하셨다.

다시 8달러짜리 싸구려 튜브를 타고 5등급 급류를 지나야 하는 사람에 대해 생각해 보자. 진리가 여기 있다. 우리 모두 성숙해지도록 부르심 받았다. 그리스도 안에서의 성숙은 몇 가지 요소들을 지닌다. 말씀에 대한 이해와 말씀에서 제시하는 도덕적 기준에 대한 순종, 우리의 타고난 재능과 목적에 대한 이해, 강력한 기도의 삶, 설령 고난이 기다리더라도 줄곧 그리스도께 헌신하는 삶 그리고 강인한 성품으로 인도함 등이 모두 성숙의 영역이다. 하지만 성숙은 사랑하고 사랑받는 능력도 포함한다.

요동치는 강은 삶의 모습이며, 우리의 문화는 미쳐가고 있다. 우리가 타고 내려갈 강은 완만하지 않다. 우리 주변의 세상은 5등급 급류이다. 우리가 성공적으로 강을 타려면 8달러짜리 싸구려 튜브 이상의 장비가 필요하다. 우리의 가족과 교회들이 생존하고 번성하려면, 이 급류를 타고 내려가기 위해 서로를 돌보며 협력하는, 적절히 훈련받은 팀에 속해야 한다.

하나님의 더 나은 계획에 부합하도록 부적절한 튜브를 교체하자. 그러면 하나님이 우리를 위해 계획하신 신앙생활을 경험할 것이다.

우리가 다 하나님의 아들을 믿는 것과
아는 일에 하나가 되어 온전한 사람을 이루어
그리스도의 장성한 분량이 충만한 데까지 이르리니
이는 우리가 이제부터 어린 아이가 되지 아니하여
사람의 속임수와 간사한 유혹에 빠져
온갖 교훈의 풍조에 밀려 요동하지 않게 하려 함이라
오직 사랑 안에서 참된 것을 하여
범사에 그에게까지 자랄지라
그는 머리니 곧 그리스도라
그에게서 온 몸이 각 마디를 통하여 도움을 받음으로
연결되고 결합되어 각 지체의 분량대로 역사하여
그 몸을 자라게 하며 사랑 안에서 스스로 세우느니라

_ 에베소서 4장 13-16절.

감사의 말

리얼 라이프 미니스트리즈의 성도 여러분과 직원 및 장로님들, 나의 아내 로리와 우리 가족과 친구들 그리고 WordServe Literary Group의 에이전트인 그레그 존슨과 나의 집필 파트너 마커스 브라더턴, 브라이언 토마쏜과 Baker Publishing Group에 큰 감사를 전합니다.

_짐 푸트먼

사명선언문

너희가 흠이 없고 순전하여……세상에서 그들 가운데 빛들로
나타내며 생명의 말씀을 밝혀 _ 빌 2:15-16

1. 생명을 담겠습니다
만드는 책에 주님 주신 생명을 담겠습니다.
그 책으로 복음을 선포하겠습니다.

2. 말씀을 밝히겠습니다
생명의 근본은 말씀입니다.
말씀을 밝혀 성도와 교회의 성장을 돕겠습니다.

3. 빛이 되겠습니다
시대와 영혼의 어두움을 밝혀 주님 앞으로 이끄는
빛이 되는 책을 만들겠습니다.

4. 순전히 행하겠습니다
책을 만들고 전하는 일과 경영하는 일에 부끄러움이 없는
정직함으로 행하겠습니다.

5. 끝까지 전파하겠습니다
모든 사람에게, 땅 끝까지, 주님 오시는 그날까지
복음을 전하는 사명을 다하겠습니다.

서점 안내

광화문점 서울시 종로구 새문안로 69 구세군회관 1층
02)737-2288(T) 02)737-4623(F)

강남점 서울시 서초구 신반포로 177 반포쇼핑타운 3동 2층
02)595-1211(T) 02)595-3549(F)

구로점 서울시 구로구 시흥대로 577 3층
02)858-8744(T) 02)838-0653(F)

노원점 서울시 노원구 동일로 1366 삼봉빌딩 지하 1층
02)938-7979(T) 02)3391-6169(F)

분당점 경기도 성남시 분당구 황새울로 315 대현빌딩 3층
031)707-5566(T) 031)707-4999(F)

일산점 경기도 고양시 일산서구 중앙로 1391 레이크타운 지하 1층
031)916-8787(T) 031)916-8788(F)

의정부점 경기도 의정부시 청사로47번길 12 성산타워 3층
031)845-0600(T) 031) 852-6930(F)

인터넷서점 www.lifebook.co.kr